小白经济学

带你欢快地进入经济学的大门

大墨 著

百花洲文艺出版社
BAIHUAZHOU LITERATURE AND ART PRESS

图书在版编目（CIP）数据

小白经济学 / 大墨著． — 南昌 ：百花洲文艺出版社，2020.1
ISBN 978-7-5500-3497-6

Ⅰ．①小… Ⅱ．①大… Ⅲ．①经济学—通俗读物 Ⅳ．①F0-49

中国版本图书馆 CIP 数据核字（2019）第 264278 号

小白经济学
大墨 著

出 版 人 章华荣
策划编辑 张爱卿
责任编辑 杨 旭 刘玉芳
封面设计 molifengya@outlook.com
出版发行 百花洲文艺出版社
社 址 南昌市红谷滩新区世贸路 898 号博能中心 A 座 20 楼
邮 编 330038
经 销 全国新华书店
印 刷 香河利华文化发展有限公司
开 本 700mm × 1000mm 1/16
印 张 20.5
版 次 2020 年 5 月第 1 版
印 次 2020 年 5 月第 1 次印刷
字 数 229 千字
书 号 ISBN 978-7-5500-3497-6
定 价 58.00 元

赣版权登字 05-2019-341

邮购联系 0791-86895108
网址 http://www.bhzwy.com
图书若有印装错误，影响阅读，可向承印厂联系调换。

推　荐　序

每个人的行为都是经济行为

每个企业的行为都是金融行为，而每个人的行为都是经济行为。

我一直认为，每个人都应该掌握经济学的思维方式，因为它能给你一个看世界的新视角，这个视角是大局观，是“上帝之眼”，而这恰恰是大多数人都欠缺的。

经济学另一个重要的思维方式是边际思维。从边际上看贡献、看收益、看成本，种种复杂的现象和难以权衡的决策就会变得非常清晰，你会成为生活的智者。边际思维是解决世界上大多数复杂问题的一剂良药。

大墨在经济学上有很多深入的思考，也不盲目迷信权威。经济学有很多学派，我和大墨也有一些理论层面的争论，也时常在经济学群里就一些理论分歧“交锋”，虽然最后未必能达成共识，但能感受到大墨对经济学原理掌握扎实，思考得也足够深入。

最近“拿着锤子看什么都像钉子”这句话很火，我却一直非常提倡大家在学习经济学时，经常要用经济学这只“小锤子”到处敲一敲。经济学的视角不是站在每个人的本位，更多的是站在全局的视角，考虑通盘的效率，并且会考虑到每个选择、每个政策未来会带来的影响。显然，全局思维是多数人都欠缺的，这个思维方式正是这个世界的运行规律。大墨就非常善于用经济学这个“小锤子”到处敲一敲，比如滴滴事件、最低工资政策、“我不是药神”，甚至感情问题等，都尝试从经济学的视角来观察，你可以跟着她的视角，一起来训练一下经济学思维。

当然，经济学的视角可能会给你带来很多不快，因为它非常反直觉，而人从本性上就不喜欢改变自己固有的思维模式。在解读“滴滴事件”时，起初的评论是一边倒的骂滴滴，我是非常希望能有一些学者站出来说一些不偏不倚的公道话的，但那时的大众情绪显然已经被媒体煽动了起来，理性的声音很少。大墨非常有勇气，在那时站出来为滴滴“正了正名”，也引来不少争议。但在我看来，她的切入点充分展示了经济学的宏观视角，本书中也收录了这篇文章，读者们不妨感受一下，是否和自己的直觉相反，又能否接受？

大墨行文流畅，不故作高深，这是非常难能可贵的。近年发现一个不大好的现象，一些学者和所谓的“高人”，会有意无意地把经济学描述成了“玄学”，把简单的东西复杂化。我一向提倡看问题就看本质，看透本质，才能看到未来。这本《小白经济学》里讲的就是经济学中最基本、最精髓的理论，从微观经济学到宏观经济学，最后还有比较热门的行为经济学，大墨删减了很多复杂的曲线和计算，只保留了和生活、社会运作最相关的部分。

我有时开玩笑说大墨能治疗我的“阅读障碍”，如果遇到一些不知所云的文章，大墨读完再做一个“中翻中”，就会让人瞬间理解了。所以，大墨的文章易读性强，能把经济学用平实的语言、生动的场景呈现在读者面前。

对于入门读者来说，掌握经济学的理论框架也非常重要，否则就会只见树木不见森林。而大墨对知识的“体系化”有着特有的偏执，有着非常好的框架性思维的习惯，这一点在这本书中有充分的体现。

希望每位读者都能从本书中领略到经济学的智慧，感受经济学的威力，重塑自己的思想大厦，看到世界的全貌。

张其亮

世纪金源集团董事局战略发展研究中心主任

原思科大中华区金融行业首席架构师

自序 1

我心中的经济学是有光的

先聊聊我心中的经济学吧。

之前，我和大多数的读者一样，觉得经济学一定非常学术、枯燥，认为经济学是研究怎么赚钱的学科。直到开始系统地学习经济学我才发现，经济学不仅不枯燥，还和生活息息相关，非常有趣。其实，经济学不是研究钱的学问，而是研究人的学问，是研究选择和选择带来的后果的学问。只要有两个人的地方，就可以有经济学思维。经济学可以打开我们看生活、看世界的新视角，这种视角经常被称为“上帝视角”，我觉得一点也不为过。

经济学分为微观经济学和宏观经济学两个部分。

微观和宏观之间的界限在哪里呢?

微观研究的是个体，宏观面向的是一个个微观的个体加总而成的社会。

微观经济学就是把视角放到个人或企业这些组成社会的个体上，观察他们是如何决策的，并且研究怎样帮助这些个体做决策才能让个体的利益最大化，进而实现整个社会的利益最大化。

宏观经济学就是把视角切换得更宏观一点，研究的是政府、市场在经济活动里的角色，以及它们分别应该做些什么能让经济发展得更快、更好，社会失业率更低，物价更稳定，国际收支平衡，如何跨越波动的经济周期，等等，也就是对我们所处的大时代、大环境的研究和干预。我们身处这个世界，任何人都不能逃脱宏观经济环境变化对生活的影响，根据对宏观趋势的判断，进行契合时机的资产配置，是真正可以赚到钱的。该买房时买房、该炒股时炒股、该买黄金避险时买黄金，这些踩对了时机的决策，甚至可以帮我们做到跨越阶层的资产升级。

我为什么觉得学经济学非常实用？是因为它兼具两种功能：解释生活和指导生活。第一，它能解释身边的种种现象，帮你看透生活的本质。比如，为什么恋人在相处时经常玩手机；为什么父母在高考前后对我们的态度完全不同；为什么二胎政策开放了，生育率还是很低……第二，它能指导我们做生活的决策。比如，微观经济学可以指导我们如何选择人生伴侣更容易幸福，个人职业发展是应该做通才还是专才，等等。宏观经济学还可以让我们了解宏观政策会导致的情况，在不同的经济周期阶段中如何进行资产配置，等等。

需要特别提醒的是，经济学是一种思维方式。理性的思维方式往往是非常反人性的，如果你想进入经济学的世界，需要做好颠覆价值观的心理准备，当然也要做好和身边的人有思想冲突的准备，因为经济学的视角更理性更宏观，因此它的结论往往和人性的本能是对立的。

我觉得以下四种思维框架尤为重要。

第一，重新认识成本。我们往往会因为省几块钱在几家店铺之间来回来去地比较，想买到更便宜的商品。因为我们关注的往往只是货币成本，没有考虑隐性的机会成本。在学习经济学之后你就会考虑，在来回比较时花费的时间、精力是否值得？如果把同样的时间花在做有意义的事情上是否更有价值？

第二，边际思维。我们往往过于关注已经投入的时间、精力、金钱，这些已经投入并且无法撤回的成本，让我们很难割舍。因此很多人不舍得与相恋多年的恋人分手，在股票下跌时不舍得“割肉”。而经济学的边际思维是关注未来继续投入的成本和获得的收入的比例，我未来再付出多少能带来未来的多少收益，把眼光从过去转移到未来的视角，会帮助你做更理性的决策。哪怕股票从 10 万元下跌到 5 万元，你要问自己的是，如果你现在又有了 5 万元，你还选不选这只股票，如果不选，那么请果断换仓。

第三，重新认识人性的自私。我们一直都觉得，人性的自私是耻辱的，甚至是罪恶的，但经济学却告诉我们，正是因为人类自私的人性和追求自身利益最大化的行为，推动了整个人类社会的进步，让社会总体效率最大化。

第四，改变非黑即白的判断。比如，我们会觉得人的生命无价，那么为了保护人的生命安全我们是否要不计代价？你可能会说是的。那么只要我们要出门，坐汽车、乘飞机其实都有风险，如果我们不计成本地制造出不管出了任何事故都能保证人类生命安全的汽车，那这种汽车又有多少人买得起呢？如果要求把房子建造成可以达到抵抗最高等级的海啸、地震、台风的程度，那么可能会有更多人住不起房子。我们会发现很多决策不是非黑即白，而是在追求安全性和成本上的平衡。一味追求安全性或成本的低廉都不对，而是应该考虑如何把握边界、如何把握平衡。

近年来，许多前沿的经济学者陷入了研究各种复杂数学模型的怪圈，似乎只有在数学领域取得突破才是经济学未来的方向。但那不是我心中的经济学，因为那离生活太遥远，经济学本就是一门解释生活、指导生活的学科。一门学科的实用性越强，能让越多的人受益，它就越有价值，一个学科如果故作高深，提高门槛，让很多人望尘莫及，那它的价值也就止步于做一本束之高阁的经文了。

我并不是说数学模型不重要，事实上在被经济学的思维模式震撼之后，我慢慢去接触经济学的建模，竟然发现这些数学模型、函数曲线也那么有趣，但那是我了解经济学思维的整体框架之后的事了。如果让我学习经济学时首先面对的就是一堆数学模型和函数曲线，那我早就溜之大吉了。

所以，你可以先了解一下经济学的思维框架，如果对经济学非常感兴趣，不妨再去做经济学背后相关的数学模型研究；如果只是想领略经济学的奥妙，用经济学的思维指导生活，那么学习这些简单有趣的思维模式和概念也就足够了。

在这本书里，我们不妨一起恢复最传统、最地道的经济学思考方式，用经济学的视角重新审视生活。我心里的经济学是真的有光的。

来，一起感受经济学给我们带来的最妙不可言的震撼吧！

自序 2

我为什么写《小白经济学》

我为什么要写这本经济学书呢?

十几年前，我就开始对经济学产生了兴趣，并陆续读了很多与经济学相关的书籍，这些书籍主要分为两类：学院派和趣味派。

可问题在于：

学院派的知识很系统，但是读起来非常晦涩，对入门者来说坚持下来非常困难。

趣味派的又东一榔头、西一棒子，就算开开心心地读完了，也没有整体的经济学感知。

我自己在学习经济学时踩过很多的“坑”，几次都是半途而废。我买过各种“极简系列”“趣味系列”“故事系列”“图解系列”和很多名家的“原理系列”，但实话说，都很难坚持看下来。或许是因为“知识诅咒”，这些经典的书籍，在我有了系统的经济学思维之后再去读，才发现真的都非常精彩。可见，它们并不适合想要踏入“经济学”这道门槛的初级读者。

我在这本书的设计之初，就定下了这本书的格调：兼具“趣味性”和“体系化”。

我筛选了能够建起经济学思维大厦的重要概念，书中从微观到宏观的经济学体系设计，能让你在读完这本书之后，对经济学体系本身有整体的感知。同时这本书还重视易读性、趣味性，就算是经济学“小白”读者也能很容易地理解。

当然，经济学涉及的概念和理论分支非常多，虽然没办法把所有的经济学概念都讲到，但是我精心筛选了最实用、最重要的概念，逐一进行了说明，也尽量和生活最息息相关的场景进行关联，让经济学的知识对我们来说不再那么枯燥和遥远。

当你静下心来慢慢地读完这本书，我相信你肯定能对经济学知识有一定的了解，甚至会超过经济学入门水平。之后如果你想对经济学进行深入的研究，比如想对现在各种前沿的经济学分支、深奥的经济学曲线和数学模型进行深入研究，这本书都可以为之打下很好的基础。

另外，无论是在工作中还是在生活中，身边的人都觉得我有这样一个“特质”：能把复杂的问题梳理得条块清晰，然后以简单的方式表达，让大家都能理解和听得懂。在写这本书时，我就充分地利用了自己的这种特质。

我在网络上收到很多读者的留言，有许多原本不懂经济学的朋友读完我的文章后都非常欣喜，并且说慢慢地在生活中都应用起“经济学思维”。我的文章能够给大家带来生活的改变，这对我来说已经是莫大的鼓励。

如果你想找到一个方式，获得兼具“有趣”和“体系化”的经济学知识，让你从经济学“小白”跨越成为行内人，这本书一定不会让你失望。

现在，你准备好跟我一起，重新认识这个世界了吗?

大墨

2019 年 3 月于北京

序言

- 微观与宏观
  - 微观
    - 研究个体
      - 如何决策让个体利益最大化
  - 宏观
    - 研究整个经济体
      - 如何让国家发展更好
        - 1 经济增长
          - 跨越经济周期
        - 2 失业率低
        - 3 物价稳定
        - 4 国际收支平衡
- 经济学的用途
  - 1 解释生活
    - 理解身边的种种现象
  - 2 指导生活
    - 更明智的决策
  - 3 看懂政策
    - 进行合适的资产配置
- 四种思维（更宏观 更理性）
  - 1 重新认识成本
  - 2 边际思维
  - 3 重新认识人性的自私
  - 4 改变非黑即白的判断
- 本书格调
  - 趣味性
  - 体系化

目　录

上篇　微观经济学篇 / 001

第一章　经济学思维模型 / 002

第一节　成本的概念 / 003

恋爱或结婚，不花钱难道也有成本吗？ / 003

第二节　边际收益 / 009

你的伴侣在家一直玩手机是不在乎你吗？ / 009

第三节　沉没成本 / 014

结婚后发现不合适，到底应不应该将就着过？ / 014

第四节　成本收益模型 / 019

别说二胎，为什么越来越多人一胎都不想生？ / 019

大城市的“自扫门前雪”和小城市的温暖人情 / 023

第五节　比较优势原理 / 028

做“专才”还是做“通才”，谁更有竞争力？ / 028

第六节　稀缺基础和效率目标 / 035
婚姻到底有什么用？ / 035
空姐坐网约车遇害，滴滴真的“有罪”吗？ / 041
第七节　盈利与亏损 / 048
从买了假名牌包说“盈亏” / 048
第八节　“租”“享租”“寻租”“设阻取租” / 053
安逸舒适的工作，该享受还是远离？ / 053
第九节　信息不对称 / 059
你为什么忍不住想去排队人多的店吃饭？ / 059
为什么找工作时，学历和学校总是很重要？ / 064
第十节　利息 / 070
借钱为什么需要付利息？/ 070
为“高利贷”平反 / 075
第二章　市场的规律——无形的手 / 083
第一节　需求定律 / 084
除了打折，还有哪些因素能“促销”？ / 084
第二节　供给曲线 / 093
明白了需求曲线，怎么能不懂供给 / 093
第三节　弹性 / 098
什么叫需求和供给的“弹性”？ / 098

第四节　市场的均衡与价格的形成 / 103
市场商品那么多，价格是谁定的？ / 103
去你的“努力就会成功” / 108
第五节　供需决定论 VS 成本决定论 / 114
北京房价高不是因为政府拍地价格高 / 114
第六节　有效市场假说 / 118
千股跌停再现，股市究竟可以预测吗？ / 118
第七节　认识市场和政府 / 126
“看得见的手”和“看不见的手” / 126

第三章　政府的干预——有形的手 / 133
第一节　市场失灵 / 134
推崇市场经济不代表无政府主义（上） / 134
推崇市场经济不代表无政府主义（下） / 138
第二节　价格管控 / 142
要求中介不涨房租，真的能缓解北京租房压力吗？ / 142
第三节　产权的保护 / 149
为什么经济学家都爱说产权？ / 149
公地悲剧：国庆出行，你又被高速堵了吗？ / 153
第四节　专利的保护 / 159
若遍地都是仿制药“英雄”，可能再无新药推出 / 159

➡ 中篇　宏观经济学篇 / 167

⇨ 第一章　经济增长 / 168

第一节　宏观经济分析框架 / 169

什么？宏观经济学竟然就这么简单？ / 169

经济增速放缓和女人有什么关系？ / 175

第二节　国内生产总值 / 181

当我们谈 GDP 时，我们在谈些什么？ / 181

第三节　通货膨胀与节约悖论 / 187

2018 年，你的身家又缩水了吗？ / 187

第四节　宏观政策和国际贸易 / 192

宏观政策“三剑客” / 192

⇨ 第二章　金融体系与货币 / 199

第一节　金融体系 / 200

中国银行与中国人民银行的区别 / 200

你还觉得卖保险的是骗子吗？ / 205

第二节　货币政策 / 210

美联储又加息了，和我们有什么关系？ / 210

美联储又加息了，货币政策到底怎么回事？ / 213

第三节　利率的决定 / 219
2019 年宣布降息，利率是央行决定的吗？ / 219
第四节　货币 / 224
比特币热度退潮，我们再来聊聊货币本质 / 224
第五节　金融危机 / 229
金融危机是怎么回事？ / 229

第三章　政府与财政 / 235

第一节　财政政策 / 236
五分钟搞懂财政政策 / 236
第二节　失业与就业 / 241
政府可以调节失业率吗？ / 241
第三节　最低工资制度 / 248
北京最低工资标准上调，是帮助了穷人吗？ / 248
第四节　工会经济学 / 253
工会对经济发展有好处吗？ / 253

第四章　国际贸易 / 258

第一节　国际贸易 / 259
中国人真的抢走了美国人的饭碗吗？ / 259

从二战看当今贸易战 / 263

第二节　汇率 / 270

“汇率破 7”“汇率操纵”都是咋回事？ / 270

第三节　外汇储备 / 277

外汇储备为什么不是越多越好？ / 277

➡ 下篇　行为经济学篇 / 283

⇨ 研究花钱的行为经济学，涨知识还能帮你赚钱 / 284

八个行为经济学妙招 / 286

避踩两个坑 / 296

提高成功率 / 298

总结 / 300

➡ / 后记 / / 302

⇨ 一文梳理经济学的逻辑精髓 / 302

➡ 参考文献 / 309

上篇

微观经济学篇

第一章

经济学思维模型

第一节　成本的概念

人们考虑成本时，往往只会注意到货币成本，但经济学告诉我们，不要忽略放弃的其他机会。

恋爱或结婚，不花钱难道也有成本吗？

经济学中，成本的概念非常重要，对个人的决策和认知提升也非常有价值。这一节我们以工作和恋爱为场景，重新定义一下成本。

1. 成本的概念

我们先来了解一下成本的概念。一说到成本，大家首先想到的就是花了多少钱，但这其中更重要的其实是“机会”。很多人都应该听说过“机会成本”这一概念，经济学的“成本”概念就是建立在这个基础上的。

什么是机会成本呢？就是你选择一件事情，必须放弃另一件事情。

只要是做出选择必定是有代价的。比如：我们都要工作，我如果做程序员，就不能做产品经理；我现在想睡觉，就没法看电影；现在你在看我的文章，就放弃了做其他的事情。

经济学是怎么定义成本的呢？

成本，是放弃了的最大代价。

2. 工作的成本

举个最简单的例子，你觉得你现在工作的成本是什么？

你可能认为是：我上班的路费啊，我的饭费啊，其实不是的。我们现在用经济学的视角一起来看看，你现在工作的成本是什么。

场景 1：极简模型

假设你现在的工作年薪是 10 万，你还有两份工作可选，第一份工作年薪 15 万，第二份工作年薪 8 万。假定这三份工作的内容和强度都一样，我们看看上面的图片。

你现在的工作，工作 1 的成本是什么？

因为成本是放弃了的最大代价，你做这份工作放弃的最大代价是工作 2，也就是 15 万元的年薪。

那如果你现在选择跳槽到工作 2，你的成本变成了工作 1，也就是年薪 10 万的这份工作是你放弃的最大代价。

场景 2：略简化模型

但往往实际情况没有那么简单，看一下上面的图。

有可能现在的工作，也就是工作 1，还是年薪 10 万，不太忙，可以兼顾家庭；

第二份工作是年薪 15 万，但是非常忙，需要经常加班，没有办法兼顾家庭；

第三份工作是年薪 8 万，工作强度和现在的差不多，也不太忙，可以兼顾家庭。

这时候，怎么选择呢？你就可以看对家庭的照顾，值不值得用 5 万的额外薪资和加班来换。如果觉得 5 万的薪资比对家庭的照顾更重要，那么就选择工作 2。这时，选择工作 2 的成本就是工作 1，也就是 10 万的薪资和对家庭的照顾。

这个模型还可以进一步扩展，如果还有离家远近的差别，也可以增加一项再进行思考。

这就是经济学给我们带来的理性决策方式，其中的因素可以有很多：不只有钱，还有对家庭的照顾、上班的距离等因素。

3. 恋爱或婚姻的成本

现在我们用成本的概念来思考一下，恋爱或结婚的成本是什么？

有人说：“我知道了，我恋爱的成本可高了，因为成本是我没嫁给王思聪、没嫁给吴彦祖。”这是不对的，因为王思聪和吴彦祖并没有选择要娶你，注意，成本是“放弃”了的最大代价。你没有放弃这个代价，所以没有嫁给王思聪、吴彦祖不是你的成本。

我总结一下婚姻的成本：

第一，如果你一定会结婚或恋爱，从这个角度看，成本是你的追求者或其他可能成为你伴侣的人当中，综合价值最高的一个。

恋爱人选		暖大叔	阳光男	正经哥	帅警官
1×	资产	80	60	70	70
2×	照顾	70	50	60	70
3×	情感	40	80	60	70
	总分	340	400	370	420

看一下上面的图，比如我把可选的四个人依据三个我认为重要的因素来评分，包括资产、对我的照顾情况以及给我带来的情感价值。

其中，资产，我认为没那么重要，权重设为 1；对我的照顾比较重要，权重设为 2；情感价值最重要，权重设为 3。然后我针对这四个人，分别就资产、照顾、情感价值进行打分。

比如，我给暖大叔的资产打分是 80 分、照顾打分 70 分、情感价值打分 40

分，总分为 340 分。那么我对四个人的评分分别为 340、400、370、420，其中帅警官最高，420 分，阳光男孩其次，400 分。

我如果选择了除了警官以外的其他人，成本都是这个能给我带来 420 分价值的帅警官。如果我选择了帅警官，我付出的成本就是 400 分价值的阳光男孩。

在这个例子里，我选择帅警官的成本最小，以成本为指导，那么我应该选择帅警官做我的人生伴侣。

所以你看，虽然是用经济学视角分析，但是我并不是只盯着钱。如果你觉得资产不重要，那么权重甚至可以是 0，但不变的是这个成本的概念和经济学思维逻辑。

第二，假如你未必要恋爱和结婚，你可能会保持单身，从这个角度对比单身和恋爱的情况，我们进行一下分析。

我把成本大概分成三类。

(1) 你的个人时间：如果是男生，可能要陪女朋友逛街；如果是女生，你可能要陪男生打球、看球赛；

(2) 你的一些个人爱好：你可能会因为恋爱放弃一些爱好，如果是男生，以前你想自己玩会儿游戏，现在另一半不让了；

（3）你陪伴父母的时间：可能以前过年只要自己回家就可以了，结婚了要商量着回谁家过年，还是一年回一家的问题等。

总之，付出的成本就是那个原来的你自己，因为恋爱或者婚姻，一定会有一些变化和妥协。我不觉得有任何人可以在结婚或者恋爱后，与恋爱之前没有任何不同。凡选择必有成本，婚姻和恋爱也是一样，一定是有成本的。那么你就需要考量这些成本，这些你放弃了的最大的代价换来的收益值不值得。

4. 其他场景

遥想当年，我在上高中期间，父母基本没让我做过任何家务，但是高考结束之后，我妈就开始了对我的“魔鬼训练”，女孩子要会洗衣、做饭、打扫。

再想想，女生怀孕时，老公和家人对她们千依百顺，不会对她们有任何要求，这期间她们哪怕莫名其妙地乱发脾气，也不会有谁在这时去招惹她们——否则那简直就是不要命了。

现在想想挺好笑，这多符合经济学的规律啊。

我高考前，父母如果让我做家务，我就要放弃更多的学习时间，也就可能会少考些分数，影响我的未来，这时候做家务的成本可大了。

同理你再想想看，为什么很多家庭会对孕妇百依百顺，不敢惹她们生气？因为成本太大了。我们每个人都在生活中不知不觉地做着自己生活的经济学家。

5. 总结

我们这一节讲了三点。

（1）成本的概念：成本是放弃了的最大代价。

（2）工作的成本：不只是路费、饭费等开销，还有放弃的其他机会。

（3）婚姻的成本：其他追求者、原本的你自己（个人时间、个人爱好、陪伴父母等）。

综上所述，可得出两个重要结论：

（1）人只要做出决策，就会付出一定的代价。这个代价就是机会成本。

（2）经济学关注的不只是钱，还有时间、精力、感受等，经济学关注的是整体收益最大化。

思考

读完这节，想想你现在工作的成本是什么？你恋爱和婚姻的成本又是什么呢？

第二节　边际收益

你的伴侣在家一直玩手机是不在乎你吗？

你在家发现你的伴侣不是在打游戏，就是在刷朋友圈、刷抖音，你就忍不住问他："说实话，难道我就不如游戏重要吗？"

要从经济学的角度回答这个问题，我们首先要理解一个经济学概念——边际。边际的概念是现代经济学的基石，学会了边际的概念能指导人生变得更理性，也可以帮助我们解决很多生活中的疑虑。

1. 边际收益的概念

“边际”这个词听起来就很高大上，但是其实它的含义很简单，就是每新增一个单位的 A，能带来 B 增加的量。

边际成本就是每新增一个单位产品，要新增的成本；

边际收益就是你多消耗一个单位产品，能带来的新增的享受。

薛兆丰教授的说法很简洁清晰，叫“新增带来的新增”。

看看下面这个例子，你会更好理解。

你忙了一天没来得及吃饭，饥肠辘辘，看到了一家煎饼铺，赶紧进去买了一个煎饼吃了，觉得简直太好吃了，这个感受就是这一个煎饼给你带来的边际效益。

你觉得还没吃够，再买一个吧，还是挺好吃的，但却没有第一个那么好吃了，但吃完了还是很开心。

这时你想，饿了一天了再吃一个吧，为了不浪费，坚持把第三个煎饼也吃完了。

这时候老板说，呀，你这么爱吃煎饼，再买一个吧！这时你恐怕会说：“白给我都不要了！”

上面的这个过程说明多吃一个煎饼给你新增的享受感是降低的，这就是边际效益（通常称边际收益）递减的规律。

边际效益一定会在某一个节点调头向下，从此逐渐降低。

2. 边际收益对生活的启示

那么，怎样才能让我们的生活更加快乐呢？把每多一个单位的成本——可以是一个单位的时间或一个单位的金钱，花在让你获得收益最大的事情上，那么总收益就会达到最大。

比如一桌菜，我不会兼顾，而会选择从我最喜欢的那道菜开始吃，吃到让我觉得边际收益下降到我次爱吃的菜了，我就开吃下一道菜。以此类推，那么吃完这顿饭，我的整体幸福感是最强的。

回到最开始的问题，你的伴侣在家一直刷朋友圈、打游戏、刷抖音，就是你没有它们重要吗？

你和他相处的时间可能很多，日积月累，和你相处的边际收益就会下降，一定不会像刚恋爱时的边际收益那么高，不会像刚恋爱时得到的幸福感那么多了。而刷朋友圈、打游戏这些新鲜的刺激，会让他觉得在边际收益上超过与你相处，所以选择不用这个时间来跟你聊天。我们每个人其实都是在无形中做着边际平衡的选择。

3. 应对边际收益递减

知道了边际收益的概念，你就有了两个应对选项：

（1）让他随便刷、随便玩，总有一天玩游戏的边际收益也会下降的。

但是你得确保，和你相处的边际效益有一天会比他的爱好高。可能对方之后不玩游戏了，又开始刷上了抖音，你永远斗不过新事物。

你理解了边际收益递减的道理，你也就能理解了这件事，然后你也就可以去找一项自己喜欢的事情。这也正应了《孙子兵法》所说的“求之于势，不责于人”，与其强求别人改变，不如用自己的智慧占领高地，战胜困难。

（2）制造一点新鲜感，让和你相处的边际收益超过玩游戏。

如果和你相处更加有趣，你还怕比不过游戏吗？但是这也有个问题，为了留住一个人，不断地追逐新鲜和变化，也很累。归根结底，不如做更好的自己，让自己的价值不断提升，对方也就会不断地更新对你的认识，当你自身带来的就是源源不断的新鲜感时，对方就会觉得边际收益依然很高。

所以归根结底，我的建议就是：第一，做自己喜欢的事抵冲失落感；第二，做更好的自己，提升边际收益。

如果你是玩游戏、刷抖音上瘾的一方，你的伴侣问你：“难道我就没有游戏重要吗？”

你这时候可以回答：“至少从边际上来看是的！”然后给他科普一下“边际”的概念，这样你给对方带来的边际收益就又提高了。

但是在此特别声明：跪搓衣板概不负责。

4. 边际收益概念的重要性

边际收益是经济学里的一个特别核心的概念，边际收益的概念之所以重要，有两个原因。

（1）边际收益的递减，是一个普遍规律。

比如你想养一盆花，你每浇一点水它就长高一点，可能吗？一定会刚开始浇点水，长得越来越好，再多浇一点水，花就死了。如果边际收益不会递减的话，一株水稻可以无限长大，结出无限的果实，那一株水稻就足够养活全世界的人了。

有一个成语——物极必反，现在看来也是非常符合经济学原理的。

哪怕玩一个游戏，一开始你觉得很有趣，并且越玩越上瘾，但是如果这个游戏不更新，没有任何变化，让你全天就玩这个游戏，玩一个月、两个月……最后总有一天，你就不愿再玩这款游戏了。这就是边际收益迟早递减的一个现实情况。

所以，现在无论是软件，还是游戏，都需要不断地更新升级，不断给人制造“新鲜感”。

（2）边际思维指导人的决策。

你在决策一件事的时候，永远要盯着边际收益，因为我们平时都是会盯着存量多少，以前付出了多少，其实这些以前付出的无法收回的成本，在经济学里叫沉没成本，经济学里有一个铁一样的定律：沉没成本不是成本。经济学思维就是，要盯着边际收益，也就是未来的成本和收益的比例，这是一个流动方向的偏移，我们要改变的就是以前的存量思维。

5. 总结

回顾一下本文的两个重点。

（1）边际是新增带来的新增。

边际收益就是你多消耗一个单位产品，能带来的新增收益。

（2）边际收益是递减的。

思考

为什么很多冰淇淋、饮品店会有第二件半价活动呢？

第三节　沉没成本

结婚后发现不合适，到底应不应该将就着过？

经常听到周围人有这样的论调：

“已经恋爱 5 年了，现在分手不是全都白费了？”

“我俩婚都结了，孩子都有了，还能怎么办？只能凑合过了。”

“那部电影特别难看，但是电影票花了我 50 大洋呢，不看就浪费了！”

这样的想法对吗？答案一定是不对！但为什么呢？我们先来了解经济学里一个非常常见的概念：沉没成本。这个概念在上一节讲边际的概念时简单提到过，这一节我们专门来探讨一下“沉没成本”。

沉没成本、机会成本和边际成本，是对生活最具指导意义的三个经济学概念。

1. 概念

沉没成本是指已经投入且无法收回的成本。

例如，你恋爱期间为对方付出的时间、金钱、心思，属于沉没成本；你学习一个专业所花费的时间属于沉没成本；你在一只烂股票里投入的钱属于沉没成本……生活中有数不清的沉没成本的例子。

沉没成本是我们日常生活中存有的一种有趣的、非理性且顽固的心理。因为在一件事情上投入过成本，我们会变得更难放弃。

但经济学要告诉你的是：沉没成本不是成本！！做决策时，不要被沉没成本干扰。

沉没成本

2. 原理

之前我们讲过经济学告诉我们，收益最大化的方法就是要关注“边际收益”，也就是每新增一个单位的成本所能带来的新增收益。

当事情还可以改变时，就还有成本；当事情无法改变时，已经没有了机会，也就没有成本了。沉没成本意味着我们已经付出了，无法再做出改变，那么这部分就不是成本。所以，沉没成本不是成本。

不只是普通人，就连企业家、科学家、政治家也都会掉入“沉没成本”的大坑。企业家在开发一个项目时中途发现，这个项目的成功率可能很低，但是还是会投入更多的成本，最后导致了更多的损失。科学家也是如此，比如“地心说”模型的提出者托勒密，他也曾发现过自己的模型有解释不通的地方，但仍然尽量寻找途径自圆其说，最后只能被哥白尼的“日心说”颠覆理论。

这个道理说起来容易，却知易行难。举一个反向使用沉没成本的例子。

假定你要做一个投资：

方案 A：投入 100 元能得到 150 元的收益；

方案 B：投入 50 元能得到 100 元的收益。

方案 B 一定比方案 A 好，因为 A 的收益率是 1.5 倍，B 的收益率是 2 倍。

但是如果你已经在 A 中投入了 50 元，这时你还有 50 元，应该选择投资哪个方案呢?

方案 A！因为方案 A 对你来说已经投入的 50 元，是沉没成本，不要再考虑。

对于方案 A 来说，你只要再投 50 元就能拿到 150 元的收益，而方案 B 你投入 50 元，只能拿到 100 元的收益。

但之后再有钱，你就要投资方案 B 了。因为 A 的收益率又恢复成了 1.5 倍，B 的收益率又恢复成了 2 倍。

3. 应用

做出选择时千万要盯住边际收益，剔除沉没成本的干扰。

经过上面的说明，你应该知道了，恋爱或结婚付出的时间、情感、金钱都是沉没成本。当你认为现下的恋爱或婚姻不适合自己时，你应该考虑的是，如果继续下去，你未来付出的时间、情感、金钱所得到的收益是否依然无法达到预期；如果你选择重新开始生活，边际收益是不是会有所提高。如果答案是肯定的，那么就应该放弃这段恋爱或婚姻。

现实情况永远是，我们已经懂了那么多道理，却依旧过不好这一生。因为现实情况不会像理论那么简单，会涉及很多问题，比如“别人怎么看我”“孩子的心理影响怎么办”“父母是坚决不允许的”。这就涉及另一个概念“交易费用”，我们在做抉择的时候会有各种阻力影响着我们，这些阻力就是交易费用。那么怎么克服交易费用带来的问题呢？

（1）社会氛围已经越来越开放，给想要做出理性选择的人包容，少一些舆论压力，而我们也不要成为舆论氛围的制造者；

（2）强大自己的内心，认识到“人生是自己的，你不是为任何人而活”；

（3）对于孩子，与其让他在不快乐、没有爱、充斥着争吵的家庭中长大，不如给他足够的安全感和幸福感，让他快乐地成长。

4. 反向利用

沉没成本也是可以反向应用的，且已经在各种场合下被聪明人所用了，我们了解这些场景的作用有二：一可以获取收益，二可以避免入坑。

（1）结婚时尽可能办得隆重，请尽量多的朋友来见证，投入巨大的时间、金钱、精力。等到吵架时，可能就会因为巨大的“沉没成本”，而让婚姻变得稳固；也可能会因为害怕未来再结婚再折腾一次，不愿意离婚。这可能就是我们的老祖宗要对婚礼大操大办的初衷吧！

这个和我们从经济学角度所倡导的“该分手就分手”的主张看似矛盾，但其实是两种应用方式：你想保持婚姻稳固，就多让对方付出沉没成本；但轮到你自己做出选择时，则不要受沉没成本干扰，敢于放弃。

（2）买家具或者买大件商品时，几万的东西收几百元的定金，都是十分有效的！

（3）交朋友时想迅速提升感情指数，可以故意付出一些“沉没成本”，如分享一个秘密，一起做一件疯狂的糗事，这样能够互相取信，提升感情。

（4）买东西想砍价，多跟服务员咨询、聊天，让她在你身上付出很多的沉没成本，这样杀价的成功率会更高一些，否则她所付出的时间和努力都白费了。

（5）健身减肥总是失败，去办张私教卡吧，不可以退的。想学习吉他，先买把你觉得特别贵的吉他，这样你想放弃都难。

利用“沉没成本”减肥

5. 总结

小小的沉没成本学问也很多，但你最需要记住的是：沉没成本不是成本，应该盯住边际收益。

你可以克服本性中沉没成本带来的顽固心理，也可以刻意制造一些沉没成本，从而实现自己的“小目标”。

思考

读完这节“沉没成本”的概念，再想想生活中这些类似的问题：

在餐馆吃饭，吃到一半发现菜点多了，你会硬着头皮把菜吃完吗？

第四节　成本收益模型

别说二胎，为什么越来越多人一胎都不想生？

生娃前 vs 生娃后

1. 下滑的生育率

自从放开二孩政策以来，二孩话题成了同事和朋友之间的问候语：“什么时候生二胎呀？”“生不生二胎呀？”

但实际情况却是，中国的生育率逐年下滑，到 2017 年生育率仅有 1.68，这意味着平均 1 对夫妇生育的孩子是 1.68 个，我国已经是全球生育率最低的国家之一。一般来讲，能保证社会正常更替水平的生育率是 2.1 左右。一旦生育率低于 1.5，对社会发展将有极大的损害。在全面放开二孩的情况下，中国 1.68 的生育率意味着，别说二胎，越来越多的人连一胎都不想生了。

多数人把这个归于传统观念的改变，但我今天想从经济学的视角，跟你聊一聊这个原因。

我们把生孩子这个问题分解为成本和收益两个部分来考虑一下。

养娃成本：

（1）抚养成本：抚养孩子付出的金钱、精力；

（2）时间成本：抚养孩子到独立期，需要付出的时间长短；

（3）机会成本：你为了抚养孩子需要牺牲的一些工作机会、晋升机会。

养娃收益：

（1）现金收益：如孩子劳动所赚的钱；

（2）养老保障：孩子会在你没有劳动能力时，进行赡养；

（3）情感收益：抚养孩子的过程中及年老时，孩子能给你带来的幸福感。

2. 养娃成本

现在我们就先从三个方面来对比一下养育孩子的成本变化情况吧。

（1）抚养成本——喂养成本和教育成本

以前喂养一个孩子的成本很低，只要管个饭养大即可。之前的社会结构以农业家庭为主流，用自己耕种的粮食养育孩子，成本比购买食物要低很多。现在的社会结构决定孩子的饮食以购买食材为主，成本有所提高。与此同时，养育孩子的目标，也从过去的“喂饱”为主，到现在的“喂好”为主，喂养成本的提高自然也不用多说。

以前的教育成本很低，条件好一点的城市家庭，教育上可能会稍多一些投入。而现在的年轻人更加注重孩子的教育投入，会花费大量的教育成本，有很多家庭甚至选择让孩子自费出国留学，这样教育成本又会增加很多。

另外，现在很多父母还会为孩子买房，那就付出了更多的抚养成本。

（2）时间成本

因为孩子受教育的时间普遍拉长，一些中产阶级的孩子读完大学读硕士，读完硕士还要读博士，让孩子完全进入社会变成价值创造者，需要的时间延长了很多。

（3）机会成本

之前在男耕女织的农业经济条件下，抚养孩子不会过度影响父母以体力为主的工作机会。而在现代社会，抚养孩子可能会让父母，尤其是妈妈，放弃很多更好的职业发展机会。比如，在孩子很小时，我不敢去待遇更好、但离家太远的地方工作，也不会选择经常出差加班、但是更有发展前景的行业。

以上都是抚养一个孩子所需的成本，抚养两个以上的孩子还有一个额外的“关系维系”成本，也就是保护两个孩子之间关系的平衡和谐、心态正常的成本。

3. 养娃收益

站在抚养一个孩子获得收益的角度上，我们也从三个方向分别探讨一下。

（1）现金收益

以前的家庭，孩子就是一个可以快速变现的劳动力，基本上十几岁就可以帮家里干活了，而且不要任何报酬，收益全归父母，只要包饭就行。所以会有“多子多福”的说法。

现在的家庭，很多父母不仅不会要孩子的钱，还会给孩子买房，甚至有很多人在工作后还长期由父母继续提供一些生活费，那么现金收益甚至可以说是负的。养育孩子的收益下降，会让很多父母的生育意愿降低。

（2）养老保障

人都有失去劳动能力的一天，很可能到晚年就没有办法工作了。在以前的家庭里，人老了基本上都要依靠孩子抚养。

现在社会福利制度逐渐健全，有比较好的养老制度，很多父母都表示“我有钱，我不需要孩子给我养老”。现在的年轻人也在花销享受的同时，掌握很多投资理财的技能，有足够的积蓄保障自己晚年的生活。

从养老越来越有保障，不需要靠孩子的角度，养育孩子的意愿也会降低。

（3）情感收益

以前的生活方式，父母和孩子通常都居住在一起，相处更多的是讲究孝道，而没有很多的精神层面沟通。现在父母和孩子多数不会共同居住，很多老人会选择独居，和孩子之间反而会有更多平等交流的机会。从这两个角度来看，很难分清孰优孰劣，所以暂算持平。

因此，以前抚养孩子更像是一种投资，投入较少，收益较大；而现在养育孩子更像是一种消费，但换取的收益较少。

4. 结论

我们得出的结论是：

（1）越重视教育，越倾向于少生育。因为这样会增加成本，延缓收益时间，降低收益；

（2）女性社会地位越高，越倾向于少生育。因为生育会让女性付出更多的机会成本，女性自然会选择少生孩子；

（3）社会养老福利制度越完善，越倾向于少生育。因为有了养老保障，生育带来的收益也会减少。

毫无疑问，随着社会财富的累积，人们会更重视教育，女性地位在不断提高，社会养老制度也更加完善，因此孩子的生育率会降低。

反过来看，这也解释了为什么越贫穷的国家和地区，孩子的生育率更高，是因为在这样的社会环境下，孩子是一种低成本高回报的投资。

另外，诺贝尔经济学奖得主加里·贝克认为，随着财富的累积，人们越来越富足，人们会更加注重抚养孩子的质量而不是抚养孩子的数量。

假设你有一辆三轮车，等你有钱了，不是买五辆三轮车，而是买一辆摩托车；你再有钱了，不会多买几辆摩托车，而是想买一辆汽车；等你再有钱了，你会先换一辆更好的汽车。

需要特别说明的是，如果你特别富有，已经能买一辆非常豪华的汽车了，你就又会多买几辆豪华汽车。同理，对于富豪群体来说，养育孩子付出的成本对他们来说没那么重要，他们也有足够的资源保障抚养孩子的质量。

所以，往往情况是这样的：

有钱人比穷人生育率低，但顶级的富豪群体，生育率又会比较高。

任何一个群体都有个例，以上我们讨论的都是针对一个群体的多数现象。

思考

那么，看完本文，你能否计算出自己抚养一个孩子的成本有多少呢？你打算生几个孩子呢？还是就不打算生孩子？

大城市的“自扫门前雪”和小城市的温暖人情

这一节，我们再尝试从经济学的视角来讨论一个生活中的有趣现象，帮助你在生活中运用经济学思维。

今年回了娘家过年，大墨心里是美滋滋的，因为上次回老家过年已经是

2012 年的事了。

我的老家在一个四、五线开外的小城市——盘锦（在辽宁，没错，我是个纯正的东北人）。

但是这次我发现了个很有趣的现象，这个小城市的人特别爱“管闲事”。

当然，小城市的人并不是什么人都爱管闲事，大城市也不是什么人都不热心肠，这里探讨的是在哪种情况下概率更高的问题。

这里的“管闲事”不是什么贬义词，反而让我反思了大城市的人情淡薄。

1. 小城市的人情味

现在说几个场景，请你自己感受一下。

场景 1：找电影院

大墨在商场转悠了几圈找不到电影院，嘴里跟同行的人念叨着：“电影院从哪上楼啊？”旁边路过的大姐伸出手拽着我说：“那边走到头，乘电梯上楼就是了。”

场景 2：温泉池找拖鞋

大墨在泡温泉时，跟我妈说拖鞋没有了，旁边的大妈就说：“他们这拖鞋来得可快了，我帮你盯着点！”

我抬起眼睛看了看一丝不挂的大妈，羞答答地说了句谢谢，默默地换衣服。

没两分钟，还是那个大妈，还是没穿衣服，给我拎了一双拖鞋过来……

场景 3：吃刨冰没勺子

吃烤肉的时候，每桌都有一个服务员给烤肉，她们边给各桌烤肉，边哇哩哇啦地互相聊天，竟然没有一桌顾客觉得她们太吵，我们这桌全程就安静地听他们从个人工资聊到国家大事。

这家烤肉基本上桌桌都点套餐，里面有拌饭和刨冰，但是这家饭店竟然没有勺子了，每桌的服务员都跟吃烤肉的人说：“不好意思，没勺子了，还没刷出来呢！”

就是这家“小猪小牛”烤肉店

我当时就觉得有点生气，没刷勺子是理由吗？

转眼看看旁边桌长得很凶的东北胖大姐，眼看着刨冰都化成水了也没着急，不是都说东北人脾气不好惹吗？怎么没人“削他”，也没人“急眼”呢？

不太合常理啊！

东北人的暴脾气去哪儿了呢？

反正这顿饭我们是没用上勺子，后来刨冰都是化成水抱着碗喝的。

我看到的是大家的不苛责，与此同时，也是对服务业的低要求，导致的服务水平处处跟不上。

2. 你说这是为什么呢?

但是我想了想，为什么大都市的人很多都是从小城市来的，后来会变成人情淡薄，更重视职业化、专业化呢？是什么原因慢慢地变成了“各人自扫门前雪”？

为什么小城市人和人之间就有更多温情和理解，职业化和专业化反而不那么重要呢?

听说在职场上也一样，在小城市里，人情世故可能要比工作能力更重要。

回家听亲人谈论的也都是：××× 可会说话了，××× 可会办事了，××× 性格可圆滑了……注意以上都是夸奖，让大墨多学习学习的。

既然有这个情况，必然有其背后的经济学原理，我们关注经济学思维的人，一定可以看到现象背后的本质。

3. 原因

我后来想了想，可以从几个角度来看。

（1）从城市的“熟客经济”情况来看

大城市人口多，因为可选的范围广，再见到熟人的概率比较低。而小城市面积小，可选的范围少，饭店的回头客、熟客会比较多，甚至有跟商场的店员都很熟悉的情况。

因此，在小城市里，有“熟客”或者未来会成为“熟客”的可能性，多一些互相了解和体谅，对长期博弈来说，是收益大于成本的。

（2）从离职率的角度来看

大城市中，员工的离职率更高，这导致了两个结果：①大家不愿意花时间和一些服务业人员打交道，因为刚彼此了解，下次来这位服务员可能就不在这工作了，得不偿失；②大家更重视专业度，而较少关注一些“人情味”，烤肉时服务员给我烤得好一些，比跟我聊家常哄我开心更重要。大城市的工作机会多，服务员也不需要为了讨好客人为工作加分，因为外面还有很多类似的餐厅可以找到类似的工作。其他的各行各业也都是这个道理，因此倒逼大城市的职场人士更加重视专业化。

（3）从机会成本的角度来看

下面是读者“倾听者”留言提醒我的，他讲道：

去北上广深的年轻人都是怀揣梦想的，在专业领域保持优势是立足之本。竞争激烈的环境，交友所花费的机会成本对个人而言影响非常大，谨慎交友是对抗竞争环境的生存法则。

人没变，回家还是到处串门，只是“专业”有些生疏了。

有些“出家人”在大城市时间过长，回老家会手足无措，是人情太过生疏了。

在大城市去过多地经营人情，耗费了大量的机会成本，不如用同样的时间去提升自己的专业度，这才是真正的立足之本。

而在小城市，对每个人的专业度要求没有那么高，因此，“拼人情”也就成了立足之本。

如果大城市的人回到小城市，相信很快也会开始经营“人情”，这样专业也就慢慢生疏了。

我回家之后的种种不适应，大概也是因为“人情”太过生疏了。

4. 一些联想

所以，理解了这个道理也就明白了，大小城市间的价值观差异是有原因的。

大城市的人也不要总是觉得小城市的人不够专业，精于人情世故，不屑与之为伍。

小城市的人也不要总是觉得大城市的人过于冷漠，只顾着工作，不会做人。

人的精力是稀缺的，把精力用在更合适的地方，也都是为了生活中总收益的最大化，是符合经济学原理的。

其实，我们这一代关注的“人情”程度已经远低于上一辈，这其中的道理，同大城市和小城市之间的差别是一样的。

现在的时代和乡里乡亲的时代有所不同，重复博弈变少了，人情经营，自然要少于以往。

因此，也不是人情变淡了，而是更符合时代的趋势了。

思考

虽说大城市更多时候不关注人情经营，为何在理发、美容业的人都特别爱聊天呢？

第五节　比较优势原理

做“专才”还是做“通才”，谁更有竞争力？

可能你也和我一样，一直以来都被这样的问题困扰着：兴趣爱好特别多，那我应该做一个通才，还是做一个专才好呢？

1. 专才与通才

支持通才优势的人说，木桶原理没听说过吗？最短的板子决定着装多少水。

技多不压身，如果你 PPT 没做到极致，但是你英语不错，就可以和外国客户沟通，你就有了别人没有的机会。

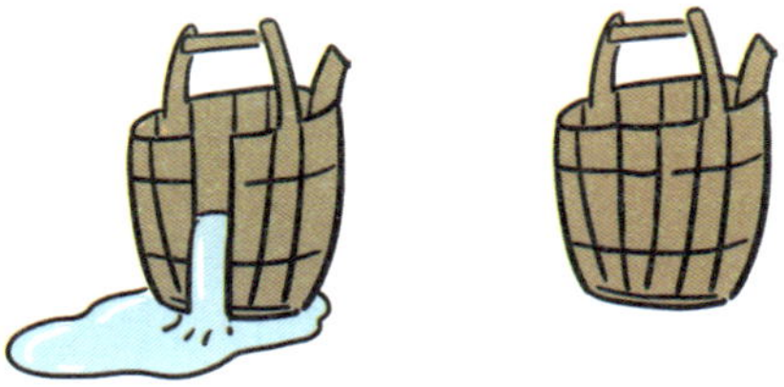

传统木桶理论

支持专才优势的人说，你们的木桶理论过时了，现在新木桶理论说的是你把木桶倾斜一个角度，木桶的长板决定了装水的多少。

之前的全国劳动模范张秉贵，他是一名售货员，号称“一抓准”，你想买八两糖，他一抓就一定是八两，十分精准，现在北京百货商厦门口还有他的雕像。

专才代表：“一抓准”张秉贵

我们究竟是应该作为专才加长长板，还是应该成为通才补足短板呢？

首先，需要了解一个在经济学里最坚如磐石的基本原理之一——比较优势原理。提到比较优势，不得不先说“绝对优势”。绝对优势的概念是亚当·斯密最早在《国富论》里提出的。

2. 绝对优势原理

举个简单的例子。

姑娘 A 做 1 份饭需要 1 小时，打扫 1 间屋子需要 2 小时；

姑娘 B 做 1 份饭需要 2 小时，打扫 1 间屋子需要 1 小时。

可以看出，在做饭上，A 相对于 B 有比较优势；在打扫屋子上，B 相对于 A 有比较优势。

那么，如果姑娘 A 做 2 份饭，其中一份给 B 吃，而姑娘 B 帮 A 打扫屋子，这样两个人工作时间都从 3 小时变成了 2 小时。起初，绝对优势理论主要应用于国际贸易问题上，亚当 · 斯密认为，各国都应按照本国的绝对优势形成国际分工格局，互相交换产品，能够让每个国家的收益最大化，这个就是“绝对优势原理”。

但是如果当姑娘 A 在做饭和打扫屋子上都有绝对优势，这时候是否就没有办法进行交换了？ A 应该什么都自己做吗?

3. 比较优势原理

这时候就需要大卫 · 李嘉图提出的“比较优势原理”来解决这个问题了。

再来看一个例子。

我：擅长写文章，1 小时赚 200 元；也擅长打扫房间，1 小时可以赚 80 元。

阿姨：不会写文章，赚不了钱；但是房间打扫得好，1 小时可以赚 50 元。

从写文章和打扫房间这两者来说，“我”与“阿姨”，都分别占有绝对优势。

在每天工作 8 小时的情况下，我 7 小时写文章，1 小时打扫自己房间，我的收入是 1400 元；但是如果我用 8 小时写文章，花 50 元让阿姨来打扫房间，我的收入是 1600 元 -50 元 =1550 元。阿姨也是，如果打扫房间 8 小时，赚的钱是最多的。

“比较优势原理”意味着我不跟别人比，我跟自己比，看看我自己做什么是最有优势的，然后就只做这件事，再跟其他人交换，这样我们每个人的收益都是最大的，这样社会的总财富也是最多的。

比较优势原理会起作用的另外两个重要原因是：

（1）执行多种工作有切换成本。如果我的领导看我打扫办公室干净，让我也负责打扫办公室，我一会写文章、一会打扫办公室，这中间需要一定的切换时间，还有一些切换动作。我打扫办公室需要去拿工具，打扫完回来再写文章，又需要重新整理思路、打开编辑软件，这中间的切换成本很高。所以我们的领导很明智，又雇用了一个阿姨每天打扫办公室。试想一个流水线上的工人，他在 10 个流程都具有绝对优势，工厂把这 10 个流程都交给他，他需要来回切换，需要多高的切换成本。

“切换成本”和“熟能生巧”促成“比较优势原理”

（2）分工的熟能生巧。我每天 8 小时写文章和每天 3 小时写文章，进步的效果一定是不一样的，日积月累，几年之后，我写文章的质量也提高了，又节省了时间。2 年前我一天可以写 1 篇，现在一天可以写 3 篇质量更高的文章了。流水线的细致分工，也是因为分工的熟能生巧，大大提高了效率。

其实在之前，我一直是在向“通才”发展的路上，理工科专业、喜欢文史哲，一会想学做 PPT，一会学思维导图，一会又学“轻松手绘”，还经常得意扬扬。但当我遇到经济学里的“比较优势原理”之后，我发现自己拥有一众爱好，却没有一个真正的亮点，这时我做了一个决定，选择一个自己最喜欢的方向，也就是经济学，把 80% 可支配的学习精力用在上面，另外的 20% 的时间用来接收不同方向的资讯。

之所以还要用 20% 的时间来接收其他资讯有两个目的：第一，是为了不和时代最新最热的事物脱节，不至于让“短板太短”；第二，通过跨学科和跨界的思考，能够让自己的思维和视野更加宽广，当大家都在用经济学探讨理财和国家大事时，我在考虑，经济学能对工作、生活和情感选择有什么指导，于是也就有了你在读的这本《小白经济学》。

现在的市场经济如此发达，且细分化程度越来越强，完全可以让自己成为某一方面的专才，再通过和其他专才的分工合作，让生活变得更美好。

你做饭不好吃，别在家琢磨黑暗料理了，叫个好吃的外卖吧；你洗羽绒服嫌麻烦，洗一件衣服累得躺半天，赶紧送去洗衣店吧；你家水管漏水，自己修了半天也没用，找个水管工 50 块钱就解决了……50 块钱，换你的半天时间，不值得吗?

4. 新木桶理论

在此，借用古典老师在《超级个体》中提到的更完备的观点“新木桶理论”送给大家。

别费劲了，叫外卖吧

☞ 投资长板 ☞ 管理短板 ☞ 扩大底板 ☞ 加强桶箍

投资长板和管理短板比较好理解，在此我就不作解释了。

底板是在任何能力之下的底层能力：学习能力、思考分析能力、练习能力、自我管理能力、共情能力。底板是自己的基础认知和底层逻辑概念，所谓的认知升级就是在扩大底板。

桶箍就是技能与技能之间的联系：你懂心理、懂表达，能不能把两者结合，变成复合型人才？你的各种能力、资源之间如何统合成为一个整体？这就是整合能力。

5. 用比较优势原理看贸易战

我们在上文中讲了大卫·李嘉图的“比较优势原理”，文中涉及的主要是在个人生活决策中的应用，但其实“比较优势原理”更广泛的应用场景是在国际贸易理论上，近几十年的全球化进程都是基于比较优势原理推动的。各国在国际市场上进行分工和交易，各国做自己擅长的事，比如美国做科技研发，中国则以制造业主导，将生产力输出到全世界，成为世界工厂，这对美国和中国都是有利的，当然对世界其他各国也都是有利的。

开放的经济体，在交换中都能受益，以低廉的价格买入本国所不擅长产业的商品或服务，同时扩张优势产业的规模，获取更大的利益。很明显，一个国家选择开放是对本国非常有利的，这也是我国改革开放40年间经济迅猛发展、人民生活水平飞速提高的重要原因之一。

值得一提的是，2018年，中美之间引发了贸易摩擦，新一轮反全球化风潮渐起，与美国选择的一系列反全球化政策：加税、要求制造业回迁等政策相反，中国则扛起了全球化的大旗，宣布将会更加开放。我们学习了“比较优势原理”，就会理解和坚定世界经济体间开放的必然性，全球化是可以让各方经济体的情况都改善的，贸易战的结果一定是让双方都蒙受损失。我们经常听一些经济学者说的哪国手里的"牌多"哪国"牌少"，不是说双方谁受益更大，而是谁损失更小。

美国对中国加征关税必定是"伤敌一千，自损八百"的事。就拿美国给出的达2500亿美元的加征关税清单来说，其中"机电、音像设备及其零件"占了50.2%。假设，一个美国工厂进口中国机电需要10万元，美国本地生产的机电需要12万元，通过对中国加税，中国生产的电机变成了12.5万，美国工厂便会选择美国本地生产的电机，但这个工厂的成本就提高了2万元，利润被摊薄。而这个成本的提升，甚至可能让很多在亏损边缘的企业直接陷入亏损，这会让更多企业的工人失业，企业为了活下去，会把产品价格提高，那么就提高了美国居民的生活成本。与此同时，美国产品价格提升，在世界市场上就更没有了竞争力，出口额也可能缩水。因此，贸易战对美国也一定是不利的，只不过是谁的损失更大、谁的损失更小的问题而已。而合作一定是共赢的，这个基础不会变。

当然，如果美国是为了巩固世界霸权地位，并且讨好一部分选民，而牺牲本国的整体利益，对迅速崛起的第二大经济体进行打压，那就是经济学以外的事情了。经济学告诉我们的是，只要是一个经济体，一定有自己有比较优势的范围，专注于自己有比较优势的行业，哪怕是拿"袜子"换"飞机"，生活也一定是更幸福的。

贸易全球化进程哪怕短时间内稍有后退的趋势，从长期趋势上看，也注定是不可逆的。

思考

现在，你可以思考一下，一直以来你是个通才还是专才呢？你对今后个人的发展有什么计划吗？不妨写下来并按照自己的计划督促自己提升个人能力。

第六节　稀缺基础和效率目标

婚姻到底有什么用？

我年纪还小时，没有思考过婚姻的意义，觉得婚姻是顺理成章的事情。现在想想这是一种普遍的社会习俗，无论哪个国家、哪个人种，主流倡导的似乎都是人成年了要结婚。

年龄大了一些，我开始思考，婚姻的价值是什么呢？这时候开始觉得，婚姻不就是一张纸吗？为什么人类社会中，不分种族、不分国别都会倡导婚姻制度呢？仅仅恋爱有什么不好吗？

我曾就此问题请教一位经济学者，对方答曰："好问题！结婚有什么用？是买房时候用来离的。"显然他对买房政策的"离婚避税""离婚获取资格"等漏洞不满。这是反讽的话，不是我要的答案，所以我决定自己好好研究一下其中原因。

1. 从经济学的研究目的说起

后来，我终于想通了社会主张婚姻制度的原因——这要从经济学的研究目的说起。

经济学是研究什么的呢？我们都知道，资源是有限的、稀缺的，这不是假定，而是一个事实基础。

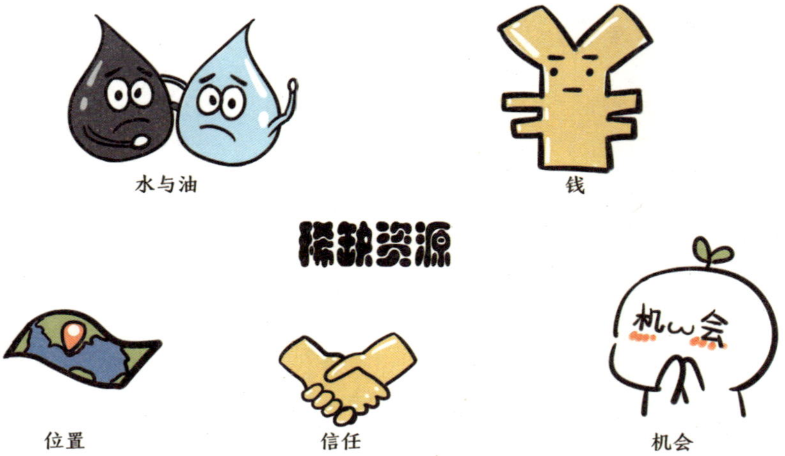

经济学研究的就是：如何在有限的资源下，实现资源配置的最优解，实现利益最大化。简单点说，经济学的目标是“用最少的成本，办最多的事”。再简化一点说，就是追求效率！

要注意一下，经济学追求的效率，不只是对个体效率的追求，更是对整个社会长期发展的效率追求。前者对个人有益，后者对当权者以最小成本去治理国家有益。

☞ 经济学的基础：资源是稀缺的。

☞ 经济学的目标：有限的资源，把配置最优化，实现利益最大化。

简化版：用最少的成本，办最多的事。

极简版：效率，效率，还是效率！

而婚姻制度的本质，是用最少的成本，办更多事。

效率=时间

效率=金钱

效率=生命

2. 婚姻对个人的好处

说到结婚的好处，可以分为两类：对个人的好处，和对整个社会管理成本的好处。下面我们先来说说对个人的好处：

（1）资源复用，个人生活成本降低。

以现代人的生活为例，有两个单身男女，这两个人都需要做饭，那需要两个厨房；都需要上厕所，需要两个厕所；都需要睡觉，需要有两个卧室。如果这两个人结婚了，只需要 1 间厨房、1 个厕所、1 个卧室就够了。你可能会问，那为什么很多人结婚买几居室买别墅呢？那是额外有能力的消费，结婚通过资源的复用，把最基本的付出成本降低了。

（2）分工协作，整体利益最大化。

我们在上一节讲了“比较优势原理”，两个人如果分别做自己比较擅长的事情，通过分工合作，能让两个人的利益总和上升。其中的原因我们之前讲过，包括“切换成本低”和“熟能生巧”。

尤其在原始社会时期，如果男人和女人都需要缝衣服、煮饭、照顾孩子、打猎，那样保证存活都比较困难，更别提生活质量了。但是形成家庭之后，就可以进行分工，男人外出打猎，女人负责缝衣服、煮饭、照顾孩子，这样存活率和生活质量也会大大提高。

当然，随着社会进步，现在家庭内部的分工优势弱化了。因为整个社会都在做更加精细的分工，两个人可以都忙于工作，家务的事情可以找保姆，可以外出吃饭、买衣服。但现在依然有很多国家非常鼓励男人工作、女人在家操持家务。这个原因起码解释了，在人类社会发展过程中，结婚制度带来好处的一个因素。

（3）对冲风险，提高孩子的存活率。

如果没有婚姻制度，人类应该也是会繁衍、会有孩子的，只不过可能是孩子由妈妈负责抚养。一旦母亲生病，或者发生意外，孩子的生命存续就会有很大的危险。但是如果结成稳固的婚姻家庭关系，父亲和母亲在不同情况下互相补充，一方有意外，另一方也可以把孩子抚养成人，孩子的存活率至少提升了一倍。

另外，这个原因其实也能为“一夫一妻制”优于“一夫多妻”“一妻多夫”制度提供一些依据。假定一夫多妻制度下，一个男人娶了 10 个女人，生了 15 个孩子，孩子的父亲一旦遭遇意外，15 个孩子都变成了单亲儿童，他们的存活率就会大打折扣。

（4）个体生还率提高。

这个最好理解，如果你遇到了特殊情况，比如生病了、晕倒了，需要紧急救治，如果是独居，生还率就会比较低。如果是婚姻状态下，在你有危险时，对方可以喂你吃药、叫救护车、照顾你，这就会大幅提升生还率。这一点带来的好处，会在年老时、各项急性病风险增大时，更为明显。

（5）对冲男女的不平等，平均社会资源。

由于男女生理结构的一些差异，社会对男女的分配难免有不平等的时候，这些不平等的规则设定未必是不平等的，其实很类似于“因材施教”。比如我国的法定男性退休年龄是60周岁，女性退休年龄是55周岁，男女劳动年限一长一短这个不公平因素，通过组成家庭，抵消了社会对男女资源分配的不均等，其实也变相维护了社会的稳定。

以上是婚姻对个人有好处的五个原因。其实，仔细想想你就会发现，这五个对个人有好处的原因，也都能让整个社会受益，因为个体成本的降低、利益的提升，意味着社会成本降低和利益的提升，也对维护社会稳定有着很重要的意义。

3. 婚姻对社会的好处

除了上述的五个方面，下面我们来谈谈婚姻对社会治理的收益还有哪些。

首先，婚姻让定居人口增多，降低社会管理成本。

通看历史，历朝历代都要控制人口的流动，不能流动性太强。如果流民过多，就会增加很多社会成本。我们看看人口流动性大，政府会遇到的困难：

（1）如果有很多不在册的流动人员，收缴税款困难，政府的税收得不到保障，政府就需要增加收税的成本支出。

（2）流民增多，导致犯罪成本降低，社会治安混乱，政府为了维持社会稳定的成本提高，犯罪处罚也会变得困难。

一旦有了婚姻家庭制度，人口就会更加偏好稳定。因为一个家庭的流动难度比单个人流动的难度要高很多。现代社会也是一样，如果是单身人士，去外地工作可以说走就走，一旦有了家庭，再有了孩子，户籍、学籍制度捆绑，能提高人口流动的成本，那人口流动率自然就降下来了，社会的维稳也就容易得多了。

其次，婚姻制度能够压制人的原始冲动，让人更专注于从事生产活动。

婚姻制度能够将人类的伴侣“私有化”，对于产权明晰的夫妻关系，外部就会减少觊觎的冲动，也就是有效地压制性冲动。设想在一个没有婚姻关系约束的社会中，人们就会把更多精力放在对异性的冲动上。而婚姻关系明晰，伴侣归属明确，能够让大家更多地关注生产和劳动，这样整个社会进步就会更迅速，这也是一个社会的当权者非常想看到的。

最后，现代社会婚姻催生第三产业，带动经济发展。

现代社会围绕“婚礼”的一套产业链规模之庞大，大家应该都有很深的感触。从订婚到结婚，需要钻戒、喜宴、喜酒、喜糖、喜饼、婚车、婚庆公司、伴手礼等，这些相关产业都越来越发达。这些需求不是人类历史上就有的，但是需求是可以被创造出来的。这些需求被创造出来之后，做婚庆产业的人赚了钱，就能够多去别的产业消费，别的产业从业者赚了钱，就有了更多的消费，进而拉动了经济增长，这就是经济学上的乘数效应（【宏观篇】第三章第一节专门讨论）。围绕婚姻的第三产业，对经济的拉动、对就业岗位的贡献，都是不可估量的。到 2017 年，中国的婚嫁市场规模已经达到了 1 万亿。

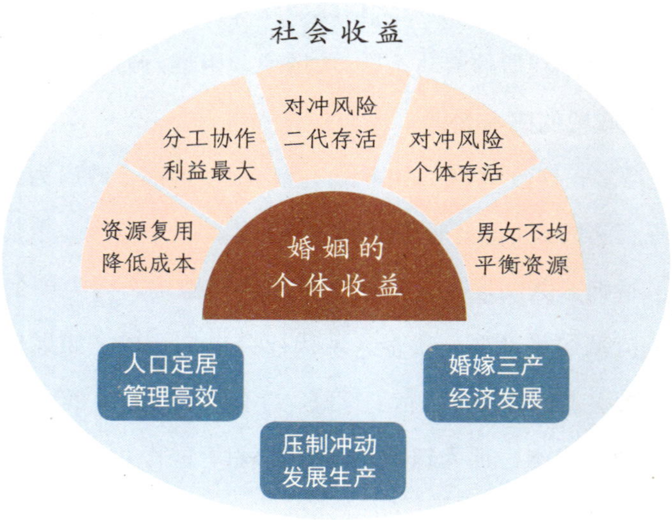

4. 结论

对个体来说，婚姻制度能够降低生活成本、提高收益，也就是提升个体的生活效率；再往大一点说，对一个社会而言，婚姻制度能够提高社会的经济发展效率、提升社会管理效率，有助于维护社会稳定，降低维稳成本。

思考

1. 在看本文之前，你对婚姻作用的看法是什么样的？

A. 从来没有认真想过。

B. 觉得有价值。

C. 觉得没有价值。

在看完本文后，你对婚姻的认识有新的变化吗？

2. 为什么无论是在公司还是在家庭中，总是在上演各种类型的“宫斗剧”呢？你又是否想过在婆媳不和、同事钩心斗角的背后，隐藏着什么样的经济学原理呢？

空姐坐网约车遇害，滴滴真的“有罪”吗？

2018 年 5 月 6 日，河南郑州发生了一起空姐乘坐滴滴顺风车遇害的命案。对于这个案件，我是悲愤的，愿人间少发生这类悲剧，为逝者惋惜。5 月 12 日，凶手的尸体被找到，案件告破，愿逝者安息。但是此案带来的影响远不会停止，因为网约车已经渗透到我们每个人的生活中，离我们的生活如此之近，我们应该反思的不应该随着案件的告破而结束。

从事发开始，我不免关注舆论走向，很明显地看到滴滴公司被万千网友谩骂，朱啸虎也说国民级的应用必须承担国民级的责任，就连《吴晓波频道》也在声讨滴滴，我觉得有必要公正地探讨一下，这件事究竟有滴滴多少责任。不要只用道德绑架的方式来探讨问题，诸如“如果是你的姐妹、你的亲戚”的探讨方式，这样没有多大意义。不论对任何人，我们都不希望有类似的情况发生，我们能做的就是公允理智地进行分析。

1. 出租车和网约车恶性事件发生比

本次事件难免会在“网约车”和“出租车”的层面上进行对比，我在网上随手搜索了一下乘坐出租车被杀害的案件，也是很触目惊心。

在 2017 年公布的中国司法大数据报告中更是表明，出租车的犯罪案发率是网约车的 13 倍之多（见下图）。

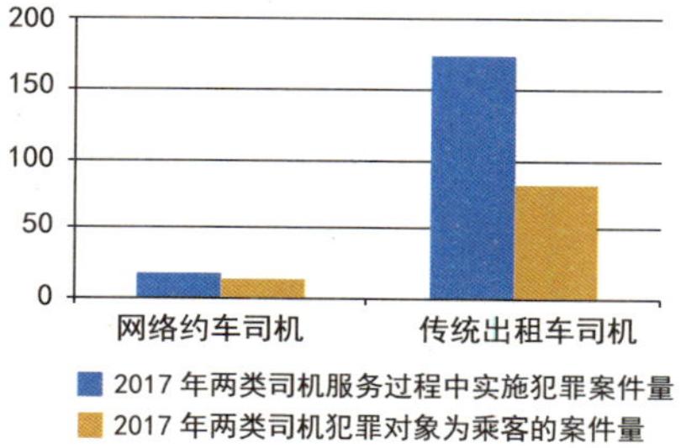

注：万人案发率 = 案件数量 / 司机人数（万人）。传统出租车司机人数按照交通运输部发布的《2017 年交通运输行业发展统计公报》公布的 139.58 万辆出租车、每车配备 2 个司机估算。由于网络约车司机规模没有 2017 年全口径统计数据，该报告参照交通运输部全国网约车监管信息交互平台公布的“截至 2018 年 7 月 31 日，收到网约车平台传输的驾驶员信息 373.4 万人”为基数进行估算。

2017 年，全国各级人民法院一审审结的被告人为网络约车司机且在提供服务过程中实施犯罪的案件量不足 20 件，网络约车司机每万人案发率为 0.048，其中，77.78% 案件的侵害对象为乘客。

2017 年，全国各级人民法院一审审结的被告人为传统出租车司机且在提供服务过程中实施犯罪的案件量为 170 余件，传统出租车司机每万人案发率为 0.627，其中，46.26% 案件的侵害对象为乘客。

而在出租车案件中，少有怪罪出租车公司的，但是在本次滴滴案件中，除了凶手，滴滴成了众矢之的。

大概有以下三个原因：

（1）网约车属于新兴行业，整体还在摸索和完善阶段，自身制度确实存在一定疏漏；

（2）网约车业务对传统出租车业务冲击较大，滴滴的直接竞争对手以及潜在竞争对手可能也会借助这次机会对其进行打压，以获得更多市场份额；

（3）各种流量大 V 和网络写手博眼球，如果他们只是聚焦于凶手，不会像针对滴滴那样吸引流量。

不知道大家有没有这样的感受，滴滴案件中从案发到锁定犯案者，侦破还是很迅速及时的，不过是因为后续作案者跳河，打捞尸体过程对侦破有延误。破案过程迅速和滴滴平台的协助是不无关系的，滴滴采用的实时定位方式，其实很大程度上避免了这类事情的发生概率，只是低概率、高侦破速度并不代表这类事情就完全不会发生。

对比 2017 年青岛一对母子乘坐出租车遇害的案件，我在网上搜索到的结果是“一年多之后，目前法院公审宣判尚未做出有关凶手王志远的刑期和赔偿问题”，也并没有把事件牵涉到出租车公司上来。

本次事件，滴滴需要承担责任的讨论点在于：

（1）凶手用父亲的账号注册，本人并没有达到 1 年以上驾龄要求；

（2）凶手有骑摩托车撞人的前科；

（3）凶手因性骚扰其他乘客被投诉过；

（4）滴滴司机对乘客的评论机制，导致乘客的标签泄露。

第一个问题，凶手用父亲的账号注册，但是出租车也无法解决司机把出租车借给别人的问题，但凡是平台，以现在的技术水平，还没有能力完全解决注册者和使用者一致的问题；随着人脸识别技术的发展，这个问题未来有可能解决，但实时的人脸识别，代价确实太大了。

对于注册审核，还要想两件事：①审核一定要越健全越好，但这次事件如果审核完整，是否就不会发生？②这次的作案者用父亲执照是否影响了破案进程？我认为这两个问题的答案都是否定的。

第二个问题，凶手有骑摩托车撞人的前科。但没有规定说骑摩托车出过事故的人不能开车吧？另外，我们也都知道开车的人发生事故的概率并不低，如果说但凡在交通中有过事故的人就不能开出租车和网约车，那还会有多少人有资格呢？

第三个问题，凶手因性骚扰其他乘客被投诉过。这个投诉一定是非常真实的。但不知道大家有没有遇到过过于敏感的人，或者找碴的乘客。滴滴作为平台方，在没有监控录音等证据的情况下，单方面处理一个司机是不太可能的事情，因为司机方一定会辩解不承认。在没有第三方证据的情况下，滴滴的未处理情有可原。但以后不知是否能用录音等方式来完善解决。

第四个问题，滴滴司机可以评论乘客的机制。像乘客“是美女”“穿短裙”一类的评价，让司机挑客，让乘客可能有危险的情况发生。我相信这一机制的初衷是好的，避免一些乘客素质不好，把环境弄得脏乱，胡搅蛮缠等情况发生，但也带来了副作用。这个功能到底是好是坏，我个人很难评判，不知道滴滴是不是可以用一些固定标签信息评价的方式整改，避免在范围外的评价给乘客带来风险。

2. 滴滴的社会贡献

现在我们简单谈谈滴滴对社会的贡献。

（1）滴滴便捷了我们的生活。不知道大家是否都经历过下雨天打不到车或者出租车司机挑客等我们都无可奈何的情况，但自从有了网约车，这种情况已经少了很多。网约车给我们每个人带来的生活便利不用多说。

（2）滴滴解决了大量的社会就业问题。有稳定收入、降低失业率是保证一个社会稳定的重要因素。很多人在探讨有犯罪前科的人能不能做滴滴司机的问题，但从另一个角度，这恰恰是滴滴做了很多社会贡献的一面。有犯罪前科的人，如果你不让他当服务员、当厨师、当司机，他们找不到工作，就只能重操旧业。有效吸收有犯罪前科的人口就业，反而是让社会更加稳定的贡献。或许没有滴滴这样的公司，社会上的恶性事件会更多，这就是这件事的一体两面，但如何严加监管，确实是滴滴需要考虑的事情。

（3）滴滴解决了传统行业信息不对称的问题。以前遇到打出租车不便利的情况，无奈之下，我们只能选择黑车司机，黑车司机没有任何监管，犯罪率可能会更高。

说到这里，我们的结论就是，滴滴对社会是有功劳的。但对于这次事件，滴滴可以因为监管制度不够完善，给受害者家人一些补偿，但绝对不应该承担全部责任和骂名，也绝对不是要回退到出租车时代。

未来的趋势已来，势不可当，在中国是滴滴，在美国是 Uber，在印度是 Ola，在东南亚是 Grab，在巴西是 99，我们不要因噎废食，抗拒时代的潮流。任何新生事物都需要有个不断成长的过程，虽然这个过程很痛，是我们都不愿意面对的，但只有经历这个过程，才能让我们的生活不至于停滞不前。

就像汽车刚刚进入人类生活时，那时的人是多么不适，又会有多少马车车夫不希望汽车时代的到来。如果非要倒退，倒退到人都用腿走路，不用车的时代，一切不是更安全吗？生命确实是无价的，但从整个社会角度来讲，保护人的生命需要付出多少成本，是需要关注的。如果飞机和汽车追求绝对的安全，那么成本就会高到我们都没有汽车可坐、没有飞机可乘。当我们把视角放得远一些，我们看到的世界就会有所不同。

3. 整改方案

滴滴顺风车整改方案刚刚发布，一些读者在我的专栏里读到这篇文章，反映这篇文章是“神解读稿”，几乎全部说法都与整改方案不谋而合，下文几条正是滴滴整改方案中相关联的地方。

· 顺风车服务下线所有个性化标签和评论功能；

· 合乘双方的个人信息和头像改为仅自己可见，外显头像全部为系统默认的虚拟头像；

· 车主每次接单前必须进行人脸识别，最大限度杜绝私换账号的可能性；

· 专项整治人车不符，坚决零容忍。快车、专车、豪华车每天出车前司机必须进行人脸识别验证，同时在全平台推出有奖举报人车不符。

· 目前我们已和公安机关合作对注册司机进行背景筛查，防止涉及人身财产和公共安全犯罪记录的人进入平台。但我们也希望尊重每一个人的合法权益（例如就业权），对于不涉及人身财产和公共安全犯罪（例如侵犯著作权罪）的刑满释放人员，是否可以给他们成为网约车司机或者顺风车车主的机会？

4. 一些补充看法

在之前写了上面的文章之后，又有一名温州女孩乘滴滴顺风车遇害，倍感悲痛。前文作为一篇旧稿，又被翻出来理论。在哀悼死者的同时，我也补充一些看法：

（1）杀人者是司机，很多网友就说滴滴应该倒闭，这是否本末倒置？

滴滴不是做刑侦的，任何一个人在犯罪前都很难判定他是否有杀人嫌疑。

任何场所的任何人都不排除有行凶可能，照此逻辑，是不是有厨师杀人，就应该把所有餐厅关掉？有公务员杀人，就应该把公职人员都取消掉？

（2）本次案件，滴滴有责任。

第一，可以赔偿、道歉、受罚；第二，滴滴应该整改。

但要知道，加强整顿并不能从根源上让事故不再发生。其实，此案发生的前一天下午，这个司机就曾企图将乘客林女士带至偏僻处行不轨之事。林女士逃脱后，便将此事投诉至滴滴平台，但直到女孩遇害，林女士也未收到滴滴的处理结果。可我们试想一下，如果前一天这个司机就已经犯罪得逞，那么也没有提前投诉不处理的情节。

假设这个司机不开顺风车，在一个僻静小巷，等着一个经过的路人，也会得手，那这样的情况，又让谁去负责呢？怪没值守僻静小巷子的警察吗？归根到底，更应该责备的是犯案者。

（3）滴滴应该想办法整改，作为一个科技公司，应该尽量消除信息不对称。

第一，是否可以考虑和芝麻信用等挂钩，超出一定分值，才可申请做司机？因为犯罪者多会债台高筑，信用评级不高，犯罪成本较低，更易犯罪。

第二，加快处理流程，投诉情节严重和有特殊情况的，未查清之前，先暂停账号接单。虽然会牺牲掉效率，但因为后果严重，只能允许一定假阳性情况发生。

（4）新生事物在发展时都会伴随很多的质疑，这需要很长时间去完善。

虽然如此，但我希望不要付出任何惨痛的代价。

当年汽车刚刚被发明时，交通事故的死亡是一种让人难以接受的事情，那时许多人是支持消灭汽车行业的，完全罔顾了汽车可以给人带来方便，提高社会效率的事实。

过了一百多年的今天，不知道大家又是怎么看待当时汽车行业被要求取缔的情况呢？不知是否和今日“网约车”的争议有可比之处呢？

愿逝者安息，生者安康。

第七节　盈利与亏损

从买了假名牌包说“盈亏”

这一节我们从经济学的角度来讲讲盈利和亏损。你们可能会觉得这两个词有什么好讲的？薛兆丰教授曾在他的《经济学讲义》一书中，从经济学的角度对这两个概念重新进行拆解，一定会给你旧概念的新惊喜。

1. 亏损是个意外，是瞬间完成的

我们拿买包的例子来进行一下说明。

假设大墨花 2.5 万元买了个包，回家之后我发现这个名牌包是假的，只值 200 块钱。发现包是假的这个瞬间，我就亏损了。我事前如果知道这个包只值 200 元，我就花 200 元买，或者就不买了，这样我就不会蒙受损失，所以亏损是个意外。

现在我再背这个包，成本就变成了 200 元，因为我就算不要这个包了，这个包也只能换 200 块钱，这是我背这个包放弃的最大代价。亏损发生之后，我背这个包的成本也降低了。

所以我们的第一个结论是：亏损是瞬间完成的，亏损是个意外。

2. 盈利也是个意外，也是瞬间完成的

再来讲讲盈利，假设小明同学去赌石。赌石就是去竞价毛坯石，切开之后

如果石头里面有很好的玉，那就赚了，如果里面什么都没有，就亏了。

在切开石头的一瞬间，发现里面是价值200万元的玉石，小明出2万元买的石头就盈利了，如果之前就知道这块石头价值200万，其他人也许就会出更高的价格去竞拍，所以这个198万的盈利，实际上也是意外。

之前，小明想用玉石去做点小玉坠，但在发生了盈利的瞬间之后，玉石就可以去做很多更值钱的宝玉了。小明再去用这块玉石去做小玉坠的时候，他放弃了的最大代价是做200万的宝玉，他再去做小玉坠的成本就高达200万，这下成本就大大提高了。

那么，我们进一步得出结论：

盈利和亏损都是瞬间完成的，而且都是意外。

知道盈利或亏损之后要做什么呢？

比如你开了一间水果店赚了。首先要把经营要素分解出来，如水果质量、地理位置、广告效果、服务质量、进货成本等。

把经营要素分解出来之后，再进行要素权重分析。如果归因的结果是水果甜，那就要想办法保证水果的质量；如果是因为进货价低，就要想办法找到价格更低的进货渠道……

盈利原因：

水果甜?
位置佳?
售货员漂亮?
广告好?
进货价低?

总之就是把有限的成本，多投入在被“归功”的因素上，把其他部分的费用降下来。同理，如果是亏损，被“归咎”的因素就相当于价值被高估了，要把这些因素的资源配置降下来，这样就最有可能扭亏为盈。

3. 总结

现在我们来回顾一下这一节的重点：

（1）盈利和亏损都是瞬间发生的。

（2）盈利和亏损都是意外。

（3）盈亏之后都要归因和归咎。

思考

其实我们自己的生活也是需要经营的个体，那么思考一下，让你个人“盈利”的要素有哪些，如何增加对这些要素的投资？让你个人“亏损”的要素有哪些，如何减少这些资源的投入呢？

第八节 “租”“享租”“寻租”“设阻取租”

安逸舒适的工作，该享受还是远离？

很多人正处在一份安逸舒适的工作中，心理却不免纠结，在这样的安乐环境下工作，会不会像温水煮青蛙，慢慢地消磨了斗志？如果一旦公司或者行业有变化，我会不会就没有工作了？或者，我应该离开这种一眼能看到头的公司，找一份更有趣有挑战性的工作吗？

有些人在这种担忧中度过了自己的工作生涯；有些人寻找了更有挑战性的工作，可不知选择是否正确；有些人在工作生涯初期就遇到了公司倒闭、换行业，生活一塌糊涂……

你我可能都面临过这样的困境，或许也仔细思考过，但仍然很迷茫，没有答案。

现在，我们就一起来用经济学的视角看一看这个问题。这里涉及的概念叫“租”，这个概念在经济学中级别非常高，理解了这个词，可以秒杀一众经济学专业的人。

这一节内容概念很多，干货很多，别着急，慢慢看下来，相信你一定会很有收获。

1. 租的概念

租的定义是：不同体制、权力和组织设置而获得的"超额利润"。你可能发现了，经济租强调的就是“超额利润”。

我们分三个场景来具体说明：

场景 1：

假设我现在的工作是写文章，年薪 30 万，我的次优选择是做打字员，年薪 10 万。如果这时我被辞退了，我只能去做打字员了，薪水就会降低 20 万，这 20 万的差额，是我相对其他工作白赚的，就是我现在的租。

以上就是第一种情况，与次优工作的差额就是租。

场景 2：

如果政府对房地产能否交付出售需要评估，这个权利都包给了一家公司来做。不管它做得好坏，没有竞争和评价标准，它可以把评估价格定得高一点，也可以定得低一点。这个权利，就是这个公司享受的租。因为它有行政垄断的特权，也叫垄断租。

以上就是第二种情况，享受特权的部分也是租。

场景3：

假设我的工作还是上面说的那份年薪30万的。我如果努力上班，把业绩做得特别好，把领导安排的文章写完了，还把文章改了又改，还专门整理大家写文章的类别，学习分析，我的年薪还是30万。我如果上班偷懒，偷偷刷朋友圈，文章质量不好，糊弄糊弄交工，也是30万一年。这时候我偷工减料，又不影响收入的部分，也叫租。

以上就是第三种情况，在工作里偷工减料的部分，也叫租。

上面的三个场景：享受了次优工作的差额、享受了特权、在工作里偷工减料，都是白得的，这些“超额利润”就是租。

2. 享租

下面我们来说“享租”，很显然，这是享受“超额利润”的状态。回顾一下第三个场景，我在工作中做好做差都是30万年薪，这时候我如果选择把工作糊弄了事，享受清闲，就是在享受我工作中的租，就是在享租。

享租的场景还有很多：比如你有孩子，带孩子去看个病打个针，公司不扣钱，你这时候就是在享租；如果你年假3天，你请了5天假，领导不额外扣你的钱，你也是在享租；你上班时间打打游戏，跟女朋友聊聊微信，这也是在享租；你办公室有免费的点心和咖啡，吃多吃少都不需要你自己支付，这也都是在享租……如果你有以上的情况，恭喜你，你的“租”很高哦！

3. 寻租

回到刚才的场景2，比如你的公司有验收房地产交付的权力，某个楼盘建完了，能不能开卖，要看你的验收结果。你这时拥有了特权，掌握着房地产开发商的生杀大权，开发商为了通过验收，就会想办法讨好你，让你通过他们的验收。这些人因为你的特权去讨好你，这种行为，就是在寻租。

寻租是制度的设计者应该尽量去避免的，原因是它造成了整个社会资源的浪费，第一，这些钱没有用于把楼盘建设得更好，第二，开发商出的这些钱，是需要消费者买单的。

寻租在经济学里也专门指向政府争取更多优惠，自己得到好处的行为。所以，我们生活中可以这样说：某某制度设置得很有寻租空间。

4. 设阻取租

再继续上面的场景，你发现有开发商为了方便通过验收，会给你一些好处，让项目通过。你就开始立下“暗规矩”，验收项目必须先给你 50 块钱，否则就不能通过。这种故意利用特权，设置障碍，为自己谋求利益的行为就叫设阻取租。

这个例子中的设阻取租是违法的，有一些情况不是非法的，但也是不道德的，因为它和寻租一样，也造成了社会资源的浪费。

5. 享租的另一面

最后，我们回到一开始的主题，如果工作很清闲安逸，是不是就应该好好地“享租”呢？好好地享租，拿旱涝保收的收益，不是很好吗？

经济学告诉你，租是你白赚的这部分钱，但是，经济学还告诉你，天下没有免费的午餐，凡事必有成本。享租的另一面是成本，你要看到在你选择享租的时候，你的成本是什么。之前我们讲过经济学中成本的概念（见第一章第一节），你在选择享租的时候可能不会那么的心安理得。因为你知道，没有工作是真的旱涝保收的。

如果我像场景 3 中那样，工作偷工减料，享受悠闲安逸；我的同事，都工作勤勤恳恳，浪费了她工作里的租。如果哪天公司裁员，老板肯定会选择让我走人，我的选择就马上从 30 万变成了次优选择的 10 万，这是我需要承担的风险。反观我的同事，她每天认真地把所有分内分外的事情做好，能力也得到了提升，她可能享受的租更少了，因为她的次优选择可能变成了 25 万。但是她知道有一天，以她的能力可以找到 40 万的工作，或者说遇到升值加薪的机会时，她可以胜任，她的薪水就实现了上涨。所以，我选择享租的同时反而放弃了未来的晋升，也放弃了更好的职业发展机会；我的同事浪费了工作的租，却为未来的职业优化做了准备。所以，选择享租也是有成本的，是以我未来的职业发展为代价。

享租、浪费租，没有一种选择是错的，要看你对未来的规划。

如果你对未来职业发展、薪资水平没有诉求，生活的舒适是你追求的，那么你可以选择享租，继续享受舒适的工作状态。但你要想好，万一这份工作失去了，我的次优选择能满足我的需求吗？如果不能，你需要稍微少享受一点租，通过自己的能力，把自己的身价提高一点，直到万一你失去了这份工作，你能找到的工作也能满足需求，就够了。

所以我也经常提倡，就算你不打算跳槽，也把自己的简历挂到招聘网站上，并面试几次，就知道自己的价值水平怎么样了。

如果你对职业的发展、薪资的水平要求很高，成就感的来源是工作上的成就，那么，第一，你要把工作做得尽善尽美，提升自己的能力；第二，利用空闲时间，为自己充电，提升知识水平和解决问题的能力；第三，如果内部没有合适的晋升机会，遇到更优于现在的选择，尽快离开这个让你的意志慢慢被消磨的环境，去一个有竞争、能成长的团队里快速成长吧。

6. 总结

最后，让我们回顾一下今天的概念：

租：不同体制、权力和组织设置而获得的 " 超额利润 "。包括三种情况：

①享受了次优工作的差额部分；②享受了特权的部分；③在工作里偷工减料的部分。

享租：享受工作中悠闲的部分，不做得尽善尽美，这个状态叫享租。

寻租：一个人手里握有特权，其他人为了取得利益去讨好的行为，叫寻租。

设阻取租：特权所有者故意利用手中特权，设置障碍，为自己谋求利益的行为。

寻租和设阻取租都是对社会资源的浪费。

享租的另一面是成本：选择享租，成本就是未来的发展。

思考

现在，我们来探讨一下，你工作中的租多吗？你是在享租还是在浪费你的租呢？

第九节　信息不对称

你为什么忍不住想去排队人多的店吃饭?

本节的主题是“信息不对称”，这是一个我觉得非常有趣的经济学主题，因为这个概念涉及生活中的点点滴滴，仔细琢磨真的是太有趣了，这节就与你分享一下这个有趣的主题。

我们先看一个生活场景。

你经过了“喜茶”“海底捞”“外婆家”，看着排队的长度那么壮观，于是你就被“种草”了，想说有一天我也要尝一尝到底是什么样的味道让这么多人排队!

你在商场里来回来去地逛，不知道该吃点什么，人少的不想去，人多的不想排，很纠结到底应该选哪家。然后发现排队的店人越来越多，人少的店越来越不想去了。

这种纠结的场景和心理冲突相信你也遇到过，可是为什么会有这种奇怪的心理呢?

这就要讲到经济学里一个非常经典的概念：信息不对称。

1. 信息不对称问题

我们每个人都生活在社会中，不是独自一人生活在与世隔绝的孤岛上。在生活中，我们难免会接触到各种不同的人，需要跟形形色色的人相处、合作，但是我们永远都无法确定对方的真实想法和目的，永远无法确认一个人对你说的是否完全真实。

你可以说，我完全相信我的亲人、朋友。那你再回想一下，你有没有一点小事，哪怕只是一点点小事，欺骗或者隐瞒过他们？怀疑或不信任过他们？这种在人际交往中，双方对对方提供信息的不确定，就叫“信息不对称”，也叫“信息不完全”。

信息不对称在生活场景中比比皆是。

感情上，情侣之间想确认对方是不是真的爱自己，是信息不对称……

人际交往中，别人对你的夸赞欣赏，你不确定是真心还是客套，是信息不对称……

谈判桌上，双方的相互博弈、试探底线，是信息不对称……

工作中，领导不确定员工是在磨洋工，还是在努力工作，是信息不对称……

求职时，企业不知道求职者的简历有多少水分，求职者不知道企业待遇和工作情况究竟如何，这也是信息不对称……

买东西时，我们不确定商品的质量好不好，味道好不好，也都是信息不对称……

在经济学中，信息不对称这个概念之所以特别重要就是因为我们在生活中，简直时时刻刻都在面对信息不对称的问题。

2. 如何消除信息不对称?

这时候你可能想问，我现在知道了有这么多种信息不对称的情况，有什么用呢?

既然信息不对称是困扰人和人之间交往的大问题，我们就再来看看，如何能够消除信息不对称。

消除信息不对称的方法有四个：第一个是发送信号，第二个是重复博弈，第三个是激励，第四个是专家评估。

我们可以通过 4 个场景，分别说明消灭信息不对称的方法。

场景 1：发送信号

感情中，为什么女生总是希望男生在重要的节日里给自己送礼物呢？这里有两个重点，第一，重要节日你记得帮我庆祝；第二，是送礼物，而不是给钱。

第一点，女生会觉得，你记得我的生日，这个是发送了一个信号，你很在乎我；第二点，你送礼物而不是给钱，你愿意去找适合我的礼物、会精心准备，比单纯的给钱要多花很多心思，这是第二个你很在乎我的信号。

如果有的女生说我偏不爱礼物，我就要钱，有了钱我自己想买啥买啥。那有两个可能，一个可能是你并不在乎他在不在乎你；另一个可能是你通过其他方式，已经接受到足够的信号证明他很在乎你了。

所以我们想想，女方结婚时要求大办婚礼、收很多的彩礼，其实都是让男方给出一些“信号”，以表示很在意女方。这也是让男方付出巨大的沉没成本，沉没成本的付出能让对方对你更加珍惜，更舍不得失去你，因为对方会有一种顽固心理，觉得一旦失去你，之前的付出就都白费了。

场景 2：重复博弈

我们前面提到了买东西时东西质量好不好，味道好不好，你购买时其实是不知道的。比如，你去买猪肉，人家说这个猪肉特别香，要 80 块 1 斤，你听着不错，买 1 斤回去尝尝，如果不好吃你就再也不会买了。

所以一般居民楼附近的菜摊很少骗人，因为客人基本都是小区里的居民，被骗一次基本上以后就不会再去了，这就是重复博弈降低了信息不对称。但是旅游景点就不一样了，因为多数游客都是单次博弈，这次买完上当了，下次换一批游客来，他们还可以接着卖，所以我们经常听说旅游区宰客的情况，而楼下的菜摊如果宰客，店就开不了多久。

但是现在的互联网改变了传统市场中单次博弈的状态，比如大众点评对餐厅、淘宝对卖家的评价体系，把一个个买家的单次博弈变成了重复博弈，我们在不确定质量之前，可以先看看别人怎么说，这大大降低了信息不对称的情况。但是同时这也催生了“刷好评”“恶意差评”“删差评”等怪现状。但只要了解了重复博弈消除信息不对称的逻辑，就能理解这些现象了。

场景 3：激励

我们前面提到了一个现象，在工作中，其实领导是不确定员工是在磨洋工还是在努力工作的。因为一件事情交给你，你做 1 小时还是 1 天都行。这时多数公司会采取多劳多得等激励措施，即业绩指标考核制度。这样，通过激励的方式尽可能消除信息不对称，组织的效率就会提高。

但是一些组织，无论工作情况如何，都是拿一样工资的，变成了“能者多劳不多得”，这样的情况下，人们就会选择磨洋工，会助长更多信息不对称的问题。所以这样的组织，一般效率是很低下的。

场景4：专家评估

二手商品的交易，尤其是在买二手房、二手车的时候，买方对房子的质量、车的质量是很不确定的，而一般卖方是很了解状况的，这时候买卖双方就因为信息不对称造成了互相不信任，很难以合适的价格成交。这时候就需要一个专业的平台，可以对卖方的房子、车子做专业的评估，按照评估结果，给出一个合适的价格促成交易。

虽然有了“中间商赚差价”，但其实是因为中间商作为内行专家，进行了专业的评估，并且给买方作出了一定的保障，所以买方宁愿多出一部分钱，去消除信息不对称的情况。这看似是一个不太合理的“中间商赚差价”问题，但其实背后是有其经济学逻辑的。

同样的，珠宝、古玩鉴赏市场的存在，也是专家评估来消除信息不对称的方式。

3. 现象解释

回到开始的问题：你为什么忍不住想去排队人多的店吃饭？其实就是因为排队人多的店发送了一个信号：我这里的饭好吃、靠谱——大多数人都选应该不会太差，且很可能会很好吃。

这也是很多餐饮店开张时会花钱雇一些托儿去排队的原因，这样制造了稀缺的假象，会让人忍不住想要试试这个店到底味道怎么样。

在之前的章节我们提到过，经济学有两个用途：

（1）解释生活中的现象，让你看透事情的本质；

（2）指导生活，让你做更理智、更有效的决策。

简单来说就是，解释现象和指导决策。

通过上面的分析，首先我们理解了“为什么重要节日女生都想要礼物”“为什么丈母娘想要很多彩礼”“为什么旅游景点总出宰客事件”“为什么我们会忍不住去排队人多的店吃饭”“二手车、二手房交易的中间差价”等一系列的生活中的现象，这些都是由信息不对称导致的。

之后，我们知道了四个方法能消除信息不对称，它们是：发送信号、重复博弈、激励、专家评估。了解了这四个方法，我们就知道，在生活中有信息不对称的情况，你可以用哪些方法去化解。

另外，如果有系统的、可复制的方法，成功解决了信息不对称的问题，在商业上也会有很好的前景，也许就会成为下一个大众点评或二手车交易平台。

思考

现在请你思考一下，求职时，企业不知道求职者的简历有多少水分，求职者不知道企业待遇和工作情况究竟如何，对于这个信息不对称问题，可以怎样解决呢？

为什么找工作时，学历和学校总是很重要？

每一年都有几轮找工作的高峰时期，每年都有大批的毕业生即将新入职场。

在求职季中，毕业生和企业、用人单位之间都是双向选择的，在这个双向选择中就充满了“信息不对称”。

之前我们就提到过，信息不对称是经济学中一个非常重要的主题，因为在人际交往中，双方彼此提供的信息充满了不确定性。

恋爱中、人际交往中、谈判时会有信息不对称，商品质量的好坏、工作的努力程度，甚至就连我们在网上看到网红和美女的自拍照都存在着信息不对称。

今天我们就大家经常关注的求职这个场景，讨论一下求职中的信息不对称都是通过什么方式消除的。

我们应该都知道，简历是可以“美化”的，甚至还有专门的简历美化师。这个美化不只是把简历做得更美观，更多的是对经历、能力、履历的美化。从公司这端来看，收到简历时，其实是不清楚简历注水有多少的。比如项目情况、业绩情况，都很有可能是造假的；毕业生求职时，一个成绩单就有很多种出具办法，必修课、选修课、选修必修课都显示，经历过研究生申请的人应该都懂，这里的水有多深。学生工作经历更是信手拈来，一个学校能有几百个学生会主席和上千个副主席。

1. 从公司角度考虑

这时候招人的公司会采取什么样的方法解决这个问题呢？

用人单位在筛选简历期间是不可能挨个去调查简历真实与否的，因此，在筛选简历时，他们就会选择一些很难造假的指标，作为参照。而最不容易造假的就是学历和毕业学校，因此这两项会成为用人单位招人的重要标准。

所以有些人感慨，我能力很强，只是之前学习不好，只是因为偏科没有考上好大学，你觉得不公平，但是在投递简历期间，是很难以这个道理说服面试官的。这样来看，求职时，用人单位看重毕业学校和学历是非常理性的做法。因为这起码能表现出来你的学习能力很强、资质不错，未来的工作能力确定性更强。所以，如果你还年纪小，好好学习还是很重要的，因为学历和学校真的是敲门砖。

如果你已经在读大学、研究生或者已经毕业了，你就要想办法打消对方的顾虑，在简历里就要拿出突出自己能力的证据。

各种奖项、证书有用，但是用人单位会有顾虑，因为造假的成本低，涉及信息不对称的问题更严重。最好的办法就是直接放一个能代表自己能力的作品。

如果你擅长做PPT，挑选一个你做得最好的PPT附在后面；

如果你擅长写网站，把自己做的网站网址链接附在简历里，还要配上截图；

如果你擅长写文章，贴一个文章作为附件或者把网页链接附在后面，要加上总共有多少阅读量等可量化核对的成就。

你可能觉得对方还是会怀疑你造假，但是因为造假的成本比较高，实例摆在那已经大大地消除信息不对称了。

2. 公司在做人员筛选时，都会采取什么办法

（1）在筛选简历阶段，关注学历、学校这种不容易造假的硬指标；

（2）自己组织笔试，对自己需要的内容专项测试；

（3）多轮面试，针对需要的能力和素质反复试验和确定；

（4）确认录取后，打电话给之前的公司人力和领导核实情况。

注意这个核实情况为什么要在最后确认，也是因为这样做的成本低、收益更大。如果在开始阶段就去关注简历造假程度，可能调查了 10 个人，最后只招聘 1 个人，起码有 9 个人的调查都白费了时间成本。而在层层筛选了之后，基本已经被认定能力比较匹配，再去做核实，一旦通过就会被录取，这样工作程序上的浪费就会比较少。就算简历中有少量的“注水”，因为能力已经基本确认，也可以根据能力情况和注水程度评估能否录取，这样更有价值。

3. 从求职角度考虑

其实求职者对公司情况、工作情况也面临着很大的信息不对称。所以经常有一些情况是，一些比较差的公司在面试时，人力会隐藏一些实际情况，把情况说得比较好，求职者入职后才发现和之前人力说的差距很大，也就是被套路了。

还有一些公司因为情况很好，不缺人来，会隐藏一些优势信息，故作低调，让你错过了其实非常好的职位。

(1) 要学会辨别隐藏信息。比如，如果你明明觉得一个公司的待遇和情况都一般，但是在面试时稍微观察一下，员工状态很好、谈话时表现出的综合能力和气质不俗，其实这就是一个隐藏信息，可以重点关注，这个公司是不是要比表面看到的更有实力、有前途。

如何辨别公司真实情况也是同理，多观察公司能留住人才的水准，大概就可以分辨出公司的待遇和人文氛围情况了。

(2) 向人力、面试官询问，降低信息不对称。具体方式可以通过向面试官询问攀谈来解决，不用觉得不好意思，因为你为了那点面子错过了一个好公司，或者是入了一个很坑的公司，这都是很可惜的。如果公司状况比较好，面试官和人力一般是比较愿意多聊一些的，这也是人性中喜欢炫耀这一心理的体现。

（3）可以通过专门的网站平台查询。百度就能找到很多专门解决这一信息不对称问题的网站；另外，对于应届毕业生，去学校的论坛上问一下和搜一搜，都会有不少的收获。

（4）如果可能，通过熟人找到内部的工作人员，通过他们询问情况。这是大家都知道的方法，就不专门强调了。

4. 总结

从公司的角度来看：首先，我们理解了公司在招聘时很在意学历、学校这种硬件条件的原因；其次，我们建议在写简历时附加一些能代表自己能力的作品展示；最后，我们解释了公司招聘时经常采用的方法。

从求职者的角度，我们可以从四个方面尽可能消除信息不对称。第一，建议求职者要会辨别隐藏信息；第二，主动和人力、面试官攀谈了解情况；第三，通过专门网站平台查询；第四，想办法联系内部工作人员。

思考

我发现有一个很有趣的现象，一个男生从各方面来看可能很普通、很内敛，但一旦他有一个“白富美”的女性好友，他的女性朋友就会越来越多。你知道这个现象背后的原因是什么吗？

第十节 利息

借钱为什么需要付利息？

“借钱为什么需要付利息呢？”

很多人觉得：“因为钱越来不值钱了呀，我借给你钱的时候是 1 块钱能买两个面包，你还我的时候，半个面包都买不到了！”

这是根本原因吗？不是的。

借款要利息，是一件可耻的事吗？

P2P 金融平台，即网络信贷平台，所承诺的收益为什么会比银行高出那么多呢？

这都涉及“利息”的概念和成因。

其实，利息的存在古已有之。在原始的农业社会，哪怕一个村落里没有货币的流通，也是会有借贷利息存在的。比如有人借走一家人的两头牛，第二年还这两头牛的时候，再还几头小牛犊，就算是利息了。

既然从古至今，利息似乎一直是社会交往中不可或缺的，那这一节我们就来探讨一下利息的成因、利息的决定。

1. 利息的成因

（1）为什么会有“利息”存在呢？

现在越来越多的人接受了借钱需要付利息的情况，而在十几年甚至几十年前，情况则完全不同。借钱给别人的，如果说想要利息，会非常不好意思，生怕被人当成贪婪、吝啬的人；而向别人借钱的人，也会觉得借钱按时还就好，主动索要利息的人非常可恨，简直就是趁火打劫。

这和中国的传统文化密不可分，在我们传统的认知中，常常觉得人情大过利益，哪怕每个人都有私心，但对此都讳莫如深。随着市场经济越来越普遍，大家对利息的接受程度提高了，但如果说到利息存在的根源，却很少有人说得清。

主流的观点都是觉得利息之所以存在，是因为通货膨胀，也就是钱越来越不值钱了，所以还的时候要还多一点。比如借钱时这钱能买 10 斤苹果，还钱时，起码也得买得起 10 斤苹果吧。

其实仔细想想，这个理论是站不住脚的。

因为不同物品的物价变化情况不同，很难衡量。如果我以房子为标准，比如在北京，可能一年房价就翻倍了，利息就变成了 100%；如果我以车为标准，今年这款车 30 万，第二年变成了 25 万，那利息还成了负的不成？

这时又有人说，要参考“一篮子物品”的价格上涨，也就是整个社会的通胀水平。那也行不通。今年借给你一篮子的生活用品，明年还给我一篮子，没什么好处，凭什么要借给你呢？

就像前面的例子，在古代的村落里出借牛，还需要额外还几个小牛犊作为利息。如果出借钱和物品没有任何好处，只凭借人和人之间的“交情”，那可借贷的范围就太小了。

（2）借贷需要支付利息的根本原因是：对延迟满足的补偿。

举个例子，我一个朋友小T，今天说借走我一盒饼干，明天还我一盒，我借一次两次还可以，要是总这样，我就不想借给她了。因为今天借走了，意味着我今天就没法吃了，我晚上刷朋友圈，看别人在那“深夜放毒”的时候，馋得不行，我本来可以现在就吃到饼干的，这叫“即时满足”，但是现在不行了，我还得拖到明天才能吃到，而且我还一点好处都没有，那我就肯定不想再把饼干借给她。

但是这时候她说，我今天借一盒，明天还两盒，一想到明天能多吃一盒，那我今天就先忍一忍吧，于是我就很开心地同意了。

所以，想想我们生活中的一些场景，一位老同学说：“哥们儿（姐们儿），我要盖房，总共需要20万，可是我还缺19万，借我一下，3年后还你。”

你这时候可能有 19 万，但是你得想想：“这三年我要是用到这钱咋办啊？我娶媳妇儿咋办？我买车咋办？我生病住院咋办？”

虽然这些都还没开始计划，但是这时候你可能就会跟他说：“抱歉啊，我现在没那么多钱，要不先借你两万块钱？”

然后转手把十几万存了年化利率为 8% 的定期理财。

原因是什么？没利息啊！我们延迟满足和延迟消费是要被补偿的，利息不够多，也就是补偿得不够多，借贷关系就无法形成。

2. 利息的决定

那么利息是如何决定的呢？利息是由两个方面决定的：

（1）宏观的系统风险。

主要看市场投资回报情况，宏观的市场情况好，市场上投资机会就会多，随便把钱放到市场上就能赚很多，那这时候的利息就会比较高。与之呼应的是，银行这时候的利息也会比较高，否则这时候人们就不会把钱存在银行里了，这也就是央行的加息周期。

反之，如果宏观市场情况不好，市场上的投资全是坑，很少能赚钱，那这时的利息就会比较低。与之对应的是，银行也会降低利息，因为人们都偏向于谨慎投资而愿意把钱存入银行，银行不用付出多少代价，人们就愿意把钱存进来，这也就是央行的降息周期。

（2）微观的个体风险。

个体风险又可以拆解为：个人信誉风险和投资目标的风险。

①个人信誉风险

除了看整体情况，每个借款人的情况不同，利息也会不同。如果一个人的信用比较好，或者是有其他的物品可以作抵押，几乎不会出现还不上钱的情况，那么对他要求的利息就会低一些。

而如果一个借款人本来就负债累累、入不敷出，之前就时常有赖账的情况，那么就很少有人愿意借钱给他，如果他想借到钱，就得承诺出更高的利息，比如信誉好的人只要付出8%的还款利息就行，老赖可能得承诺200%的还款利息，才有人愿意冒个险借给他。因为这个钱大概率是收不回来的，但是可能会有高收益，那就勉强值得冒个风险。

②投资目标风险

借款人借钱用于做什么也很重要，比如有的人借钱要去买套北京二环的房子，明年能涨10%，你觉得还算稳妥，跌也不会跌太多。

如果借款的人要借20万去买彩票，你可能就得掂量掂量了，这钱很可能收不回来，你或者选择不借，或者因为对方承诺的利息高一些，决定冒个风险。

现实生活中，我们也看到，房贷的利息是比较低的，而消费贷利息是很高的，这就是对目标风险的评估。在买房贷款时，一个信誉良好的人，如果是五百强企业的员工，贷款的利息会更低一些，如果是信誉不好的人，贷款的利率就会比较高，甚至贷不到款，这就是对个人信用风险的评估。

总之，利息是对风险的定价。

这也就是金融圈里常说“高风险、高收益”的原因。

3. 金融机构和平台的高收益逻辑

2018年中期，P2P平台进入爆雷潮。这些平台承诺的收益都比银行要高很多，主要是因为他们有更高的风险，到期逾期的风险是更大的。如果他们承诺的收益和银行存款的利息一样高，那么就没有人愿意把钱投到P2P平台上，因为银行几乎是无风险的。因此这些平台会用高利息，也就是高收益来吸引资金。但很多投资者不知道的是，天下没有免费的午餐，这高收益的结果，是需要用很高的风险来换取的。

高收益的理财，简单来说就是：稳稳妥妥的，你就只能收年利率为 3%-4% 的收益；但我这有 50% 的可能会赚 10% 的年化收益，另外 50% 的概率会亏损，你愿意试试吗？

看完这节，相信你能够对利息的逻辑有所了解，当你再看到形形色色的金融产品时，包括基金、债券、银行和各大公司的理财产品、网贷平台等等，你就需要认真分析一下，承诺这么高的利息从哪来？为什么机构愿意给出这么高的利息，是不是因为伴随着很高的风险呢？

思考

最后，请你思考一下，现在你对高利贷有什么新的理解和认识吗？你对高利贷的态度又是怎样呢？

为“高利贷”平反

上一节中，我们讲了“利息”的成因，是对延迟满足的补偿。

与延迟满足相对应的其实是“即时满足”。即时满足是人的天性，比如上次我讲到我的朋友小 T 管我借饼干，要第二天还给我，我当天晚上看别人发朋友圈“深夜放毒”时，就受到了煎熬。所以她需要明天再给我一盒作为补偿，我才愿意借出我的饼干，而这盒补偿的饼干就是利息。

1. 反人性的延迟满足

延迟满足是需要克服人性的，这需要一定的自控力和想象力。

因为我借出这盒饼干，需要明天才能吃，这需要自控力，如果自控力不够，我就还是不会借。另外，我在借出这盒饼干时，还需要一定的想象力，因为我得想象明天我能吃掉两盒饼干的幸福感，我才会被这一盒饼干的“利息”吸引，决定忍上一天。

即时满足是顺从人性的，而延迟满足是需要克服人性的。

2.“棉花糖实验”

对此，美国斯坦福大学心理学教授沃尔特·米歇尔做过“延迟满足”的权威实验。这个实验在教育和培养孩子上，也有很大的价值和启发。

这个实验是给一群 4 岁的孩子一人一块棉花糖，他们有两个选择，一个是可以直接吃掉，另一个是忍耐 15 分钟，就可以拿到两块棉花糖。

约有 1/3 的孩子忍耐了 15 分钟，成功拿到了两块棉花糖；而另一些孩子抵挡不了“即时满足”的诱惑，在忍耐了不同长度的时间后，就把棉花糖吃掉了。

然后研究人员跟踪了这些孩子 14 年后的情况，他们发现能够忍耐时间越长的孩子，在 14 年后的学业成绩和其他方面都表现得更好；而等待时间短的孩子，则更容易在吸毒和体重维持上出现问题。

这个实验影响非常大，它的结论是：

能否通过良好的自控力做到延迟满足，是一个人能否成功的重要因素。

那么，如何做到延迟满足呢？

有两个方法，第一是开动想象力，想象延迟满足的好处；第二是分散注意力，如果总是想着“我现在不吃这块棉花糖”，这块棉花糖就变得更加不可抗拒了，在这时候如果玩玩游戏、唱唱歌，转移一下自己的注意力，可能时间很快就过去了。

3. 万恶的高利贷?

补充了上面延迟满足的实验，我们现在继续来看利息超高情况的“高利贷”。

很多人一提到高利贷，就觉得是万恶的资本，压榨了很多生活艰难的人。

但其实“高利贷”本身不是万恶的，而是中性的。

（1）高利贷可能已经是借贷者最好的选择。

上一节我们讲过，利息是如何决定的：

第一，是由宏观大势决定；第二，是由微观的个体风险决定。

个体风险又可以拆解为：个人信誉风险和投资目标的风险。

如果一个人的个人信誉好，投资目标也比较好，他是可以借到利率更低的贷款的。

再者，高利贷都是自愿贷款，没有强迫性质，如果借贷的人有更好的选择，比如有 5% 的利息，肯定不会去选择 50% 的利息。哪怕有 49% 利息的，借贷人也不会选择借 50% 利息的。这么高的利息，借贷者还愿意去借，说明他已经没有更好的选择了。或者说，借高利贷，相比不借来说，已经是更好的选择了。

有些人如果靠高利息借来的款项真的实现了资金周转，走出了财务困境也是有可能的。但如果因此债台高筑，就说明借款人对自己的能力和项目有点盲目乐观了。

（2）从出借者角度，借出风险极高。

我们再看看经常和高利贷挂钩的借贷人群，很多会涉及“毒品”“赌博”等情况，而这些人无论是从个人信誉，还是从投资标的上来看，质量都是比较差的，有非常大的概率是还不上的。因此，从出借方的角度看，他们需要把贷款的利息提得很高，比如借给 10 个人，有 7 个还不上，3 个能还上，能还上的人归还的利息比较高，也勉强可以维持不亏本。

4. 格莱珉银行

穆罕默德·尤努斯是孟加拉国格莱珉银行（Grammeen Bank）的创始人，他在2006年获得了诺贝尔和平奖，被称为“穷人银行家”。

他在农村调研时发现，很多村里的穷人，都使用高利贷借款的方式做一些生意，维持生计。于是，尤努斯开启了“格莱珉银行”模式，向穷人提供小额贷款。

借贷的额度比较少，大概是十几美元到几十美元的小额贷款。

年利率约为20%，我们看到这个贷款的利息也是不低的，但是对信用情况不好、偿债能力差的穷人来说，已经是一笔近似“慈善”性质的贷款了。

之所以说20%的利率是近似“慈善”的偿贷利息，是因为穷人有很高的违约风险，20%的利率意味着10个人中如果有2个人还不上钱，这个银行就亏损了。

因此格莱珉银行创造了“团体贷款”模式，5个人互相绑定，形成一个团体，这个团体内的人可以互相帮助和互相监督。这个团体里先有2个人可以拿到贷款，如果按时还款，又有2个人可以拿到贷款，等前面的2个人再偿还了贷款，最后1个人才可以拿到贷款。这样的模式降低了借出贷款的风险。

尤努斯通过创新的风险控制模式，打破了传统银行的风险控制模型，帮助很多穷人摆脱了贫穷，这是通过商业的手段帮助了很多人，甚至比一些慈善的手段能拯救的人还要多。因为只靠善心，能够帮助的人往往是有限的。而一个有效的商业模式，因为自身是盈利的，还可以不断帮助更多人，实现多方共赢，这样的方式才是可持续的。

尤努斯也因此获得了诺贝尔和平奖，他用实际行动证明了“商业是最好的慈善”。

5. 隐形高利贷陷阱

最后，我想给你提个醒，在越来越多网络 P2P 平台兴起的现在，“消费贷”的概念被很多人热捧。

消费贷也就是不需要抵押、不需要现金流审核的纯信用贷款，一般还款期限很短，贷款额度很小。比如说贷 3000 元，利息每天 3 元，2 个月还清，听起来利息很低。其实仔细算下来，年化利率有 36.5%。这个利息其实完全不是表面上看上去那么少。

随着网贷平台的兴起，有贷款和提前消费意识的人更多了，在这里，希望大家在网络贷款时，别忘了计算一下真实的利率，不要被平摊到每天的“虚低”利息值迷惑了。

消费贷、现金贷都是没有任何投资标的、使用场景约束的贷款，从前面我们分析的利息决定因素来看，就一定会是高利率。天上不会掉馅饼，如果觉得掉下来了馅饼，一定要擦亮眼睛看看，不然，很可能就踏入了陷阱。

6. 总结

我们今天从利息的成因和利息的决定因素延展了几个话题：

首先，我们讨论了延迟满足是反人性的，并且了解了心理学界著名的“棉花糖实验”。

其次，我们讨论了高利贷的逻辑，由此知道高利贷已经是贷款者的最好选择，而且高利贷本身没有强买强卖，是中性的。

再次，我们又介绍了利率并不低的“格莱珉银行”，它的创办者尤努斯以这样的创新模式帮助了很多农民脱贫，而获得了诺贝尔和平奖。

最后，提醒你一定要注意 P2P 平台“消费贷”“现金贷”的高利率陷阱。

希望你能够提醒你的父母和朋友这一点，以免被隐形的高利贷坑害。

思考

现在请你思考一下，你都用过哪些贷款呢？看看房贷、车贷、企业贷款等各种模式的贷款，哪些利率比较高，哪些利率比较低呢？现在你理解背后的逻辑了吗？

经济学思维模型

- **成本**
  - 机会成本
    - 放弃的最大代价
    - 不止是钱
  - 应用
    - 工作的成本
    - 恋爱/结婚的成本
- **边际**
  - 概念
    - 新增带来的新增
  - 边际收益
    - 每新增一个单位的产品消耗，带来新增的收益
    - 边际收益递减原理
  - 应用
    - 伴侣总是玩手机
- **沉没成本**
  - 概念
    - 已经投入且无法挽回的代价
  - 沉没成本不是成本！
    - 盯住边际收益
  - 应用
    - 正向应用
      - 恋爱不合适要分手吗
    - 反向利用
      - 减肥、谈判时，加大对方沉没成本
  - **交易费用**
    - 影响交易的阻力
- **成本收益模型**
  - 要不要生二胎
    - 成本
      - 抚养成本
      - 时间成本
      - 机会成本
    - 收益
      - 现金收益
      - 养老保障
      - 情感收益
  - 大城市冷漠 vs 小城市温暖
- **比较优势原理**
  - 绝对优势原理
    - 亚当·斯密
      - 绝对成本比较
      - 和别人比，成本最低的进行分工
  - 比较优势原理
    - 大卫·李嘉图
      - 机会成本比较
      - 和自己比，最擅长的进行分工
    - 原因
      - 减少切换成本
      - 分工熟能生巧
- **稀缺和效率**
  - 稀缺
    - 经济学的事实基础
    - 水、油、钱、位置、信任、机会……
  - 效率
    - 是经济学追求的目标
    - 经济学研究的是“有限资源下的资源配置最优”
  - 应用
    - 婚姻机制背后的效率
    - “滴滴”对社会效率的贡献
- **盈亏**
  - 盈利、亏损 → 意外
    - 是瞬间完成的
  - 发生后要归因和归咎
- **租**
  - 定义
    - 不同体制、权力和组织设置而获得的“超额利润”
  - 延伸概念
    - 享租
      - 享受超额利润的状态
    - 寻租
      - 因为特权而获得超额利润
    - 设阻取租
      - 利用特权，故意设置障碍，为自己谋利
- **信息不对称**
  - 现象
    - 谈判桌上、感情中、工作中、求职时、购物时……
  - 消除方式
    1. 发信号
    2. 重复博弈
    3. 超额激励
    4. 专家评估
  - 应用
    - 想去排队人多的店吃饭
    - 找工作时学历重要
- **利息**
  - 成因
    - 对延迟满足的补偿
  - 如何决定
    1. 宏观系统风险
       - 市场情况
    2. 微观个体风险
       - 个人信誉
       - 投资目标
  - 本质
    - 利息是对风险的定价
  - 应用
    - 高利贷并不是“万恶”的
    - 格莱珉银行给穷人的小额信贷

第二章

市场的规律——无形的手

第一节　需求定律

经济学家保罗·萨缪尔森说过，只要能教会一只鹦鹉说“供给”和“需求”两个词，它也能成为一名经济学家。虽然是句调侃，但足见这两者有多重要。

除了打折，还有哪些因素能“促销”？

我们经常听说“打折促销”，打折一定能促销吗？如果没学经济学，你可能有点犹豫，不一定吧。那么，这一节我们就来了解一下经济学中一个重要的“打折能促销”的需求定理。

本节的内容就介绍两件事：

1. 打折促销背后的经济学原理是什么？

2. 除了打折之外，还有什么因素能促销？

之前讲了那么多期重要的概念，这次我们终于要讲一个经济学原理里的重中之重：需求定理。“供给－需求”“成本－收益”是经济学视角中贯穿始终的两个模型。“供给－需求”的模型让你理解整个市场的形成逻辑，适合做整体的市场分析；“成本－收益”模型适用于个人、企业、国家的决策。

我们先来讲一个场景，假设你是一个西红柿商家，西红柿可以替换成任何正常品，道理都一致。你发现西红柿有点货物积压，这时候你想多卖出去一点，首先第一个选择，就是降价促销。

你发现当西红柿 3 元 1 斤时，一个也卖不出去；当降到 2.5 元 1 斤时，能卖出 20 斤；1 元 1 斤时，能卖出 80 斤；0.5 元 1 斤时，能卖出 100 斤。我们就得到了下图的关于价格和需求量之间的曲线。

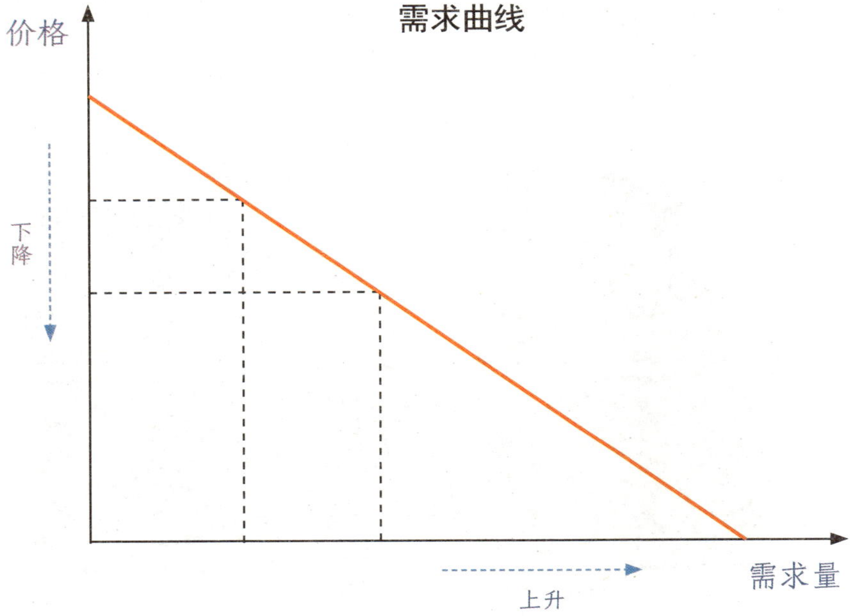

1. 需求定理内容

除价格以外，其他因素不变的情况下，价格上升到一定程度，需求量就会下降；价格下降到一定程度，需求量就会上升。

需求定理说简单点就是："打折能促销，涨价没人买"。

我们上面说的西红柿的例子，就说明了需求定理的现实场景。

2. 需求曲线

上图的关于"价格 - 需求量"之间关系的曲线就是需求曲线。

对于正常品来说，需求曲线永远倾斜向下。

其中吉芬品是例外，吉芬品也就是非常低端的商品，当人越贫困时，只有这种商品是生活最低的保障，反而购买量会上升，所以吉芬品的需求曲线是向上的。生活中的吉芬品非常少，经济学里，一般默认商品是正常品。

需求定理＝
打折能促销
涨价没人买

3. 需求与需求量

说到需求和需求量，大家需要注意的有三点：

（1）横纵坐标与习惯相反。

注意，这里价格是自变量，需求量是因变量。需求量是根据价格的变化而变化的。一般来说价格应该在横坐标轴，需求量应该在纵坐标轴，但是从马歇尔的经典著作《经济学原理》中，就是价格在纵轴，这里我们只需要记忆一下即可（注：之前有很多说法说马歇尔是写错了，但是因为习惯就延续了下来，其实不是，原因比较复杂，篇幅所限，这里暂时不作细述）。

（2）需求与需求量的区别。

需求曲线的横坐标是需求量，上文的例子里，价格变化引起的就是西红柿的需求量变化。而需求是指整条需求曲线，并没有变。价格以外的其他因素变化，引起的才是需求变化，我们后文讲的其他因素引起的需求曲线移动，才是需求的变化。

简单来说，需求就是这条需求曲线；需求量则是需求曲线上对应的横坐标上的点。

（3）注意前提条件：除价格以外，其他因素不变。

需求曲线专门假定其他因素都不变时，价格变化，需求量随之变化。当其他条件变化时，就表现为需求曲线的变化。

这时候你就会问了，其他条件变化时，需求是怎么变化的呢？除了价格，还有哪些因素会影响需求呢？

4. 需求曲线的移动——影响需求的其他因素

总共有 5 个因素会影响一个产品的需求：收入、替代品的价格、偏好、预期、买家数量。我们下面就来逐一说明。

（1）收入。

如果你忽然被降薪了，你很可能会缩减你的开销，之前可能买 3 斤西红柿，现在想想买 2 斤就够吃了。同理，如果整个社会的收入变少了，对西红柿的需求就会变少了，这时候就表现为需求的减少。

这意味着，同样的价格，需求量减少了，所以需求曲线向左移动。

收入减少，需求减少，需求曲线左移。

收入增加，需求增加，需求曲线右移。

（2）替代品的价格。

我们假设很多人会把西红柿和黄瓜互为替代品。意味着，当我买西红柿多时，我买黄瓜就少了；我买黄瓜多了，西红柿就会少买一点。

那么当黄瓜价格上升时，哪怕这时西红柿价格不变，作为少买黄瓜的补充，市场对西红柿的需求量也会增加，需求曲线向右移动。

替代品价格上升，需求增加，需求曲线向右移动。

替代品价格下降，需求减少，需求曲线向左移动。

（3）偏好。

如果这时候有权威机构宣布，西红柿可以防癌，能把患癌症的概率降低 80%，这时候市场对西红柿的偏好就发生了变化。同样的价格，愿意买西红柿

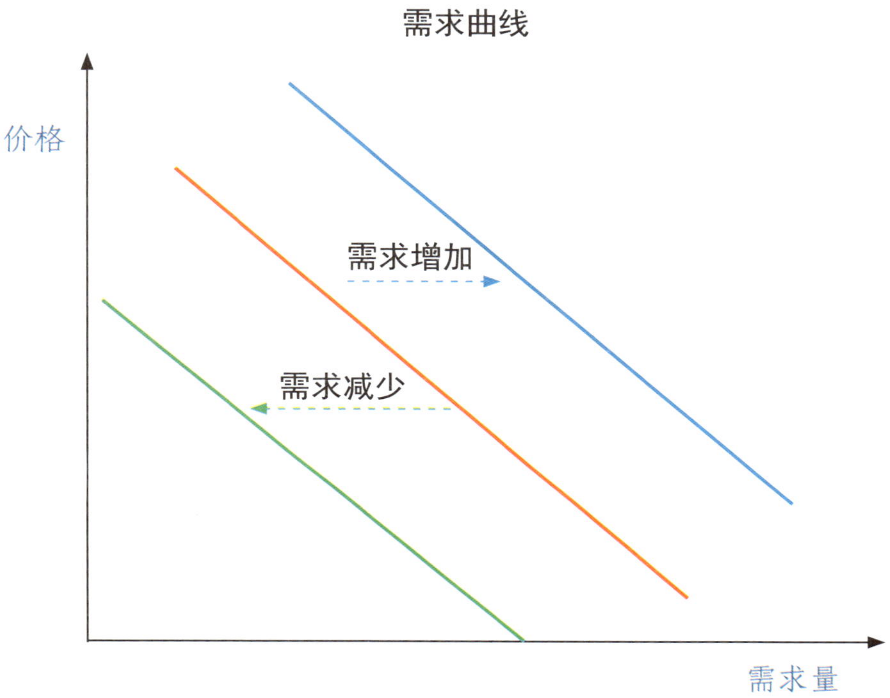

的人就变多了，对西红柿的需求就增加了。

偏好提高，需求增加，需求曲线向右移动。

偏好降低，需求减少，需求曲线向左移动。

（4）预期。

两个方面的预期会影响你对商品的购买量，第一是对自己未来收入的预期，第二是对商品未来价格的预期。

如果你投资了一个好的项目，觉得自己很快就会身家过亿，你对商品的需求就会增加，反之则降低。

如果你觉得这个商品的价格下个月要翻两倍，你很可能就会在这个月多买点，免得以后用高价购买。反之，如果你觉得西红柿的价格下个月要降一倍，你很可能就会这个月少买点，下个月再多买点。

(5) 买家数量。

如果之前市场上来买西红柿的人是 100 个，由于附近有新的小区落成，有更多的人会来买西红柿，那么需求就会增加。反之，如果附近拆迁，很多人搬走了，买家数量减少，需求就会减少。

我们现在回到一开始的两个问题。

首先，打折促销背后的经济学原理是什么？

“打折促销”背后的原理就是需求定理，也叫需求第一定律。

需求曲线在正常情况下都是倾斜向下的。

其次，除了打折之外，还有什么因素能促销？

我们换一个方向来总结这个问题，有哪些因素会影响一个商品的需求呢？

第一，价格。价格的变化引起需求量的反向变化，表现为沿着需求曲线的滑动。

第二，另外 5 个因素会引起需求的变化，表现为需求曲线的平移。这 5 个因素是：收入、替代品价格、偏好、预期、买家数量。

5. 需求定理的应用

(1) 商家的促销活动本质。

那我们再来对应一下生活中有哪些方式能够实现促销呢？

第一，开网店、开通外卖服务，这其实影响的是买家数量。之前你的店铺可以覆盖的人群范围只有来店铺的人这么多，但是通过开通淘宝店，全国各地的人都可以买到你店铺里的东西。开通外卖服务也是同样的道理，本来经过和听说你店铺的人数量不多，但在外卖平台上，会有更多人能看到你的店铺，会带来更多的买家数量。

第二，个性化定制、明星代言、广告宣传。这几种方式，主要是为了增加商品消费者的偏好程度，让消费者觉得你店铺里的产品质量好、品牌好。当然，广告宣传在增加买家数量、增加消费者偏好两个方面兼而有之。

第三，限时优惠、涨价前提醒，是典型的预期影响。限时优惠和涨价前提醒，让消费者觉得过段时间这个商品就要涨价了，从而增加购买量，实现促销。

第四，价格战的原理是在影响替代品价格。假设我和另一个竞争对手的产品同质化严重，品牌不同，如果我把价格压低，消费者对竞争对手商品的需求就会减少，从而把竞争对手挤出市场。但在一个有效的完全竞争市场中，你的商品替代品的价格不是由自己决定的。

因此，可以自己决定或影响购买的因素是：价格、预期、偏好、买家数量，而不可以人为控制的因素是：消费者收入、替代品价格。

（2）应用：如何降低社会吸烟人数?

提高价格：通过提高烟草税，或用其他方式提高香烟价格，可以让消费者对香烟的需求量降低。

影响偏好：多做吸烟有害健康的宣传，并强制要求在烟盒上印上“吸烟有害健康”的标识，降低大众对吸烟的偏好程度。

6. 总结

最后，我画了一个思维导图，帮助大家回顾一下这一节的内容重点。

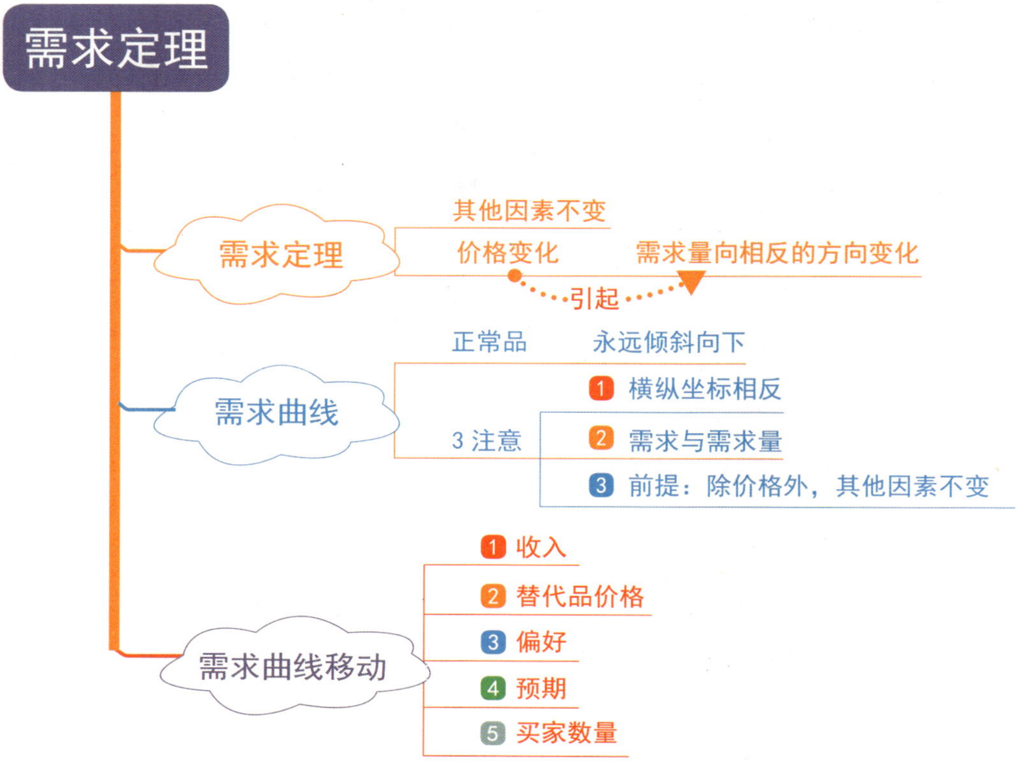

思考

想一想，“双11”的促销活动是考虑到哪个因素来增加需求的呢？

第二节 供给曲线

明白了需求曲线，怎么能不懂供给

上一节我们讲了需求曲线，本节我们就讲一讲和需求相对应的概念——供给。这两节可以对比来看，非常相似。

还是举上一节西红柿市场的例子。上次谈的是买家市场，现在我们只谈卖家市场。

○当西红柿只有 0.5 元 / 斤时，市场上有 100 斤西红柿在卖；

○当西红柿的价格不知为何在成本没有提高的情况下，涨到 1 元 / 斤时，人们发现有利可图，也想去卖西红柿赚钱，市场上可能就有200斤西红柿在卖了；

○后来西红柿的价格继续上涨，涨到 3 元 / 斤时，价格上涨了 6 倍，于是更多的商家涌入，市场上可能就有 600 斤西红柿在卖了。

我们把上述的西红柿价格和商品供应量之间的关系曲线画出来就得到了“供给曲线”。

1. 供给曲线

下图的关于“价格–供给量”之间关系的曲线就是供给曲线。

供给曲线是倾斜向上的。

供给曲线也非常符合直觉，当一个商品的市场价格特别高，愿意去作为商家的人就特别多。如果说明天铅笔的市场价是 1 万元一支，你是不是也想去卖铅笔赚钱了？

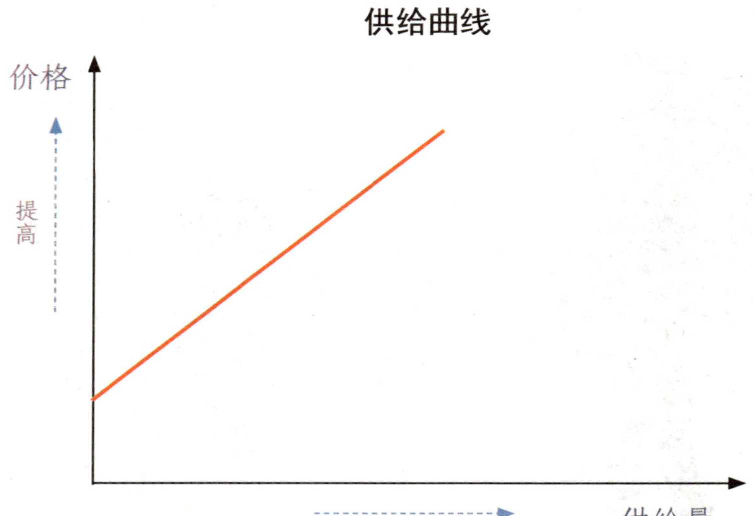

2. 供给与供给量

（1）横纵坐标与习惯相反。

注意，这里价格是自变量，供给量是因变量。但是自变量放在了纵轴，这和需求曲线保持一致，具体的原因在这里就不再赘述了。

（2）供给与供给量的区别。

供给曲线的横坐标是供给量，上文的例子里，价格变化引起的就是西红柿的供给量变化。而供给是指整条供给曲线，并没有变。价格以外的其他因素变化，引起的才是供给变化，我们后文讲的其他因素引起的供给曲线移动，才是供给的变化。

（3）注意前提条件：除价格以外，其他因素不变。

供给曲线专门假定其他因素都不变时，价格变化，供给量随之变化。和需求定律的内容一致，当其他条件变化时，就表现为供给曲线的变化。

照例，我们现在要解释，其他条件变化时，供给是怎么变化的呢？除了价格，还有哪些因素会影响供给呢？

3. 供给曲线的移动——影响供给的其他因素

说到影响商品供给的因素，总共有 4 个方面：原料价格、生产技术、预期、卖家数量，我们现在就来逐一说明。

（1）原料价格。

如果种西红柿的原料涨价了，化肥的价格高了、水价涨了、菜农的工资高了，同样市场价格下，利润空间会降低，卖西红柿的人就会少了。供给曲线向左移动。

如果这些原材料的价格下降了，同等的市场价格下，利润空间就大了，卖西红柿的人就会进一步增多。供给曲线向右移动。

原料的价格提高，供给减少，供给曲线左移。

原料的价格降低，供给增加，供给曲线右移。

（2）生产技术。

如果有一种农业机械化技术被发明，这降低了种西红柿需要付出的劳动量。这样生产的成本就进一步降低了，利润空间提升，就会增加西红柿的供给量。表现为供给曲线的右移。

（3）预期。

对未来的预期也会影响西红柿的供给量。如果有消息说，西红柿明年要涨价到 5 元 / 斤，那很多人就会想办法把今年的西红柿储存起来，明年再卖。同样的价格下，供给量就会减少，表现为供给曲线的左移。

（4）卖家数量。

这个是最好理解的，卖家数量越多，供给量就越大，供给曲线右移；卖家数量越少，供给量就越小，供给曲线左移。卖家数量可能是因为行业有法定的准入门槛，也有可能是由前三个因素“原料价格、生产技术、预期”决定的。

4. 供给曲线的应用

“打车难”一直是困扰各大城市的问题。这个问题的解决有两个方向，一个方向是降低需求，另一个方向是增加供给。我们现在从供给的角度来看至少有以下三个方式：

（1）提高出租车的基础价格，提高供给量：提高价格的同时也能降低需求量，这会让人们倾向于使用其他交通方式作为替代品，但是会让社会总福利降低。

（2）降低原料的价格：降低油价，成本降低，让出租车的利润空间增大；

也可以通过对出租车用油价格的定向补贴和降价方式实现。

（3）增加卖家数量：降低打车行业的准入门槛，滴滴、美团等进入打车行业，网约车的出现，增加了供给数量，也能解决打车难的问题。

5. 总结

简单回顾一下，我们本次讲了四部分内容：

（1）供给曲线是向右上方倾斜的，供给量随着价格的提高而增加。

（2）对于供给曲线的三点说明：①横纵坐标与习惯相反；②供给与供给量概念的区别；③供给曲线的前提条件是：除价格以外，其他因素不变。

（3）影响供给的 4 个其他因素：原料价格、生产技术、预期、卖家数量。

（4）供给曲线的应用：解决城市打车难的问题探讨。

供给增加一定有人买吗？答案是未必，这一点在本章的第四节，我们会结合需求曲线和供给曲线来讲均衡问题，看看市场的商品价格是怎么形成的。

思考

思考一下，医院看病难问题，是否也可以用供给曲线的原理来解决呢？如果可以，又该怎么解决？

第三节　弹性

什么叫需求和供给的“弹性”？

上次我们讲了需求和供给，今天就来讲讲弹性。

复习一下之前讲过的需求定理：其他情况不变，价格提高，商品需求量减少；反之，价格降低，商品需求量增多。

简单点说，需求定理就是“打折能促销，涨价没人买”。

1. 需求弹性

那需求的弹性又是什么意思呢?

需求弹性是需求量随着商品价格变化的程度。

再简单点来说就是:

打折后，买的人多了多少，是多了 5 个，还是 500 个?

涨价之后，不买的人又少了多少，是少了 5 个，还是 500 个?

如果是打折的情况，只降了一点点价格，需求量就增加得非常多，我们就说这个商品的需求是富有弹性的。消费者对这种商品的价格敏感。

另一种情况是，降价后，需求量增加得比较少，我们就说这个商品的需求是缺乏弹性的。消费者对这种商品的价格不敏感。

需求的价格弹性公式很简单：

$$\text{需求价格弹性} = \frac{\text{需求量变化百分比}}{\text{价格变化百分比}}$$

比如我卖一种帽子，价格降了 5%，买的人多了 10%（需求量上升 10%），那么就说明价格下降一定幅度，买家数量增加的幅度更大。那么这种商品的需求是富有弹性的。

即：需求价格弹性 > 1，价格敏感，富有弹性。

反之，价格下降了 5%，买的人多了 2%，那么说明，价格下降一定幅度，买家数量增加的幅度更小。那么这种商品的需求是缺乏弹性的。

即：需求价格弹性 < 1，价格不敏感，缺乏弹性。

2. 供给弹性

供给的弹性和需求弹性很类似。

供给弹性是供给量随着商品价格变化的程度。

再简单点来说就是：

市场价提高 1% 后，卖东西的人多了多少？

市场价降低 1% 后，卖东西的人又少了多少？

如果市场价涨了 5%，市场上商家却多了 10%，供给量增加的比例比价格增加的比例高，那么说明这种商品的供给是富有弹性的。

如果市场价涨了 5%，市场上商家只多了 1%，供给量增加的比例比价格增加的比例低，那么说明这种商品的供给是缺乏弹性的。

同理，供给价格弹性系数公式是：

$$供给价格弹性 = \frac{供给量变化百分比}{价格变化百分比}$$

3. 需求弹性的应用

（1）必需品和奢侈品的区分

如果一种商品的需求缺乏弹性，也就是说价格提高对销量影响不大，那么这种商品是必需品。

比如盐是人们生活中的必需品，如果盐价上涨翻倍，人们会少用一些盐，但减少量可能不会很多。

如果一个商品的需求弹性非常大，也就是说价格提高对销量的影响很大，那么这种商品是奢侈品。

比如，LV 的包并不是生活中必备的，我不用 LV 包可以买其他品牌的包，如果 LV 包的价格翻倍，那么损失的客户可能不只一半。

（2）任何商品，时间越长，弹性越大

买者会对价格的变化产生反应，但有一个时间过程。如盐价上涨翻倍，一开始人们的用盐量下降较少，因为盐是必需品。但是时间长了，人们就会寻找一些盐的替代品和替代方案，对盐的需求量就会更少，也就是对价格的反应变大了。

再比如，如果石油价格上涨，开始人们会少开一些车，对石油的需求量就下降了。时间久了，有了更多的对策，比如可以买新能源车替代对石油的需求，对石油的需求量会进一步下降。

如果石油价格下降，开始人们开车会稍微多点，对石油的需求量会提高。时间久了，因为油价便宜了，人们就会更愿意去买使用石油做原料的汽车，对石油的需求量就会进一步上升。时间越长，价格对需求量的影响就会越大。

因此，对任何商品而言，都是时间越长，需求越来越富有弹性。

（3）涨价还是降价的决策

情况 1：需求富有弹性

如果需求富有弹性时（价格弹性系数大于1），价格上升，需求量下降得更多，总收益会减少。反而价格下降，需求量上升得更多，总收益会增加。

所以，需求富有弹性时，不能涨价，而是应该降价。

情况 2：需求缺乏弹性

如果需求缺乏弹性时（价格弹性系数小于1），价格上升，需求量下降得更少，总收益会增加。反之，价格下降，需求量上升得更少，总收益会减少。

所以，需求缺乏弹性时，不能降价，而是应该涨价。

注意，一个商品的弹性系数不是一直不变的，哪怕一个商品是必需品，随着价格上涨，弹性系数也会从很小慢慢增大，当价格达到一定程度时，也就变成了奢侈品。

每个商品在不同价格时，弹性系数是不同的，价格越高，弹性系数越大。

所以比如一个包在价格是10元时，弹性系数很低，应该涨价，增加总收益。如果价格到了1万元，弹性系数就有可能变得很高，再涨价，反而可能导致总收益下降。在做涨价和降价决策时需要注意。

思考

农夫山泉矿泉水是富有弹性还是缺乏弹性呢？那么它应该涨价吗？

第四节 市场的均衡与价格的形成

市场商品那么多，价格是谁定的？

我们这节的问题是："市场商品那么多，价格是谁定的？"

有人会说，"那还用说，商家定的呗！"

可是你有没有想过，价格是商家随便决定的吗？如果你卖西红柿，1 斤卖 2 元、10 元、20 元都可以吗？为什么一个品种的西红柿卖 2 元 / 斤，另一个品种却卖 20 元 / 斤，且每个品种都在自己的价格范围上下浮动呢？

有人说："成本高的，价格就高。"会计学中的这种成本决定论明显是有问题的，你想想，一个 LV 包的成本会比普通皮包的成本高出一万元吗？

了解一点经济学的人可能会说"供需决定价格"，具体再问下去，是不是又说不清楚了？下面我们就来讲一讲这个均衡过程，也是市场这个"看不见的手"运作的最重要的机制之一。

1. 市场均衡

前两节我们分别讲了需求曲线和供给曲线，这里我们默认商品是正常品，而不是吉芬品。我们把它们画在一起，就有了下面的这张图。

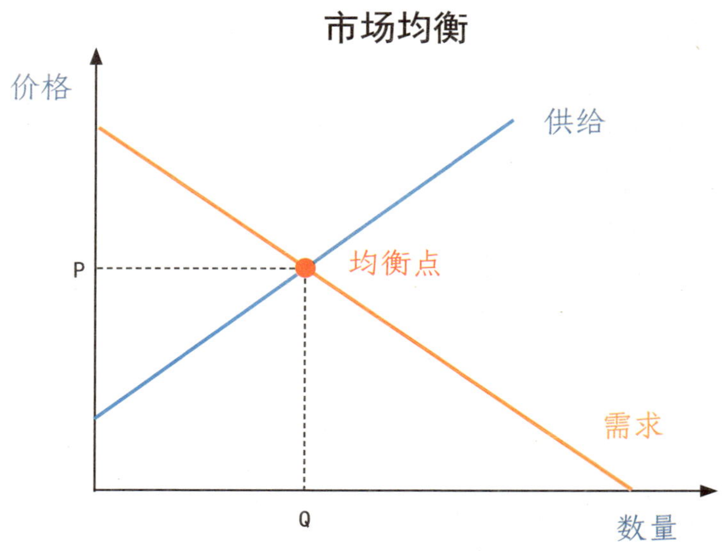

需求和供给曲线的交点，就是市场的均衡点。

均衡点对应的价格 P，就是市场均衡价格；

对应的数量 Q 就是市场均衡数量。

可是为什么交点就是均衡点呢?

我们假设还是买卖西红柿的市场，假设交点对应的均衡价格是 5 元 / 斤，均衡数量是 500 个。我们分两种情况讨论。

（1）价格高于均衡点时，造成过剩

如果市场内西红柿的价格是 7 元 / 斤，对西红柿的需求量就会减少，我们假定是 300 个，而愿意卖西红柿的人就会变多，供给数量变成了 700 个。这时候商家为了把西红柿卖出去就需要降价；随着降价，想买西红柿的人数也会增加，最后直到供需达到均衡点，价格是 5 元 / 斤时，供给量和需求量相等，商家不需要再降价。

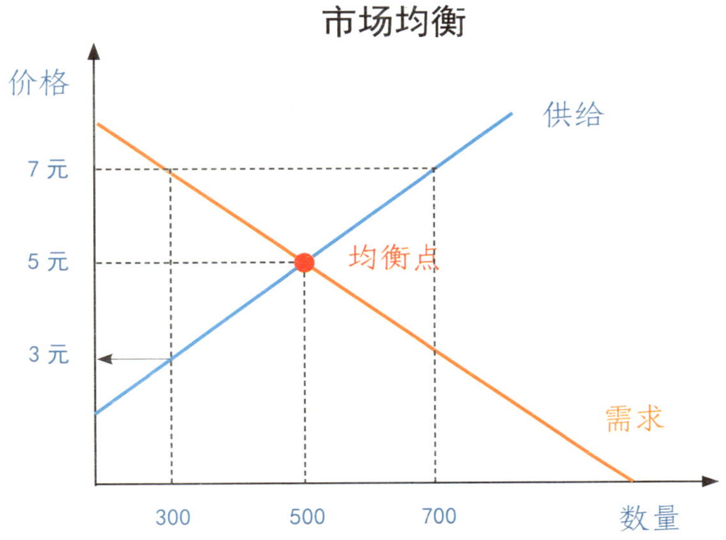

（2）价格低于均衡点时，造成短缺

同理，如果市场价格低于 5 元，供给量小于需求量，卖家会涨价。因为价格上涨，市场对西红柿的需求量减少，市场对西红柿的供给量增加，直到达到均衡点。

到了均衡点，商家就不会再变动价格，因为再涨价，就有西红柿卖不出去了；再降价，有更多人想买西红柿买不到，说明自己还有涨价空间。

于是，均衡点就这么被确定下来了。

2. 均衡的变动

（1）需求变化

在需求曲线一节中，我讲到有 5 个因素会影响一个产品的需求：收入、替代品的价格、偏好、预期、买家数量，它们都会造成需求曲线的位移。

我们以收入变化为例来说明，如果市场中消费者的收入提高了，对西红柿的需求就会增加，表现为需求曲线右移，那么新的均衡点就从均衡点 1 变成了均衡点 2。因此，需求增加，导致均衡的价格和消费数量都会提高。

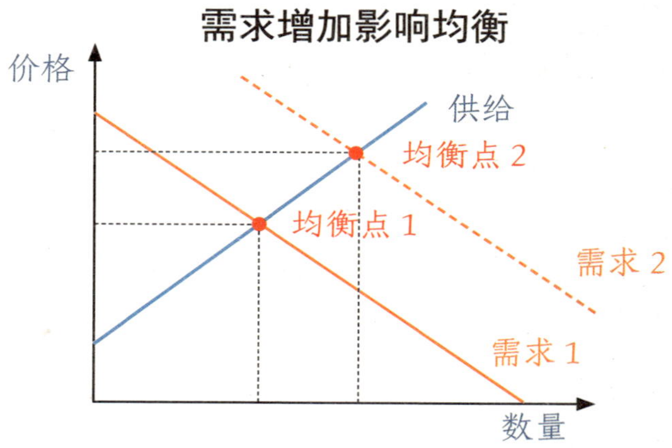

这和我们的直觉也是很相符的，如果一个人的收入提高，购买东西时就会从节省到多买一些，而且愿意付的价格也会多一些。

在需求减少的情况下，需求曲线左移，均衡点 1 变为均衡点 3，均衡点的价格会下降。因此，需求减少，均衡数量也会减少。

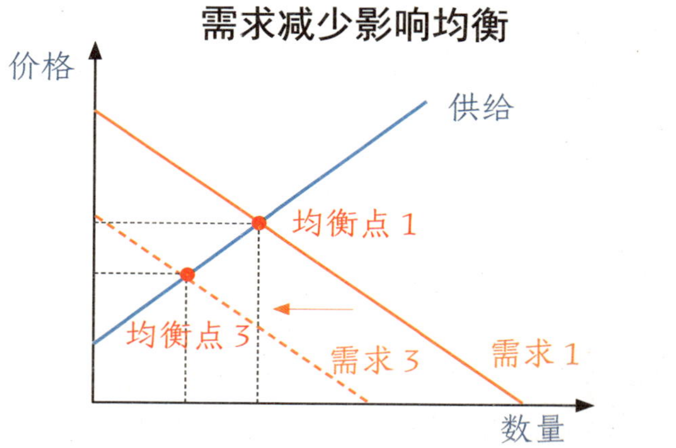

（2）供给变化

在供给曲线一节中，我讲到有 4 个因素会影响一个商品的供给：原料价格、生产技术、预期、卖家数量，它们都会造成供给曲线的位移。

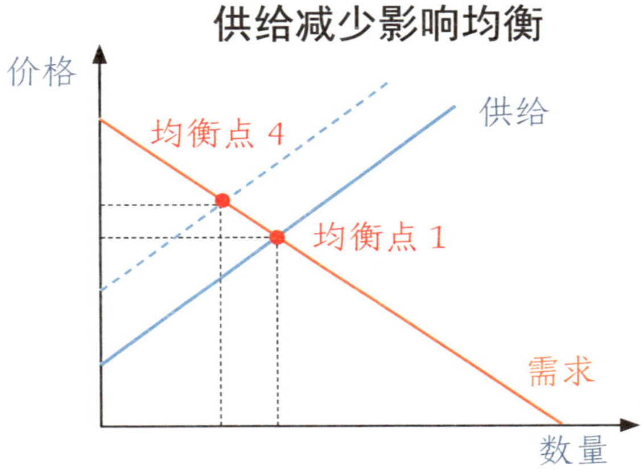

我们以原材料价格变化为例进行分析，假设原材料价格上涨，商家利润空间减少，供给减少，供给曲线左移。均衡点从 1 变为 4。

以上这个情况符合所有供给减少的情况，供给减少，市场价格上升，市场均衡数量下降。

同理，供给增加，市场价格下降，市场均衡数量上升。

如果供给和需求情况同时变化，分析方法也是一样。

3. 分析市场均衡变化三步法

我们现在可以总结出分析市场均衡变化的步骤：

第一步，确定因素的变化，导致了需求还是供给曲线的移动；

第二步，确定需求或供给曲线的移动方向；

第三步，找到新的均衡点，确定均衡数量和价格是怎么变化的。

思考

1. 我们经常看到新闻上说，王菲演唱会的票价格很高，甚至催生了很多“黄牛”，你可以理解这个情况的原因吗？

2. 你听说过荷兰历史上“郁金香泡沫”吗？为什么开始时郁金香卖得价格会那么高，后来又为什么跌下来了呢？

去你的“努力就会成功”

“努力就会成功！”

“坚持下去，就一定会胜利！”

“你的努力，终将成就无可替代的自己。”

…………

你信吗？现在还信吗？

反正我信过。努力，无头苍蝇一样的努力。

后来想通的瞬间，我才发现这些说法简直就是骗傻子的，那一刹那感觉就像是实现了佛家的顿悟。

设想一个场景，你拿着一个勺子，天天在那挖土，觉得地里有金子，一天24 小时，全年无休，甚至把吃饭的时间都省下来，因为你要努力呀，你努力就一定会成功。

你挖了一年的地，发现坑确实越来越深了，觉得自己离梦想又进了一步。

这时候旁边来了一个人，开着挖土机，几分钟的时间，所挖的土量就超过了你一年的工作量。

不过他发现这块地下面没有什么金子，也没有什么钻石。

一个工程队来了，拿着专业的科学的探测仪，在仪器发出“哔哔哔”响声的地方停了下来，再用专业的开采工具，几分钟内就找到了金矿。

这个场景是我杜撰的，虽然有些夸张，但是相信每个人都并不陌生，因为它发生在我们生活当中的每时每刻、每个角落。

反思一下，你是不是也在拿着一把勺子，非常非常努力地在土里找金子呢？

选择的方向错了，什么都没用。

选择的方式错了，一切都白搭。

方向上，你用感觉找位置，别人用科学仪器探测，努力有用吗？

方式上，你用勺子，别人用专业开采设备，努力有用吗？

所以归根到底，这两个是前提：第一，选对方向；第二，选对方式。

有了这两个前提，努力呢？努力还是要的，我们要的是事半功倍。我不是要鼓吹大家不努力，而是提醒你，没有选对方向和方式，再努力都是白搭。

1. 选对方向

方向怎么选？第一看供需，第二看兴趣。

（1）选择供小于求的。什么样的商品能在市场上卖高价？而且是高于自身价值的价格？答案很简单，供小于求的。如果忘了其中的原理，可以看之前的章节回顾。

知道了答案，那就去找市场上最需要且供应者极少的事情去做就可以了。需求越迫切越好，被需求得越多越好。为什么垄断者能拿到超额利润，就是因为供给独一家，需求者众多。

别跟我说各行各业都是红海，就连火爆了这么多年的互联网行业，也有机会。互联网中有海量的免费信息，但依然有很多人筛选优质信息，做知识付费的提供商。你说超市、商场是红海，但依然能用新技术和新手段重做一遍。哪怕是当老师，也可以去研究研究哪个学科感兴趣的人多、好的老师却少，那个学科就是你可以选择的。当医生选专业也是一样的道理。

在此之后就是不断努力，选择正确的方向之后再努力就会事半功倍，再次强调，我并没有在鼓吹努力无用，而是说选择是前提。

（2）选择真正有兴趣的。因为有了兴趣，你的努力就更轻松，更容易，不需要“头悬梁，锥刺股”。比如对我来说，经济就是我的兴趣所在，别人觉得学习和迭代痛苦，我却一点也不觉得。反而让我一天不去看与经济相关的书籍和新闻，会让我觉得很沮丧，像一天都白过了一样。

其实这一点也是供需，个人内在的供需。寻找你内心强烈需要的，最迫切需要的知识，寻着这个出发点，去找匹配的行业。这时候你在工作时，不会觉得累，反而会觉得不是在为别人工作，而是在为自己工作，这时候你就不会有“我拿 1 万薪水就干 1 万的活”这种想法了。而和其他普遍抱着这种想法的人相比，你很容易就能业绩出色，脱颖而出了。

2. 选对方式

选对方式也就是选对学习和成长的方式，我认为也有两个：第一，直奔专家学习方法（技能）；第二，实践和反思。

（1）直奔专家去学习，这也有成本和收益的问题。

我们学了经济学，就不能只盯着货币成本，千万不能忽略了更重要的机会成本和时间成本。网络上学习的方式有很多，很多行业的名师大家也在开设课程，当然，多数是付费的。付费的有时反而是划算的，因为这个行家可能比你周边的每一位同事能力都要强，那就意味着你在他这学到的东西，是你周边工作 20 年的人都感悟不到的，你也学习不到的。这能让你少走很多弯路，迅速地成长起来。如果你的能力可以更快的和周边所有人拉开差距，那么快速升职和加薪都是有可能的，从成本和收益上看，哪个更划算呢?

如果工作时，身边就有专家可以多请教，那就盯住他不放。但是网络课程通常是系统化设计的，身边的专家很难系统地为你讲授，这是一个缺陷。另外注意一点，低级问题不要请教专家，不要耗费对方的耐心，简单的问题自己去百度或者找同水平的人解决。请教专家的问题一定要是自己深度思考又解决不了的问题，这样不会不断消磨对方的耐心，专家一定是一个“时间成本”的平衡者。

（2）一定要实践和反思。

请教和学习来的，不实践永远都不知道有多困难。就连金融和经济学的学霸，都未必是一个好的投资者。诸多的诺贝尔经济学奖得主，都在股市上铩羽而归，欧文·费雪、库普曼斯、康托罗维奇在股市上都亏损严重，还好也有寥寥的幸存者，比如大卫·李嘉图和凯恩斯。

实践之后的反思尤为重要，实践失败了，就去总结之前我想的哪里不对，应该怎样才是对的，并在下次的实践中不断地调整。这样，通过不断地反思，调整，实践，再反思再调整再实践，才会形成一套自己的打法和逻辑。不然永远都只是一个照搬别人的模仿者，而成不了一个超越者。

3. 总结

总结一下，“努力就会成功”吗？当然不会。

没有一条一定会成功的路，我们要做的是提高成功的概率。

首先，选对方向是先决条件，第一要选择供小于求的行业，第二要选择自己感兴趣的行业。

然后，还要选对努力的方式，第一，直奔专家学习方法（或技能），这样能以最短的时间最迅速地成长起来；第二，实践，反思，调整，再实践，形成迭代升级的闭环。

思考

你现在所从事的行业是供小于求吗？是自己感兴趣的吗？

你未来想通过怎样的方式在工作中成长呢？

第五节　供需决定论 VS 成本决定论

北京房价高不是因为政府拍地价格高

我和朋友在三里屯逛完街，随便走进一个面馆吃面，一看菜单："抢钱啊！一碗面 40 元，也没有几块肉，怎么会这么贵？"

在奥特莱斯逛累了，吃个午饭，最便宜的是煎饼果子，25 元一个，怎么这么贵？

老板说：因为房租贵啊，这里的租金一个月上万，不卖这么贵不赚钱啊。

使用同样的理论很多人都在说：房价贵是因为政府把地价抬得太高了，地价那么贵，不卖这么贵不赚钱啊！

这个说法对吗？如果没有学习经济学，你可能觉得挺有道理的，但实际上，这个说法是非常有问题的。

1. 成本决定论

成本决定价格，听起来好像挺有道理的，我们也都是这么认为的。这个理论就是"成本决定论"。因为成本高（煎饼原料成本、房租成本、人工成本），所以定价高。

但这个理论是有缺陷的。

（1）你定价多少消费者都会买单吗?

按这样来说，房租从每月1万元涨到50万，房租提高了50倍，那么煎饼的定价变成1000元，这样会有消费者买单吗?还记得我们前面讲过，商品都有替代品，买不起价格1000元的煎饼，我们可以去买5块钱的馒头，如果附近的餐饮都很贵，我们还可以从家里带饭来吃。

如果很少有人愿意买单的话，这个月租50万元的房子就租不出去了，这个房租就得降。

（2）如果所有行业都是“成本决定论”，那么就没有企业会亏钱了，也没有企业会有超额利润了。

我们假设“成本决定论”正确，来推理一下。根据需求定理，你的定价决定了你的销量，每个煎饼均摊的房租又是根据你卖的煎饼数决定的，煎饼数又根据你的定价决定，定价又决定销量，这完全是一个变量间的死循环，根本无法解释。

这个理论错误的根本原因是，因果关系倒置了。

2. 需求决定论

成本决定论错误的以为原材料的成本决定了价格，而实际情况是：商品的供需关系决定了价格，而最终售卖的价格，反过来决定了原材料的成本。

我们现在回顾一下煎饼店的情况，先不考虑成本，我们从供需开始说起：

（1）我是煎饼卖家，开始卖6元，要买的人很多，很多人排队也排不到；涨价到15元吧，结果还是有很多人买；我卖30吧，发现人特别少，卖不动。那我最后就摸索出了一个自己的营收最大值（营收 = 客单价 * 购买人数），单价是25元时，营收最大。

（2）这个时候很多人发现这个煎饼能卖25元，那他们也要租这个店铺。

本来租金 3000 元，有人出 5000 元。我核算一下 5000 元我还能赚钱，那我把房租也加到 5000 元。但是，后来又有人出 7000 元、8000 元、9000 元、1 万元，我核算一下还能赚钱，那我只有把房租也抬高到 1 万，房主才不会把这个店租给别人，这时候到了 1 万，超额利润已经被吃掉了，也不会有别人来跟我竞争这个店面了，或者说竞争者不足以让房主有切换动力了，这个房租的定价基本就确定了。

（3）同理，其他原材料的成本也是这样被确定的。

三里屯聚集着很多大公司，能找到更高薪的工作，所以大家都愿意在三里屯工作，来三里屯工作的人多，人人都要在这里用餐，所以这里的餐饮更贵，餐饮销售额大，导致了商铺作为成本抬高。

奥特莱斯的煎饼也是这个道理。

3. 北京房价问题

再来看看北京房价的问题。在北京人们能找到更高薪的工作，有更好的发展机会，很多精英都愿意来北京发展。

若按成本决定论：你非要北京市政府服务民生，以白菜价卖地，100 元一平米，1000 元建好房子，房价 1200 元一平米，那么这个房子归谁所有？很多人都想买这个房子，有的人说我出 1 万，2 万，3 万，4 万，5 万，到这个价格，基本供需平衡了，房价还是 5 万元一平米。

从开发商角度来说，政府如果 100 元一平米卖地，你想买，我想买，他也想买，人人都想去做房地产商，因为有超额利润，这个地又该卖给谁呢？争地的地产商会出多少价格去争这个地呢？基本还是要寻求市场均衡价格。

如果把拿地价定得更高会怎么样呢？我们简化计算，比如政府将拍地价格定为 5 万元一平米，加上开发成本，房子的卖价变成了 20 万一平米，购买者减少，大家不爱买这个房子，为了卖出，开发商为了减少损失，降价到 5 万一平米能达到供需基本平衡，那不是白折腾了？以后政府还拿5万一平米去卖，没有人会买，政府只好降价，最后也会形成一个稳定的供需。

以上只是一个模型的粗略解析，不同的城市情况也不尽相同，比如有些三四线城市，人口净流出非常大，房价还在暴增，那么一定是有泡沫的。如果最后供需不平衡，价高的房地产没有了后继的买者，房价也就会回到均衡状态，而随之政府的出让土地价格也会降到市场的正常价格。你也可以用上述的分解法来分析一下，这样的情况下，房价和政府出让土地价格是怎么降下来的。

思考

你认为，你所在的地区房价合理吗？如果觉得价格高，是怎么被推高的呢？

第六节　有效市场假说

千股跌停再现，股市究竟可以预测吗？

2018 年 10 月 11 日，A 股市场千股跌停再次上演，一时间人心惶惶，引起了恐慌性抛售。据统计，这是自 2015 年以来 A 股市场的第 20 次千股跌停，让人不得不感慨作为 A 股市场投资者的不易。好在第二天股市就小幅收涨回暖，没有让恐慌过度蔓延。

1. 原因

这一次的 A 股暴跌，直接的诱因就是美国国债收益在 10 月 10 日涨至 3.2%，达到了 7 年来最高，这给全球的股市都带来了极大的压力。这主要是因为债市和股市基本上是呈负相关的。简单解释一下其中的原因：如果债券利率上涨，就会有一大批资金涌入债市，股市资金减少，价格就会下跌，引起市值缩水。随后，在 10 月 11 日 VIX 恐慌指数达到 20.12，恐慌情绪在美股收盘后还在蔓延。

特朗普更是两度狠批美联储加息太快，幅度太大，导致货币政策过紧，甚至觉得“美联储已经疯了”。

10 月 10 日，道琼斯指数跌幅为 2.13%，纳斯达克指数跌幅达 4.08%，当天直接引发 A 股大震荡，A 股上证指数跌幅 5.22%，中证指数跌幅更是达到了 6.96%，10 月 11 日，美股道琼斯指数跌幅持续在 2.13%，纳斯达克指数收跌 1.25%。

2018 年 10 月 10 日纳斯达克指数跌幅达 4.08%

数据来源：新浪财经

这样的“小股灾”事件历史上数不胜数，更严重的还有 2008 年的金融危机、2015 年的股灾事件，分析原因似乎更像是事后诸葛，很多人想总结以往的经验教训，完善金融体系、创造良好的金融环境，避免下一次的危机，但却发现，历史虽然不会完全重复，却又经常押韵，无论人们多努力去避免危机，似乎危机从来都无可避免。

这就让很多人心生疑惑："股市究竟可以预测吗？股市到底有泡沫吗？"

回答这样的问题，我们就要先了解一个经济学理论：有效市场假说。

2. 有效市场假说

有效市场假说是由尤金·法玛提出的重要经济学理论，他还因此在2013年获得了诺贝尔经济学奖。

简单来说，市场有效就是现有市场的价格能够充分反映所有有关信息，所有能对价格有影响的因素都已经反映在市场中了。

也就是说，市场中未来价格的变化，一定是因为发生了新的事件；有了新的创新、新的发明、新的发现，而这些新发生的事情都是之前不可预知的。举个例子便于理解：

一个企业聘请的科学家在研发一个新项目，我们不知道他是否会成功，预计会有80%的成功率，那么市场就会把这个项目研发成功带来的收益乘以80%，计入市场里这个公司的价值中。在研发成功的那一刻，这个概率调整到100%，重新反映到市场中，或在研发宣布失败的那一刻，这个概率调整到0%，相应市场内的价格迅速调整到它应有的价值。但在这个科学家的研发结果出来之前，成功和失败都是不可预测的，在研发结果确定之后，市场的调整速度非常快，甚至是毫秒级，以至于几乎没有人能通过这个信息获利。因此，结论是市场一定是不可预测的，那么市场也就不存在泡沫。

有效市场假说分为三种形式：弱型、半强型、强型。

弱型有效市场：所有历史资料，包括价格、交易量等，已经反映在市场价格中了，对市场的定价没有影响。

半强型有效市场：所有公开发表的资料，已经反映在市场价格中了，对市场的定价没有影响。

强型有效市场：所有相关信息，无论是公开发表的，还是内部资料、内幕消息等，都已经反映在市场价格中了，对市场的定价没有影响。

因此，有效市场假说认为，市场是没有泡沫、没有任何套利空间的。如果最强型的有效市场假说成立，甚至可以得出结论，内幕消息传递和内部交易都应该是合法的，因为这些消息都已经被市场消化到市场的价格中去了。

相信很多人都听说过巴菲特在 longbets 上的十年赌约，他让知名的基金经理选择 5 只对冲基金构成组合，运行十年，他认为基金经理不能做到让收益超越同期的标普 500 指数收益。结果我们都知道，优秀的基金经理选股竟然没有跑赢市场指数。

你也可能听过，美国一个机构找到 8 名知名分析师选 5 只股票，又让大猩猩用扔飞镖的方式选出 5 只股票。一段时间后去比较选股收益，发现知名分析师选股的收益竟然低于大猩猩扔飞镖得到的收益结果。

这两个事件，似乎都印证了尤金·法玛的有效市场假说，证实了市场是非常有效的。因为新事件的发生是一个概率事件，因此市场的定价更像是“随机漫步的”。《随机漫步的傻瓜》和《黑天鹅》的作者塔勒布一定是同意有效市场假说理论的，他在书中不断重复的一个理念就是，生活的起落、市场价格的变化都是由一个个随机发生的不确定性事件带来的。

如果市场是非常有效的，你买的股票不会是被高估的，也不会是被低估的，价格已经是各种消息和资料在市场中通过不断的交易反映出来的，一定是刚刚好的。

如果市场有效，你在选股时做的各种决策判断都是徒劳的，还不如买个大盘指数做基金定投，或者闭着眼睛随便选几只股票，这就和最知名的分析师选中的股票收益没有区别。

那么，市场真的完全是有效市场吗?

3. 市场有效悖论

我们在开始时提到，2013 年，有效市场假说理论的提出者尤金 · 法玛获得了诺贝尔经济学奖，有趣的是，同年的另一位诺贝尔经济学奖得主罗伯特 · 希勒刚好是“有效市场假说”的反对者，他于 2000 年出版了《非理性繁荣》一书。希勒的理论指出，美国股票市场近 140 年的指数大幅上涨是脱离实际经济运行的反常现象，这刚好就说明了市场不是一个有效的市场，更是一个非理性的市场，也就是说股市是会存在泡沫的。

无论是经济学界还是金融界，都有很多人分别拥护“市场有效”和“市场无效”的阵营，就连诺贝尔经济学奖的评奖者也无法分辨出孰是孰非。

但只要我们身在市场中，就会发现市场并不像“有效市场假说理论”中所描述的那么有效。

上证指数月 K 线图

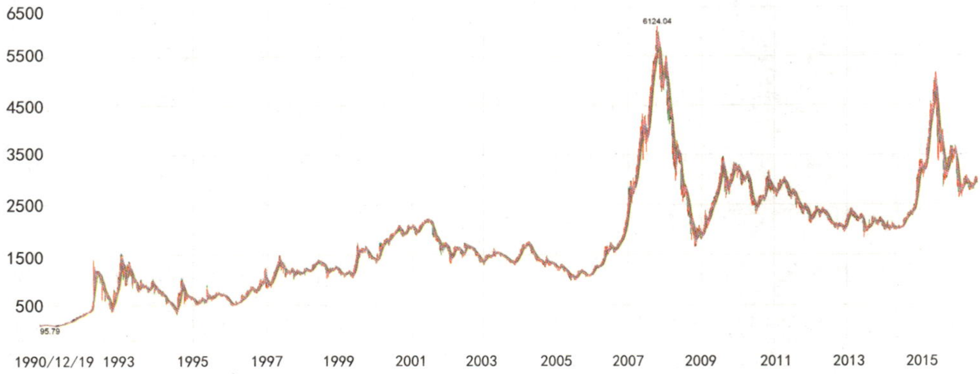

数据来源：新浪财经

举个最简单的模型为例，一个国家股市的指数走势，应该相当于一个国家发展情况的体现，所以也有“买指数就是买一个国家的未来发展”的说法。上图是 A 股从 1991 年到 2018 年 10 月上证指数月 K 线图，如果市场是完全有效的，就不会有 2008 年和 2015 年大股灾，中国经济一直是以高速和中高速发展的，应该不会有 2018 年的股市指数总是无法突破 2008 年和 2015 年的情况。

再来看看美国的道琼斯指数月 K 线图，从 2009 年后一路上扬的走势，似乎反映出 GDP 处于高速增长的是美国，但我们都知道事实不是这样的。

道琼斯指数月 K 线图

数据来源：新浪财经

还有一些情况也能说明市场并不是完全有效，比如，有些公司在 A 股和港股均进行了上市，而同一公司市值在这两个市场内是有很大差异的。如果市场有效，投资者一定会蜂拥而至，卖出高估的，买入被低估的，迅速让 A 股和 H 股的价格持平。但现实却不是如此，A 股和 H 股上市公司的公司市值差额是长期存在的。另外，在 A 股打新几乎没有风险套利、内幕交易者赚得盆满钵满、“收割韭菜”的情况，都让人质疑市场的有效性。

所以，市场有效只是一个相对的概念，是一个动态均衡的过程。越短期市场越无效，越容易受各种噪音和非理性因素影响；越长期市场越有效，趋向于真实价值的反映。然而，A 股市场长期的趋势却又表现出我国的金融体系相比于成熟的发达国家的金融体系处于更无效的状态。

让市场并不完全有效的原因是什么呢？主要有以下三个：

（1）市场分割。我国是实行资本管制的模式，和其他国际金融市场是分割开来的，在不同国家市场间切换的成本很高，也就是市场间交易的摩擦是很大的，这导致了理想状态下的有效市场实现受到阻碍。

（2）人的非理性。虽然在股市中“价值投资”的理念非常盛行，但环顾四周的股民就知道，真正凭借对公司内在价值、财报状况、公司愿景、未来发展判断来选股的投资者少之又少，而炒作概念、炒作新闻套利的情况却是很多。很多人买股票并不是买自己觉得有价值的公司股票，更多的是通过判断其他人对这只股票的预期进行决策，这些人的非理性买卖行为，也促成了市场定价的失效。现在，经济学一个比较热门的分支——行为经济学，就是在研究人在市场中的非理性行为，这让市场离理想的有效市场有了更大的偏差。

（3）信息的解读不同。因为人和人之间专业程度、认知水平、价值观等等方面的不同，对于同样的信息，解读会多种多样，这样市场的有效程度就会大大降低。比如，自2018年初，央行几次发布降准信息。对此，就有人解读为利好，另一部分人解读为利空。一个公司的财报放出来，能够去翻看财报的人占少数，懂得细致解读的人少之又少，所以很多上市公司美化报表、财务造假等事件时有发生。

有效市场悖论始终是经济学界争论不断的话题，两个阵营也都不乏有影响力的经济学家。我个人是比较倾向于相信市场并不是完全有效的，而是一个动态平衡的过程。

很多人因为尤金·法玛提出的“有效市场假说”，就认定法玛一定是强有效市场的坚定笃信者，但我并不这样认为。要知道，法玛另外一大贡献就是和弗伦奇教授合作提出了“Fama-French三因子模型”（三因子包括市场因子、规模因子和价值因子），他们通过三因子模型提高股票回报与经济活动的预测度。而这就恰恰说明市场价值是可以预测和估计的，这项研究对完全的有效市场理论来说刚好是一个证伪的过程。

4. 结论

回到开篇的问题，我认为，短期来看，股市是被诸多不确定因素和未知事件影响的，市场是不可预测的，因为人的非理性和市场分割等原因，股市是可能存在泡沫的。但长期来看，市场定价的过程是随着一次次的交易，消除市场噪音和市场摩擦的过程。因此从长期来看，市场是动态均衡和有效的。

今天我们介绍了经济学中非常重要的有效市场假说理论，还对市场有效与否进行了探讨。希望这一重要的经济学理论能给你的经营投资决策提供一种新的思考模式。

思考

你认为市场是有效的吗？如果你认为市场是有效（或无效）的，在投资过程中哪些事件让你深有感触呢？

第七节　认识市场和政府

“看得见的手”和“看不见的手”

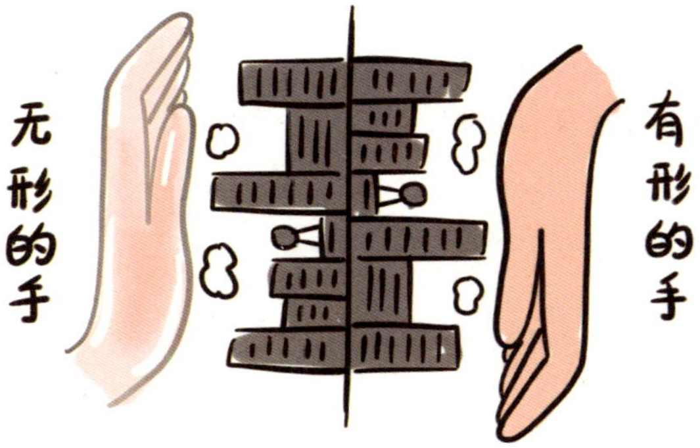

这一节是整个微观经济学篇最最最核心的一节，没有之一！

我们这一章前面讲到了需求曲线和供给曲线，以及它们是如何达到市场均衡的。

我们再简单回顾一下这个过程。

稀缺是一个常态，好的东西总是稀缺的，也就是说你喜欢的东西，别人也喜欢。稀缺的资源包括实物、时间、劳动力、机会等等。

那么，大家都想要的东西，怎么决定分配给谁呢？

1. 市场是这样运作的

在自由市场经济中，价格作为一个信号，能解决下面三个问题。

首先，如何定价？

这就是之前我们讲的价格达到均衡的过程：如果价格定高了，就会卖不出去，那商家就需要把价格降低；如果价格定低了，就会有更多的人争夺商品，把价格抬上去，最后价格回到均衡价格。

其次，东西应该给谁？

一件衣服你和小红都觉得好看，定价 120 元，要不要给你呢？那就看你愿不愿意付 120 元了，如果你觉得这件衣服只值 80 元，而小红对这件衣服的心理预期是 150 元，那这件衣服会归属小红。因为她会花 120 元买下这件衣服。

然而也没人逼迫你买下你觉得不值 120 元的衣服，你可以把钱花在自己觉得值得的商品上。

价格可以筛选出人对一种商品的需求程度：比方说，平时你会因为司机要高价而选择不打车，但有家人生病要去医院时，这时如果司机要求加价，你往往也就接受了。

在市场经济里，每一个消费者都觉得购买的商品价值是高于付出的金额的，否则就不会购买。

而卖家也一定觉得自己卖出商品是赚了，否则就不会出售商品。

也就是说，在自由市场经济中，买卖双方是双赢的。

最后，厂家应该生产什么？

作为一个商家，如果你想让自己生产的东西有人买，那你一定要生产客户需要的东西。

倘若生产的商品是不被需要的，那么这种商品一定会被迫退出市场，而企业也会因为无法盈利而倒闭。

在市场经济中，每个商家都是为了自己能赚钱，但是一定要满足别人的需求才能赚到钱。最终能够长期地在市场中胜出的企业，一定是满足了更多客户的需求。

这样一个个商品、劳动、原料的供给者，为了自己的盈利，最后给社会中有各种需求的人带来了方便。

有的人修路，有的人办学校，有的人开饭店，有的人开发各种手机App……

这就是市场经济的精髓：

主观为自己，客观为社会。

市场的运行机制被亚当·斯密形容成“看不见的手”。因为在这个过程中，市场就像一只无形的手，指导生产、分配，让商家生产最有用的东西，并分配到最需要它的人手中。

2. 市场经济 vs 计划经济

下面我们来看看计划经济与市场经济相比的情况。

（1）计划经济无法筛选需求的强弱。因为计划经济是配给制，如果现在给你公司的每个人发 1 个面包、1 辆车、1 件衣服，你并不知道谁更需要它。有的人可能并不需要 1 辆车，但是如果白给 1 辆，谁会不要呢?

（2）计划经济无法指导生产。你无法根据市场上所有人的购买情况来分析大家都需要什么。因为没有对比，质量差的商品不会被迫退出市场，质量好的商品也会逐渐偷工减料。

（3）计划经济让经济丧失前行的动力。

我们现在用的苹果、华为手机，我们用的微信、微博、抖音，各种漂亮的衣服，各种不同性能的汽车……都不是一个顶层设计者能提供的。

千千万万个希望能够致富的企业家，他们才会绞尽脑汁想尽办法，让大家的生活更方便，进而让自己获得更大的利益。

我承认有些人是很无私的，但是我们不能依赖少部分人的无私，来推动社会的进步。

而市场经济中，我们承认人性的自私，然后以市场的方式带动整个社会向前走。这也是我们国家放弃了之前的计划经济，坚定不移地走改革开放的道路、坚持市场经济成功的重要原因。市场机制这只“无形的手”让我们国家的综合国力、每个人的生活水平，都有了质的飞跃。

3. 市场循环机制

下图是经济学中一个非常非常重要的循环图。

在商品和劳务市场中，家庭从企业购买商品、服务，企业从家庭中赚来了钱。

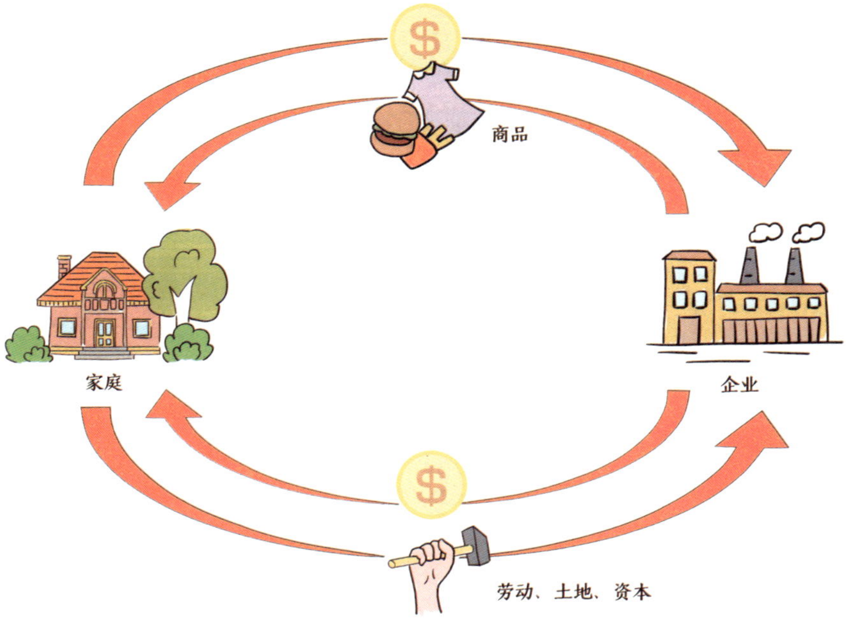

两部门市场循环图

在上图的生产要素市场中，家庭提供劳动力、土地、资本等要素给企业，并从企业那里赚来劳务费、租金、资本的利息。

在市场中，家庭和企业相互协调，完成资源的分配。

4. 政府的功用

从这个理论看起来，市场的机制是完美无缺的，社会中有“无形的手就够了”，但是真的是这样吗?

我们环顾现在所有的经济体，为什么没有一个完全的、不受政府干预的经济体呢?

（1）我们的社会需要维护秩序。所以我们需要政府来制定法律法规、需要警察来维护秩序。

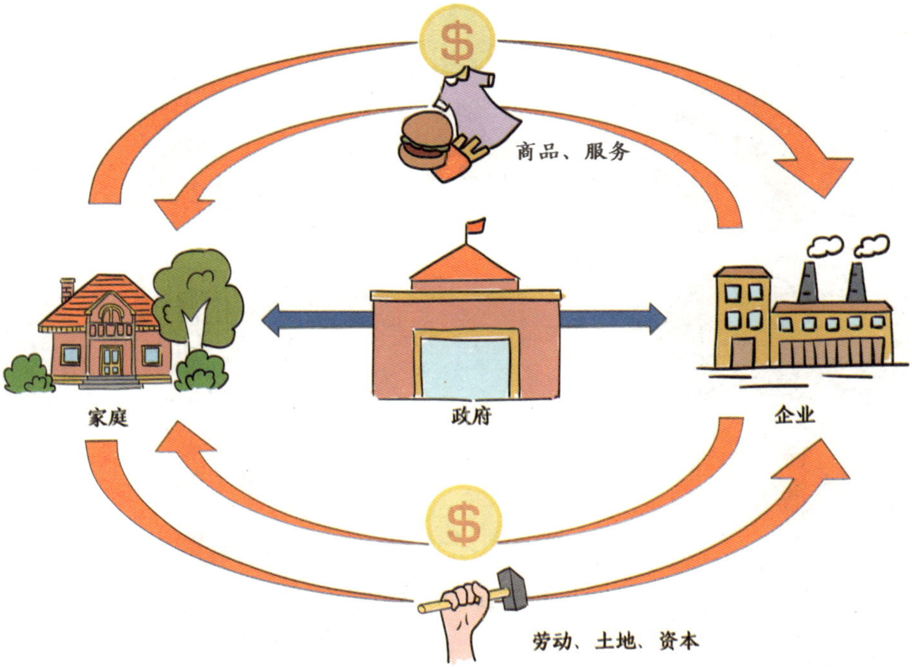

三部门市场循环图

（2）我们需要政府提供公共设施和服务。比如国防、马路、桥梁等等。

（3）有时市场也会出错，政府要进行校正。比如一个企业为了自己的利益，制造了很多污染，政府就需要对企业进行限制或者罚款。

由此来看，政府是非常有价值的。政府在市场中扮演的角色，被形容为“有形的手”。政府通过明确的干预和调配，对不那么完善的市场进行修正。于是就有了上面的三部门市场循环图，三部门是指家庭、政府、企业。

当然，因为人为的判断总是会出错，“有形的手”对市场的干预也经常会出现“好心办坏事”“矫枉过正”等问题，所以，经济学中还有一个分支叫“公共选择”，研究的是政府的失灵问题。

上面的三部门循环图也并不是我们现在市场的完整情况，因为没有把国际贸易加入其中，在后面宏观经济学部分讲到国际贸易时，我们会把进出口因素加进来。

5. 总结

这一节是微观经济学部分最核心的内容。

我们介绍了市场经济这只“无形的手”的运行机制，又讲了政府这只“有形的手”的重要性。

这一章我们详尽地介绍了市场这只“看不见的手”的调节机制，在接下来的一章中，我们会从市场失灵、价格管控、产权保护等方面来详细讨论政府对市场带来的影响。

思考

既然每个企业都会为了盈利想办法满足客户的需求，那为什么会有企业排污而影响大众健康的情况出现呢？

市场的规律（无形的手）

- **需求定律**
  - 打折能促销，涨价没人买
  - 其他因素不变，价格变化引起需求量的反向变化
  - 3点说明
    - 1 横纵坐标相反
    - 2 需求与需求量
    - 3 前提：除价格外，其他因素不变
  - 影响需求的因素
    - 收入
    - 替代品价格
    - 偏好
    - 预期
    - 买家数量
- **供给曲线**
  - 其他因素不变，价格变化引起供给量同向变化
  - 3点说明
    - 1 横纵坐标相反
    - 2 供给与供给量
    - 3 前提：除价格外，其他因素不变
  - 影响供给的因素
    - 原料价格
    - 生产技术
    - 预期
    - 卖家数量
- **弹性**
  - 需求弹性
    - =需求量变化百分比/价格变化百分比 — 需求量随着商品价格变化的程度
    - 需求价格弹性＞1 — 价格敏感 — 富有弹性 — **涨价**
    - 需求价格弹性＜1 — 价格不敏感 — 缺乏弹性 — **降价**
    - 时间越长，弹性越大
  - 供给弹性
    - =供给量变化百分比/价格变化百分比 — 供给量随着商品价格变化的程度
    - 供给价格弹性＞1 — 价格敏感 — 富有弹性
    - 供给价格弹性＜1 — 价格不敏感 — 缺乏弹性
- **市场的均衡**
  - 需求曲线和供给曲线的交点 — 均衡点
    - 对应数量 — 均衡数量
    - 对应价格 — 均衡价格
  - 价格高于均衡价格 — **过剩**
  - 价格低于均衡价格 — **短缺**
  - 分析市场均衡三步法
    - 1 确定因素变化，导致了需求还是供给曲线移动
    - 2 确定需求或供给曲线的移动方向
    - 3 找到新的均衡点 — 判断数量和价格变化
  - 应用 — 怎样努力才能成功
- **供需决定论VS成本决定论**
  - 成本决定论 — ✖不成立
    - 定价高消费者不买单
    - 否则没有企业亏损
  - 供需决定论
    - 商品的供需关系决定价格
    - 最终商品售价，决定原材料的成本
  - 应用 — 北京房价高是因为地价高吗？
- **有效市场假说**
  - 弱型有效市场 — 所有历史资料，都反映在市场价格中了
  - 半强型有效市场 — 所有公开资料，都反映在市场价格中了
  - 强型有效市场 — 所有相关信息，包括非公开的，已经反映在市场价格中了
  - （以上三者）→ **市场不可预测**
  - **市场有效悖论** — 市场经常并不有效
    - 市场分割
    - 人的非理性
    - 信息解读不同
- **市场和政府**
  - 看不见的手 — 市场
    - 价格信号 — 筛选需求程度
    - 交易双赢
    - 自私推动进步 — 满足消费者需要
    - **两部门市场循环** — 家庭-企业
    - （以上）→ **主观为自己，客观为社会**
  - 看得见的手 — 政府
    - 1 维护秩序
    - 2 提供公共设施和服务
    - 3 市场失灵，政府矫正 — 政府也会失灵，好心办坏事
    - **三部门市场循环** — 家庭-企业-政府
    - （以上）→ **第3章内容**

第三章

政府的干预——有形的手

第一节　市场失灵

推崇市场经济不代表无政府主义（上）

近几十年来随着制造业在国内的迅猛发展，2018 年我国人均 GDP 超过了 9500 美元，达到了中等收入水平。但高速发展带来的问题也越来越凸显，让我们不得不正视环境恶化问题的严重性，一句“金山银山，不如绿水青山”，引起了多少人的共鸣。

之前我们在市场均衡一节中讲过，“市场机制能指导资源配置，使总体效率最大化”。市场经济给大多数人的生活带来了质的飞跃，但其副作用也越来越凸显，这让越来越多的人开始反思，毫无管控的市场经济是好的吗？在市场经济中，政府有作为和无作为的边界又在哪儿呢？

要探讨这一问题，我们要先了解经济学中两个重要的概念：市场失灵和外部性。

1. 市场失灵

一般状态下，我们认为市场是有效率的，它能通过“供需关系”形成的市场均衡价格，指导资源分配，通过这样的市场机制，使整个社会的效率最大化。

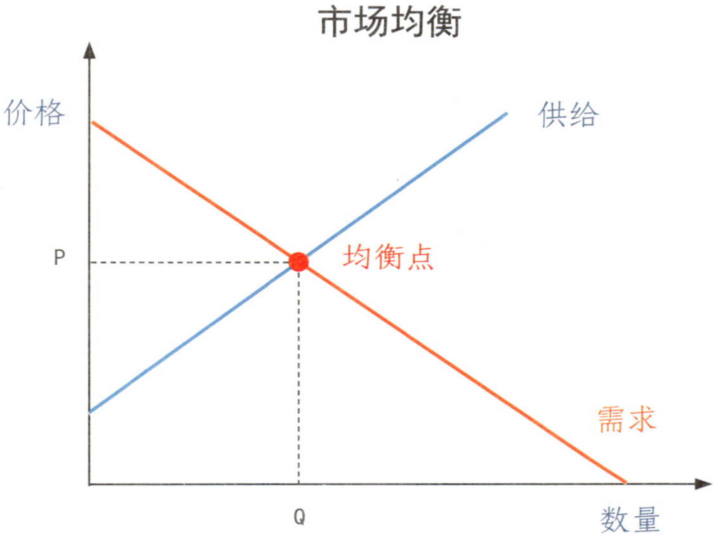

但其实市场有效率的状态是有前提条件的：

（1）市场的交易结果只能影响参与交易的买卖双方，不会影响到交易的不相关者。

（2）市场是完全竞争市场。完全竞争市场的特征包括：①所有市场内的商品都是同质的，没有区别；②供给者和需求者都非常多，没有任何一方可以影响市场价格，他们都是市场的接受者（“受价者”），而不是价格的决定者（“觅价者”）；③生产者进出市场是自由的，不受社会力量的限制；④市场内的信息是完全的。

但在这些假设不成立的情况下，市场不会达到“帕累托最优”，而是有改进空间的，这种状态被称为：市场失灵或市场无效率。

因此，一般导致市场失灵的原因主要有两个：

（1）外部性的存在（市场交易结果不只影响买卖双方）；

（2）市场中有垄断势力情况（非完全竞争市场）。

另一个重要的原因是我们在之前讨论过的信息不对称。因为信息不对称的问题比较复杂，我们在前面的章节有专门讨论过，所以我们这里主要探讨外部性和市场垄断势力的情况，并分析为何这两种情况会导致市场失灵。

2. 外部性

“外部性”，又称溢出效应、外部效应、外差效应，是导致市场失灵的第一个原因，指在市场活动中不只影响了参与交易的买卖双方，还对与交易无关的其他人有了影响。给其他人带来坏的影响的情况，属于负外部性；给其他人带来好的影响的情况，属于正外部性。

比如，工厂在生产中排放污水和废气，污染了环境，生活在周边的人喝到被污染的水、呼吸到对身体有害的空气，危害了其他人的身体健康。但这家企业依然保持着高额的利润，快速发展，甚至企业主赚得盆满钵满。这种企业排污使环境恶化的情况，给外部带来了负面的影响，就属于负外部性。

一个科研机构，经过数十年的研发，投入了数十亿的研发费用，发现了一种能治愈癌症的方法。其他企业对这个机构的研发成果争相效仿，他们开始把这种治愈癌症的方法商业化，帮助了众多的癌症患者。这种企业的研发，让更多人受益的情况，给外部带来了正面的影响，就属于正外部性。同属于正外部性的情况还有：科学发现、新兴技术的发展、教育的提供等。

负外部性让自然均衡情况下的市场处于无效状态，因为工厂产生的收益归自己所有，但负面效用不用自己承担，而是由他人承担，这让企业主（供给方）提供的供给量过高。

正外部性因为让更多其他人分走了收益，而自己没有收到应有的收益，这会让供给者没有足够的动力去做研发，而是让别人投入研发，自己坐收渔利，这让企业主（供给方）对这一市场的供给过少。

总之，无论是正外部性，还是负外部性，都是因为在市场活动中，不是“一人做事一人当”，而是“一人做事大家当”。正外部性是把好处分给了别人，负外部性是把损失分给了别人，这让市场均衡状态下的供给过少或过多，进而导致了市场失灵。

3. 市场垄断势力

导致市场失灵的第二个原因是市场中存在垄断势力。在实际市场中，很少有完全竞争市场的存在，我们经常看到很多市场中是有垄断势力的。

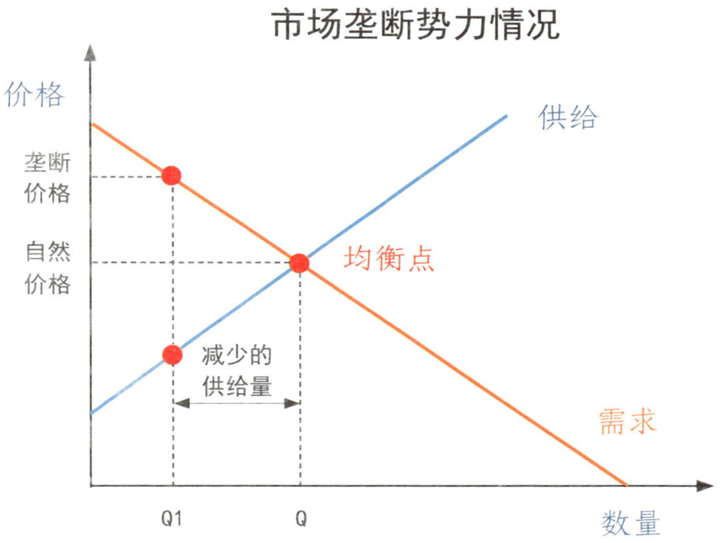

垄断势力方不再是市场价格的接受者，而是可以决定市场价格，他们会把价格定在均衡价格以上，以取得更多的垄断利润。我们之前讲过需求定律，价格的提高让市场上的需求降低，垄断者则以需定产，让供给量等于这个价格下的需求量，新的供给量从 Q 减少为 Q1，偏离了市场均衡状态。我们知道在均衡点时，社会总效率是最高的，而垄断势力的存在让社会的总效率降低，也就是市场处于失灵状态。

市场不总是有效率的，在一些情况下，市场是无效的。通常，外部性的存在和市场垄断势力会导致市场无法有效配置资源、指导分配，从而使市场失灵。经济学中的一个重要分支叫公共政策，主要研究的课题是市场失灵的现象，和通过哪些政策可以提高经济效率，矫正市场无效率状态。

下一节，我们就来讨论哪些政策可以解决市场失灵的问题。

思考

你能想到生活中有哪些具有外部性的情况吗？
人们是通过哪些方式解决外部性的问题的呢？

推崇市场经济不代表无政府主义（下）

经济学中的公共政策，就是研究政府怎样通过干预市场，纠正市场失灵，从而让市场更加有效的一个分支领域。上节我们讲了外部性和市场垄断势力会导致市场失灵，那么，政府是如何矫正市场失灵的呢？

我们分别从负外部性和正外部性两个角度来看。

1. 负外部性

以工厂的排污问题为例，一个工厂向河里排放了很多污水，这让整个城市的居民饮用水都受到了污染，但如果没有管控和惩罚，工厂老板不用为此付出任何代价，可能还会因此获得巨大的利润，赚得盆满钵满。

这时政府可以有两种办法处理：

（1）行政管制

政府可以对排污的工厂进行管制，给每个工厂分配排污指标。

（2）外部性内在化

什么叫外部性内在化呢？也就是工厂排污的代价需要工厂自己承担，把外部需要承担的后果由企业自己承担。把污水排给自己企业的员工喝显然不太行得通，于是就有了“污染税”和“排污罚款”。

还有一些经济学者建议可以买卖排污量。每个公司有排污限额，超过排污量的企业需要向其他公司购买，企业需要去找赚钱和排污费用之间的平衡。另外，也会鼓励企业购买环保设备，降低排污成本，省下来的排污额度还可以转卖赚钱。这个方法是行政管制和外部性内在化的结合应用。

2. 正外部性

教育是有正外部性的，一个社会里受良好教育的人越多，社会的进步会更快，人与人交流成本会更低，氛围会更和谐；抗癌药的开发也是有正外部性的，一个企业研发出了新药，如果没有保护，其他企业都可以批量生产，可能会让企业因无法得到相应的利润，而选择等着别人去做研发。

对于正外部性，供应者因为享受不到所提供服务应有的利润，而导致供应者过少的问题，政府采取的方法也有两种：

（1）政府提供服务或产品

比如教育，政府会给出一定的补贴，并且组织公办教育，这样可以保证大家用低廉的价格享受到教育服务。但和市场化教育相比又有一个劣势，就是同样的价格和标准没有办法通过市场竞争激励教育提供者把教育做得更好、更有竞争力。

（2）外部性内在化

如果有对全社会有利的技术进步、科研成果，都可以用专利保护的方式让它的正外部性内部化。比如新药的研发，会给予 20 年的专利保护，在这 20 年内药企可以取得垄断的利润回报，这样能够鼓励企业去做研发，做对社会有利的事。其实专利保护的本质就是界定发明和研发的产权，来使外部性内在化。

但药品的专利保护期是备受争议的，电影《我不是药神》产生的效用可见一斑，大家对药企在专利保护期药价之高是非常不满的，但事实是如果不能在保护期内收回利润，就没有企业有动力去研发新药。如果纵容仿制药自由流通，那就意味着未来没有什么企业投入大量资金去研发新药了。

理解了这个逻辑也就理解了所有专利保护、知识产权保护的逻辑。

当然还有非常有效的使正外部性内在化的方式是补贴或减税，都是对正外部性产业的鼓励。但是产业补贴一直是一个争议非常大的命题，有些企业会采取钻空子的方法骗取补贴，反而造成了资源的极大浪费，这个问题比较大，在这里就先不谈了。

3. 私人解决办法

除了政府管制、征税以外，其实市场失灵问题有时是可以通过私人的办法解决的。

（1）建立道德准则。我们知道污染排放对人身体不好，就会建立起道德准则，如果有人做了相关的事情，起码就会受道德谴责，无形也会增加企业恶性行为的成本。我们大家都倡导的不在公共场合吸烟、喧哗、乱丢垃圾等，其实都是通过道德准则，让负外部性内部化，起码让人们会因为做了不好的事情受指责，背负不好的名声。

（2）私人谈判。工厂排污对附近居民造成了污染，附近居民可以团结起来，去向企业索要补偿，如果不给补偿，他们就会干扰工厂的正常生产；或者和工厂谈判买一个净化设备，比如居民出一部分，工厂出一部分，双方都会权衡利弊，最终一定会有一个出价点让双方都觉得可以接受。

经济学中的科斯定理其实可以对私人谈判的情况作出解释：

如果在交易过程中是没有摩擦、没有成本的，那么一定会形成资源最有效的配置。

也就是说，如果双方没有谈判成本，他们肯定有一个方式达成和解，且对双方都更有利。

但是要注意，这个有效和解的条件是，谈判过程是没有成本的，可实际并非如此。因为涉及的各方群体非常多，情况可能非常复杂，受害者有很多，有的觉得可以接受赔偿 5 万作补偿，有的觉得接受不了，有的觉得可以付 500 元帮工厂装上净化器，有的人又不同意，种种原因导致这种谈判经常无法达成共识。

因此，在实际情况中，政府通过统一的协调、税收、规则的界定，来解决外部性的问题，是更加适用和合理的。

一些盲目推崇市场经济的经济学者，似乎总是谈政府色变。他们认为任何有政府的手干预市场的行为，都是让市场无效率的原因。我们通过上述的说明知道，因为市场有时自身就会失灵，也就是不那么有效率。当市场有外部性时，让市场的资源配置没有达到最优，政府可以限制污染排放，减少生产经营活动中的负外部性，政府可以保护知识产权、给予惠及全人类的一些科技项目补贴，鼓励富有正外部性的行为，让社会效率进一步提高。

我们需要不断界定的是，哪些是政府擅长但市场自身解决不了的问题，哪些又是适合让市场独立发展，不需要政府随便干预的。而不是简单地说，政府干预市场就是错的，就是违背经济规律的。这才是一个理智的思考者认识世界的方式。

思考

给一栋没有电梯的住宅楼装上电梯容易吗？通常是怎么解决这个问题的呢？

第二节　价格管控

要求中介不涨房租，真的能缓解北京租房压力吗?

2018年，北京房租涨幅过快成了热点，对此情况，中介行业协会于2018年8月召开座谈会，向中介公司提出了两个要求：增加房源12万套，不可涨租。

那么，这次的房租管控事件是否可行，又是否会有效果呢？下面我们就对此进行分析，并预测一下管控的结果。

对于房价上涨的原因，在本书中暂不详细探讨了，其实我们只要了解一下房屋“租售比”“租金回报率”这一类指标，就能理解为何租金会涨得这么迅速，也就能理解中介不过是“背锅侠”而已，它们并不是房租上涨的原因。

回答房租管控问题，我们需要了解经济学里的“价格管控”原理。

1. 价格管控

价格管控就是通过政府或人为手段干预市场自然形成的价格。

之前我们在《市场商品那么多，价格是谁定的？》中讲过，市场的价格是买家和卖家在供需关系中自然形成的价格。

这个均衡价格是需求曲线和供给曲线的交点。

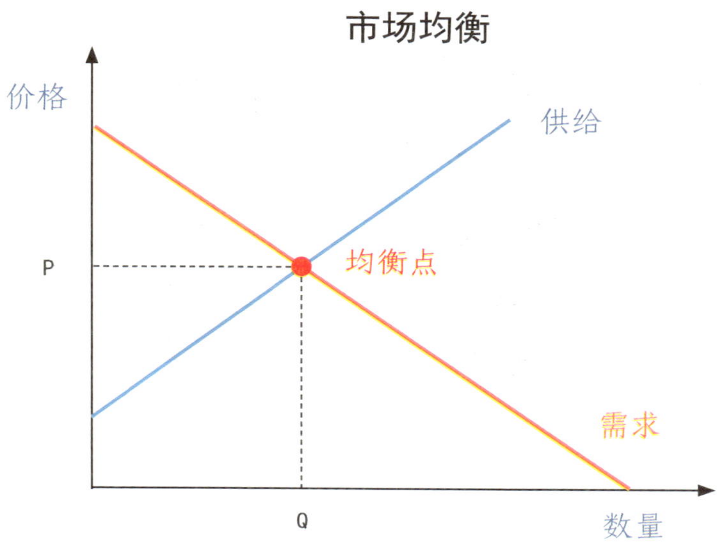

而价格管控呢？就是不管这个均衡点是多少，政府说定多少，卖家和买家都必须接受这个价格。政府对价格进行管控，是一种典型的“政府干预市场”的情况。

对于价格管控，有两种情况：设置价格上限和设置价格下限。

本次的租房问题，主要涉及的是价格上限的情况。

2. 价格上限

价格上限如果设置在市场均衡价格以上，则没有意义。

因为本来市场价就是 50 元，政府说要把价格管控在 80 元以下，这种管控没有任何作用，我们也没有讨论的必要。

如果想要价格上限有意义，就必须将其设置在均衡价格以下。

如果价格设置得比市场价格低会发生什么情况呢？还是拿西红柿市场作例子吧，如果西红柿市场价 2 元 / 斤，政府忽然规定，价格不得超过 0.5 元 / 斤，会发生什么呢？

从买家来看，会有更多的人想买，用西红柿替代一些其他类似的蔬菜水果。

从卖家来看，会有更少的人想卖，因为卖西红柿不赚钱了。

那么就会造成西红柿卖家减少，而买家增多，也就是出现供小于求的情况。

短缺：当政府对市场实行了价格上限，造成了物品的短缺。

需要注意的是，短缺和稀缺的含义不同，短缺是人为设置价格上限造成的，稀缺是自然状况下的稀少（如钻石、黄金、五星级酒店）。

买家想要买到西红柿，因为价格管制，又不能通过出高一些价格买到东西，又会发生什么情况呢？消费者需要用其他方式去竞争商品。比如：排队（消耗时间去竞争）、寻租（贿赂卖家）。

3. 延伸："黄牛"问题

价格上限管控还可能会催生"黄牛"。卖家还以0.5元1斤的价格卖西红柿，但是"黄牛"每斤收取1.5元的代购费，买家以2元1斤的价格就可以买到想要的西红柿了。

想想有"黄牛"产生的行业，情况都是类似的，比如医院的号贩子、代购火车票的票贩。

哪怕是演唱会有"黄牛"，也是因为演唱会门票的价格定低了，而不是"黄牛"推高了价格。我们需要时刻牢记的是，买卖都是自愿的，因为即便价格提高了，还是有人愿意买，并没有强买强卖。演唱会门票定价8000元1张，旁观者说太贵了。有人说万恶的"黄牛"把价格炒到了1万元1张，可是他逼着每个人必须用1万元买了吗？并没有。

如果说每张门票定价8000元刚好是均衡价，那么"黄牛"炒到每张1万元的票，就会因为价格太高，买者减少，而卖不出去，最后还是要降价出售，这样他是赚不到钱的。如果能赚到钱，说明有更多的买者在竞争，如果不以价格竞争，就会以其他的方式竞争，如排队、寻租。

这次的房租问题，就很类似于演唱会问题，没有强买强卖，不过是中介公司对市场更为敏感，让租金更快到达了市场应有的价格。

以我知道的租房情况为例：一套95平米的两居室，租金1万元，房源少，愿意租的人却很多。比如5个人都想租，这个房子最后的租金可能就变成了1.2万。但因为政府要求租金保持1万房租不变，这5个人就需要以其他的方式竞争，其中四个人都租不到房子。但如果房租自然上涨到1.2万，很多人就都会把房子租出去，这样房源的数量变多了，另外四个人也就能租到心仪的房子。

关于“黄牛”问题，这里你只要明白，无论是就医“黄牛”、火车票“黄牛”、演唱会“黄牛”等问题，其根源都是一样的：价格定低了，造成了短缺。可能是政府管控的结果，也可能是商家自行定价没有做好。

根据之前的供需分析理论，下图是需求曲线和供给曲线图，如果价格上限设置在均衡点以下，我们能看到，需求量很高，供给量很低，之间的差值就是短缺的部分，注定会有很多买家不能买到商品或享受到服务。

既然不能用价格来竞争，买家就需要用排队等方式来竞争，所以市场短缺时常伴随着排队的现象。排队，是对时间的无谓消耗。排队的时间，本可以从事生产或其他有价值的事情。我们之前说过，经济学里成本的概念不只是付出的金钱，还有机会。对个人来讲，排队浪费了消费者的时间；对整个社会而言带来的是整个社会的低效。

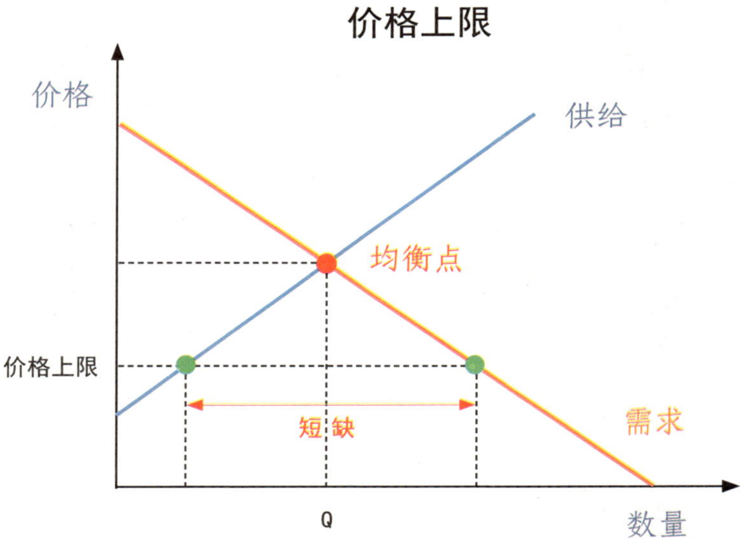

4. 设置价格上限原因

有人可能会问，既然这样，为什么政府总是要管控价格，为什么要设置租金上限呢?

（1）因为政府作为决策者，觉得用价格竞争有失公平，价格上限的设置，都是为了帮助穷人。

（2）设置租金上限，也是为了平复民怨。当很多民众觉得租金上涨过快，觉得“黑中介”早就应该管管时，顺应民意的最简单办法就是设置房租上限。

但是，设置价格上限的最终结果可能往往事与愿违，因为租金上限管控，会导致租房竞争者更多，而愿意把房子拿出来出租的人则会减少。那么会出现三种情况：

（1）因为租金上限，更多的人租不到房子。

（2）可能让租到的房屋情况很差。因为在有多个竞争者的情况下，房东可以不去修缮房屋、改善房屋状况，也可以说明水电和房屋任何质量问题都不会保障，谁能接受就租给谁。

（3）房东可能会附加一些房租之外的其他费用。如附加的服务费、折旧费、家具使用费等，让被管控部分的房租回归市场价格，这种情况下管控无效。

5. 二战后美国房租管制的后果

二战之后，在美国以纽约为代表的很多城市都实行了“房租管制”，设置了房租上限——这个价格当然要比市场自然价格便宜。这本是一个非常良好的愿望，那后果怎样呢?

房租虽然便宜了，但是愿意出租房子的人变少了，想要租房的人有增无减，也就形成了房价市场的“短缺”情况。

（1）有房子的人不愿意把房子出租，因为出租的收益减少了。

（2）租到房子的人发现，出租房的状况非常差。因为如果租金多一些，房东会在现有的住房情况下多做一些改善来和其他出租者竞争，但房租管制，本来租房就已经供不应求，再破的房子也有人来抢，房东自然没有动力去做房屋的修缮。

（3）在美国，房地产商本来会专门建设出租的公寓，但因为价格降低，新建的出租公寓也减少了。

（4）租房者需要被迫缴纳很多费用，如出租屋的押金、管理费、家具费等。对租房者来说，缴纳的租房费用未见得就减少了。

总之，美国政府动用公权力，进行房屋租金管制，并没有让租房者的情况改善，反而让更多的租房者租不到房。

另外，你还可以去看一下罗伯特·许廷格、埃蒙·巴特勒所著的《四千年通胀史》中的一篇——《二战后的美国房租管制：一场昂贵的失败》，讲的就是这一段历史。

今天，我们讲了价格管控中的价格上限情况、价格上限会造成短缺、延伸的“黄牛”问题，最后还分析了价格上限管控的原因和可能导致的后果。

后面在宏观经济学篇中，我们还会谈论“最低工资法”这种法规对薪资进行管控的后果。

思考

请你思考一下，我们身边发生过哪些管制事件呢？它的结果是成功还是失败的？

第三节　产权的保护

为什么经济学家都爱说产权？

我们在学习经济学的时候，看经济学家的演讲和相关新闻时，会发现一个普遍的现象：经济学家们特别爱讲产权。很多人会觉得产权不应该是法律相关的概念吗？为什么经济学家说“产权”这个词，甚至比说“经济”这个词都多？这一篇我们就来聊聊产权对经济学有多重要。

1. 什么是产权？

首先说说什么是产权，百度百科是这么说的：“产权是经济所有制关系的法律表现形式”。通常我们只需关注产权的三个要素即可：使用权、收益权、转让权。

第一个使用权是最容易实现的，你拥有一个物品的产权自然可以使用它，但是只有使用权不够，租房还有使用权呢。

第二个收益权是指通过这一物品所获取的收益，是归产权所有者的。你租来的地，开了饭店赚了钱，这个钱归你，也拥有收益权，但是你还是不能说拥有了完整的产权。

第三个转让权是产权的最高级别体现了，只有你拥有了一个物品的转让权时，你才拥有了产权。比如，租到的房子你是无权转卖的，因为你并不拥有房子的产权，只有产权所有者才拥有房子的使用权、收益权、转让权。

我们首先知道了产权的三个要素，下面来看看为何在经济学中产权如此重要，我们先要从一个故事说起。

2. 小红和小绿的故事

经济学里特别喜欢讲的故事是交换的故事：小红和小绿之前各自种菜养牛，自给自足，后来小红和小绿分别只做自己有比较优势的事，小红种菜，小绿养牛，两个人再交换，能让两个人的生活情况都得到改善。

我们经常说这个故事是经济学的精髓，分工协作再交易能让双方都受益。比较优势原理从人和人之间扩展到企业和企业之间，再大到国和国之间，这一原理也奠定了贸易全球化的基础。

但是这个故事是有个前提的，要以产权的界定为基础。

3. 没有产权时小红和小绿的故事

想象一下，在原始时期没有产权的时候，社会是什么样的呢?

这个故事就变成了这样：小红和小绿之前各自种菜养牛，自给自足，后来小红发现了小绿，小红把小绿打晕，把他变成了自己的奴隶，让小绿给她种菜、养牛，把他所有的劳动成果据为己有。

这就是为什么几乎所有文明的初期形态都是奴隶制。

没有产权的定义，哪来的交易？弱肉强食罢了。

这时保护自身的权益要靠武力，但是被保护的东西需要付出的代价越大，被保护的东西本身价值就变得越低。

产权制度的建立就是用更少的消耗，保护更多的价值。

不过奴隶制的推进，也推进了产权的意识。因为小红打晕了别人，怕自己也被别人打晕抓走，怕自己的奴隶也被别人打晕抓走，这是很多奴隶主都会有的想法。所以，后来奴隶主拥有了奴隶的产权，也拥有了奴隶所生产的物资的产权。

产权之后是什么呢？大家就要思考，人是“产”吗？人是不是要拥有人权呢？奴隶应该归属于奴隶主吗？后面的故事，大家就都知道了，人是拥有自身权利的，他人不能作为私有物占有。

奴隶主想保护自身利益的产权，最终竟然摧毁了奴隶制度本身。

4. 产权有多重要

其实我们在生活中，往往觉得产权就是自己的东西不能被抢走，这是非常片面的。中国人的产权意识历来就是薄弱的，有很多产权被侵害的情况发生却不自知。

（1）共享单车的问题

拿共享单车来说，当共享单车出现在大街小巷时，估计很多人也都有过一点疑问：公共的用地可以随便利用吗？这是第一个产权的问题。

当共享单车又从大街小巷，被像垃圾一样堆在处理场，你有没有质疑过，这样算不算侵害共享单车（摩拜、ofo、小蓝车）公司的权益呢？这是第二个产权的问题。

当有人把共享单车从桥上扔到河里，拍成短视频火遍全国的时候，除了道德的谴责，你有没有觉得这是侵犯了产权？这是第三个产权的问题。

（2）免费加班的问题

2019 年年初，在一个经济学群里，有人发了中国年轻人狂加班过劳死的新闻，大家讨论了国内各种加班盛行的情况，但是这个情况在欧美就比较罕见。经过一位老师的提点，大家才发现，这个现象追根究底也是“产权意识薄弱”的问题，人的时间也是产权。

（3）房产税的问题

房产税一直要推行，但是其实根本的一个问题没有解决。我们都不拥有土地的产权，土地是归属于国家的，个人只是租用土地，我们没有土地的产权，只有使用权。房地产属于财产税，房与地都属于个人财产，才能从法律上收取属于个人财产的财产税。我们如果收房产税，就会有从法律上说不通的问题，这也是一个亟需解释的问题。

我们去看一下美国这种收取房产税的国家，首先土地是私有的，在这个条件上才可以收财产税。很多经济学者期望着能够通过房产税的立法推进，让人民拥有土地的财产权，这是一种很好的期望。

产权问题围绕在我们身边的每个角落，也因为太普遍，会一不小心就忽略了产权问题的严峻性。我们简单在百度上搜索一下，就能看到很多知名经济学家讨论产权的演讲和文章，足见产权的重要性。

产权这个概念在经济学中之所以如此重要，是因为它是市场经济的基石。没有产权保护，就没有经济的向前发展。

我们想象一下，如果产权得不到保障，你的劳动成果可以随意被人拿走，你就不会去自己劳动，而是去偷去抢别人的劳动成果。

如果一个人要买房子，但房子随时可能会被收走，那么就不会有人买房子，自然也没人盖房子。

一个国家制度的完善程度就决定了一个国家的经济发展可以走多快、走多远。

新兴经济体初期的产权制度可能不完善，但是如果想长远地发展，一定要完善产权制度。现在我国也是处于这个阶段，产权制度的完善就被视为最重要的事情之一。而这也正是经济学家时常为“产权”制度而劳心的原因。

思考

你觉得生活中有什么产权问题？怎样解决这一问题呢？

公地悲剧：国庆出行，你又被高速堵了吗？

从2012年我国宣布了重大节假日高速免费之后，今年已经是第八个年头了，相信很多人对这一政策的认识已经从一边倒的拍手称赞，开始慢慢松动了。

刚开始这确实是一个“让利于民”“便民”的政策，可现在，越来越多的人开始隐隐觉得哪里有些不对，国庆的出行讨论，也越来越离不开一个字，就是“堵”。

好好的高速路变成了停车场，甚至有了“去高速卖米粉，8 天资产上亿”的戏谑说法。

在《通往奴役之路》一书中，哈耶克告诉我们“通往地狱的道路，往往由鲜花铺就”，而经济学则揭示了美好的愿望却造成残酷现实的深层原因。这免费的高速路，就是一个典型的愿望很美好，却好心办坏事的例证。

我们从两个方面来看看这“高速免费”政策：1. 堵车现象背后的原因；2. 政策出台的目标和结果。

1. 堵车现象背后的原因

免费高速政策导致堵车现象背后的根本就是产权不明晰导致的“公地悲剧”问题。

（1）公地的悲剧

经济学里一个经典的现象叫“公地悲剧”。我现在来讲讲一株公地桃子树的悲剧。

比如，一个地方盛产桃子，每家每户种自己的桃树，但有一片地上的桃树是公有的，那么这片地上的桃树上一定看不到成熟的大桃子，为什么呢?

因为公有意味着人人都拥有，人人也都没有排他的产权。你今天经过这株桃树，你就会想“我不摘走这个桃子，一会儿别人也会摘走”，人人都有这种占便宜的想法，于是桃子刚长出来就被摘走了，根本等不到成熟。

而在种植这株桃树时，会有人努力劳作吗?也不会，因为种植了之后，成果不归劳动者，而是归大家所有。

明确的产权会有什么好处?对比一下自己种植的桃树就知道了。因为你拥有排他的使用权、收益权，你会用心培育这株桃树，当它挂果时，你会耐心等待它成熟，因为成熟后，你能吃到更美味多汁的桃子，也能把更成熟饱满的桃子卖出更好的价钱。

井田制

明晰的产权，让你耐心投入，耐心等待更高的收益。

你现在应该就明白“大锅饭模式”效率低下的原因了吧，你也应该知道了，“井田制”执行不下去的原因了吧，这都是因为产权不明晰导致的公地悲剧。

（2）免费高速版“公地的悲剧”

免费高速公路的问题就是让道路的产权变得非常不明晰。说到这你一定有疑问，不对啊，公路本来就是“公有”的，不然怎么叫“公路”？这就牵涉到经济学里“公用品”和“私用品”的分类。烟花、路灯、国防其实是比较有代表性的公用品，它们在被使用时，是不影响其他人同时使用它的。但道路其实是私用品，因为别人在占用这个路段的同时，你是不能同时在这个位置上使用它的。所以驾车时你总是心烦别人占了“你”的路、抢了“你”的车道，这时候你想想，道路根本不是公用品，如果是的话，别人怎么开车，根本不会影响到你。

跟刚才那株公地上的桃树一样，因为“不占便宜就是吃亏”的人性，国庆期间的免费高速路也酿成了一场“公地的悲剧”，高速公路成了低速公路，甚至成了“停车场”。

那么解决免费高速公地悲剧问题的办法是什么？用高速费去筛选需求，付费的人拥有使用权，把本来没有需求，只是想“占便宜”的人筛选在外，就这么简单。

让高速公路依然是“高速”公路，不是低速公路，不是“停车场”。

想使用免费路的人，装个导航选择“躲避收费路段”，走免费路段就好。

2. 政策出台的目的和结果

既然已经说了免费高速公路酿成悲剧的原因，我们也来简单分析一下为什么会有这样的政策出台，而实际的结果又是如何。

(1) 便民让利

高速公路免费这个政策的推行有很多原因，我们都愿意相信这个政策背后是善意的推动，相信政策制定者的初衷是好的，那就是为了便民、让利。

当然，结果大家也都看到了，这项政策为经济学研究的“好心办坏事”现象，增加了一例鲜明的例证。

(2) 拉动旅游业经济

假期你在家里宅着也是宅着，一个高速费几十元，可能让你足不出户。政府让点利出来，你抱着免费占便宜的心理，出去走走，购物也好，景点观光也好，都拉动了消费。

政府放小利抓大利，杠杆思维也是高招。

根据中华新闻网报道：2018 年 10 月 1 日至 4 日，4 天时间内，全国共接待国内游客 5.02 亿人次，同比增长 8.80%；实现国内旅游收入 4169 亿元，同比增长 8.12%。

当然没有“无免费高速公路”情景下的对照组进行对照，也不好推测多少旅游经济收入拉动是由免费高速公路带来的。从这个角度来看，道路效率的损失，和对旅游经济的刺激孰轻孰重，不好评估。

（3）分流公共交通

有一个说法在这个“国庆高速公路免费通行政策”问题探讨时经常被拿出来讨论：

“国庆高速免费通行这个政策，在经济学家眼里，是一个非常愚蠢的策略。公共收费是调节社会贫富的工具，买得起车的都不是最穷的，最穷的人都在坐火车或公共汽车。政府要真想给穷人一些福利，这七天高铁和公共汽车应该全免费，让广大民工低成本回家探亲，而不是高速免费。”

乍一看觉得有点道理，似乎是免费“错配”了，但一经细想非常经不起推敲。这根本就不是地道的“经济学思维”，因为这是赤裸裸地将一个非常失败的“公地悲剧”转嫁给火车、公共汽车领域，会酿成更惨烈的公地悲剧，简直是唯恐天下不乱！

设想一下最极端的春运场景，现在已经是不堪重负的公共交通运输，如果全国免费，会是怎样的场景，不通过价格方式筛选和竞争，必定会通过其他方式竞争，权力寻租或排队等候，首先造成巨大的资源浪费不说，更重要的是，一旦火车免费，最穷的人一定是最后享受到免费火车票的人！

但顺着这个方向来想，我似乎也找到了免费高速政策可能带来的好处：驾车出行的起码是中产阶级以上的群体，最底层的穷人是没有办法买车和驾车出行的。那么，如果更多的中产阶级选择自驾车出行，反而可能让农民更容易买到出行和返程的车票。

当然这一点带来的有限好处，我认为并不能抵消全国高速大堵车带来的效率浪费。

（4）高速公路修建商的收益权延期

还有一些学者提出：高速路的修建商因为高速公路通行免费，能够以此为由申请收费的权益延期。

我认为这并不是支持“高速公路通行免费”的原因，我更愿意相信这是个结果。而且，让修路者因为收益减损延期无可厚非。

当然，我更希望的是大家都能驾车走上“真正的”高速公路。所以，最简单的方法就是假期让高速公路正常收费，让“高速”依然是“高速”。

这一节我们借由“免费高速路”导致的大堵车现象，向你介绍了“公地悲剧”，还解释了因为产权不明晰问题导致了“公地悲剧”现象，希望你能对产权和“公地”现象有更深的理解。

思考

1. 除了理解国庆堵车现象以外，你有什么“国庆出行防堵策略”吗？你为了假期防堵车都做了什么选择呢？

2. 为什么野生动物会面临灭绝，而鸡、牛、羊这些家养动物不会有灭绝危险呢？

第四节 专利的保护

若遍地都是仿制药“英雄”，可能再无新药推出

流泪看完电影《我不是药神》，我被人物打动，也因为无奈而痛心。平复心情后想想，面对问题若只有无奈，又和蝼蚁何异？2018年，我的一位亲属被查出患有淋巴肿瘤，我彻夜无眠，又重新思考了一下这一社会问题。

在电影里，程勇是英雄，救了千万罹患白血病的人，现实中的“药侠”陆勇也救助了很多买不起原版药的病人。

但我要问一个问题，如果满世界都是程勇这样的英雄，会发生什么情况？

抱歉，答案可能是很残酷的，医药企业再无动力去研发新药，可能再无新药推出。

网络议论此电影的文章不少，却很少说得全面，一些人不懂经济学，还有一些人号称经济学者，也令人失望地有一些逻辑谬误。

纵观仿制药相关问题文章中常见的谬误观点，总结下来大概有以下四种错误，且一种比一种错得更可怕，下面我们逐一来讲。

1. 原版药公司必定有超额利润，而且一定要保障专利期内的超额利润

第一个错误的观点是：因为药品的成本高，所以价格必然就高。我在第二

章第五节《北京房价高不是因为政府拍地价格高》中讲过供需决定价格，而不是成本决定价格。专利保护是为了保障原版药品公司的超额利润，才有更多的公司和投资人愿意进行超高成本的投资。

而不是成本高，所以药品价格高。如果医疗行业和其他行业一样，都是一个平均的利润率，都是利润 = 成本 × 固定利润率，比如 10%，那医药企业哪里来的动力在前期进行大量的资本投资，再经历那么长的等待回本周期？简简单单去开一个利润率也是 10% 的毛巾厂就好了。

根据 2016 年德勤会计事务所发布的一份研究报告，对 12 家大型药企持续 6 年的追踪结果显示：开发一种新药平均需要花费 14.9 年的时间与 15 亿美元；在这 15 亿美元的开发费用当中，又有 40% 是在进入临床试验阶段之前就要投入的；在进入临床试验阶段的药品中，只有 18% 是获得最终批准的。也就是说，前期投入的 6 亿美元，大多数都打了水漂，可见研究的结果有多不确定。

那么如果高风险的研发没有超额利润作为保障，是很难鼓励企业做研发和创新的。

专利期带来的是一定时间内的垄断，垄断者是觅价者，自己有定价权，在这段时间内可以收取高额利润，才会让更多的科学家、投资者和企业家前赴后继的投入到新药品的研发中，这才可能有更多的新药品被研发出来。

而且医疗企业也不是傻子，如果把价格定得过高，购买者的数量会非常少，他们产生可观利润也是不可能的。他们会以一定的利润为目标，估算出合适的市场定价。

这里简单科普一下专利药、原研药、仿制药的区别：

专利药：药企拥有研发专利，药品在专利保护期内，一般 20 年。

原研药：药品过了专利期，由研发企业生产的原版药品，专利到期后，价格会大幅下降。

仿制药：专利到期后，对原研药同等治疗效果的仿制品，这是合法的。但很多仿制药是在专利药品没到期，很多重疾病人急着用药，因为有市场，有很多企业在专利期内就开始仿制，因为涉及大规模的生命问题，也被迫合法化了。印度的很多仿制药就是这种情况。

2. 原版药品公司才是拯救大家的人

现在有一种很可怕的观念：觉得仿制药救了大家，起码是仿制药拯救了买不起原版药的穷人。但是没有专利药何来仿制药？鼓励新的专利药不断被研发、通过临床实验，才是真正造福人类的事情。

如果仿制药品泛滥，医疗方向科研人员没有收益保障，专利药公司无利可图，甚至收回成本都困难，今后还有谁会去开发新的药品，解决现在医疗尚未能被治愈的疾病？

3. 抱歉，没有20年的专利保护，没有人有动力去做研发

美国现在有大量的科技创新和医疗创新突破，其中的重要原因之一是，在1980年，美国政府颁布了《拜杜法案》。在《拜杜法案》之前，科研项目都是由国家拨款，申请了专利，项目就算完成了。但这些专利都没有转为民用、商用，浪费了大量资源。

《拜杜法案》的核心是允许知识产权的商用，由科学家和公司合作，把专利进行商业转化，并把商业的利益归公司和专利发明者所有。这就大大激励了企业和科学家研发和转化的积极性。

专利的保护以及专利能带来的商业价值，让更多的人愿意投入到科技创新、新药的研发和临床应用中，否则在100年间，都未见得能出现“格列卫”（电影中格列宁的原型）这类抗癌药品，20年的专利期，让买得起的患者提前100年享受到了药品，买不起的穷人也提前80年享受到了药品。

那么这20年中，买不起的人怎么办？抱歉，我也没有答案。生活和现实

的选择就是如此残忍。没钱购买原版药，如果有机会买到仿制药，人人都会去买，换作我也不例外。但社会要鼓励创新，让未来更多的人受益，卖仿制药的人，一定要抓。

真正的悲剧，不在善恶之间，而在两难之间。

我很感动于程勇的仁义大爱，他也是我心中的英雄，但社会容不下太多这样的英雄，因为如果遍地都是程勇，可能再无药厂愿意研发新药。你如果说要凭仁心、凭慈善，你愿意去吗？你若愿意，又能有多少人也愿意呢？但在利益面前却不同，有大把大把的投资人去投资研发，未来有更多的人受益。你瞧不起的商业模式、市场经济，恰恰拯救了越来越多的人。

支付宝、滴滴、微信层出，让我们享受到更低价甚至免费的服务，让我们的生活越来越便利。背后推动他们的并不是诸多创始人不惜成本为民服务的热忱，反而恰恰是背后的商业利益在起作用。所以，让慈善商业化、市场化，才能让慈善事业更有效地改变世界。

4. 重新设置专利保护年限

有人建议，不如把专利保护期调短，比如改成 10 年？医药企业需要获取高额利润，若改成 10 年，只能把价格进一步抬高。如果限制不许抬高价格，企业利润减半，就会失去研发动力，若利润减半，则动力减半，未来研发的新药就更少了。

前面说了这么多，难道只是为制度和法律解释缘由，没有任何办法吗？其实解决方案是有一些的，而且国家也在制定新的政策，也在不断摸索。

（1）国家进口抗癌药免除关税。

这个方案在我国 2018 年 5 月已经开始实行了，这降低了一部分专利药、原研药的成本。

（2）尽快促进到期专利药品的仿制药合法进口，降低用药成本。

对于超过专利期的药品，鼓励仿制药合法的进口和在国内生产，也促进原研药降价，让更多病人享受到药品的医疗效果。

（3）全民医保覆盖？个人认为未见得是好的解决方案。

很多省市医保添加了进口抗癌药、靶向药，看起来确实能解决很多医药费高昂，自己无法承担的问题。

但是再细想又不对，其实全民医保不是真正的保险，而是一种福利制度。医保上缴的总金额就那么多，金额是有限的，把很多昂贵的靶向药、抗癌药加入报销行列，必定有其他病症的人因此受损，比如可能会出现一些其他药品的缺货，还有很多医院根本就不会进口靶向药，如果没有被问及，医院也不会告知有昂贵的靶向药治疗方法。

全社会医保赔付的总金额有限，必定有人因此受害，这只是一种重新切分蛋糕的方式而已。

如果提高医保缴纳金额，或许可以解决这个问题，新昂贵药品纳入医保，提高缴纳额，才是应该的。但医保又是强制缴纳，这反而又降低了大家的福利，增加了负担。

（4）降低行业壁垒，鼓励医疗企业创新。

第四个需要考虑的是如果鼓励医疗企业创新，解决方案就是引入竞争机制。如果降低行业壁垒，让更多有能力、有资源的企业都可以进入医药行业，通过竞争，可能会激活我国医疗行业的活力。

有人说让互联网公司进入医疗企业制药，大家哪能放心？解决办法很简单，宽进严出即可。降低进入门槛，让更多企业互相竞争。在临床实验上，以一样的严苛标准把控，就能保证研发出的药品是安全的。

但要注意的是，在把控严出的出口处，企业对权力机关人员的权力寻租问题。

（5）正视商业保险，个人可接受范围内自购保险。

我们这一代，从小可能就对保险有误解，很多人都觉得保险就是骗人、浪费钱的。当遇到了重大的意外和疾病，才发现保险的重要性。

在个人经济能力可以接受的范围内，建议配置一些保险，包括：补充医疗险、意外险、重疾险、寿险等，来规避意外给人生带来更大的变故。

个人保险是根据能力自行配置的，这和全民强制的提高医保金额又有所不同，每个人因需而定，量力而行。保险公司会根据人群分类和风险分摊原则，计算出适合的保额。另外，要提醒的是建议投入保险的金额不要超过收入的 10%。

最后，我想用三句话总结一下这个问题：

第一，对科研专利的商业转化，才能让更多患者受益；

第二，没有专利保护就没有进步，科技如此，医疗行业也是如此；

第三，作为个人，如果经济条件允许，按需购买一些保险，分摊未来的不确定性。

政府的干预（有形的手）

- **市场失灵**
  - 市场有时是无效率的
  - 主要原因
    - 1 外部性的存在
      - 正外部性：行为所对应的收益，部分或全部让外部承担
      - 负外部性：行为所对应的损失，部分或全部让外部承担
    - 2 市场垄断势力：供给少，获得垄断利润
  - → 公共政策
- **价格管控**
  - 政府通过行政手段，干预市场价格的形成
  - 两种情况
    - 价格上限
      - 供小于求
      - **短缺**
    - 价格下限
      - 供大于求
      - **过剩**
- **产权的保护**
  - 三要素
    - 1 使用权
    - 2 收益权
    - 3 转让权
  - 无产权则无交易：以更少的成本，保护更多的价值
  - 现象：**公地悲剧**
- **专利的保护**
  - 《拜杜法案》：允许知识产权商用
  - 专利带来的商业价值
    - 鼓励更多人投入研发中
    - 企业家把专利成果商业化
    - → 未来更多人受益

中篇

宏观经济学篇

第一章

经济增长

第一节 宏观经济分析框架

什么？宏观经济学竟然就这么简单？

之前的微观经济学已经完结，从这一节起，我正式开始为你们介绍宏观经济学整体的分析逻辑和框架。

我梳理这个宏观经济学框架的目的是：希望你们在宏观经济学习中能少走一些弯路。因为宏观经济学涉及的指标、数据太多太杂了，我在摸索和学习过程中，花费了很长的时间才找到了门路。所以我希望从一开始，就帮你们从整体的框架出发，为你们搭出宏观分析的骨头架子，至于血和肉我们之后再慢慢填进去，循序渐进，你可能就会发现宏观经济学非常有趣，而且非常有用。

1. 宏观经济学和微观经济学

之前我们讲过，经济学理论分为两个方向：“微观经济学”和“宏观经济学”。

微观经济学，可以指导我们每个人的生活决策，可以说是上至工作选择，下至儿女私情，所以我在微观经济学篇写过《安逸舒适的工作，该享受还是远离？》，还写过《你的伴侣在家一直玩手机是不在乎你吗？》等。

但是，说到宏观经济学大家就会觉得很困惑：宏观经济学和我们有什么关系吗？成天都是一些 GDP、CPI、PMI 指数，都是什么意思？起初接触宏观经济学时，我也很困惑，但渐渐地我发现宏观经济学有两个用途：就国家而言，可以指导国家更好地发展；就个人而言，我们了解宏观形势，能指导个人在合适的时间做合适的资产配置，真正可以赚到钱。该买房时买房，该炒股时炒股，该买黄金避险时买黄金，这些踩对了时机的决策，甚至可以帮我们做到跨越阶层的资产升级。

总而言之，对个人而言，微观经济学的思考能实现个人价值的提升，而宏观经济学的学习，能实现个人资产价值的提升。

2. 宏观经济学的分析框架

其实宏观经济学的核心就是研究两件事：经济的趋势（经济增长）和经济的波动（经济周期）。下面我们就逐一加以说明。

（1）经济的趋势

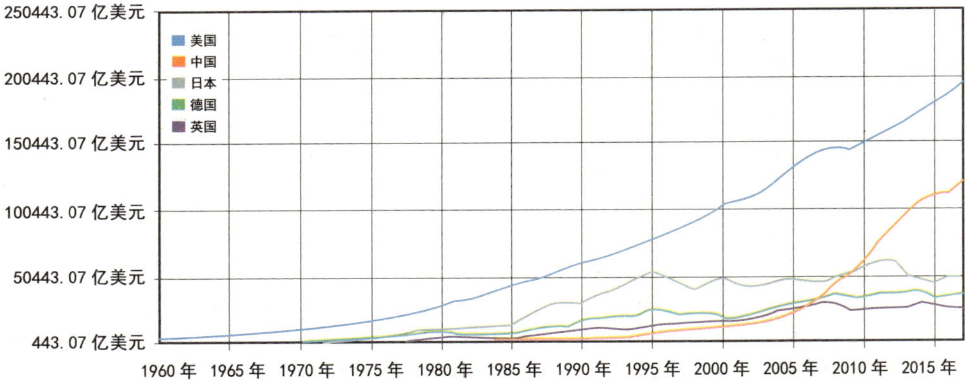

图 1 全球主要经济体 GDP 走势图

数据来源：快易数据

现在先来看图 1 的各主要经济体 GDP 走势图，我们先不具体介绍 GDP 的含义，后面的文章会详细说明，现在只要知道 GDP 是衡量一国经济水平的最重要指标就可以了。

从图中我们可以看出中美两国经济增长的趋势非常明显，而且近 20 年的增长速度很快，这就是中美经济的增长趋势。

再看日本，日本在 1960 年到 1995 年期间，经济增长趋势是非常好的，但从 1995 年到现在为止的二十几年间，经济没有明显增长的趋势，而是在 4 万亿～ 6 万亿美元区间来回波动。

我们的目标是经济稳定持续增长，而做宏观分析的第一件事就是要知道经济为什么会增长。通过对宏观历史数据的研究，找到让经济增长的因素和政策，指导经济在未来更好地增长。

（2）经济的波动

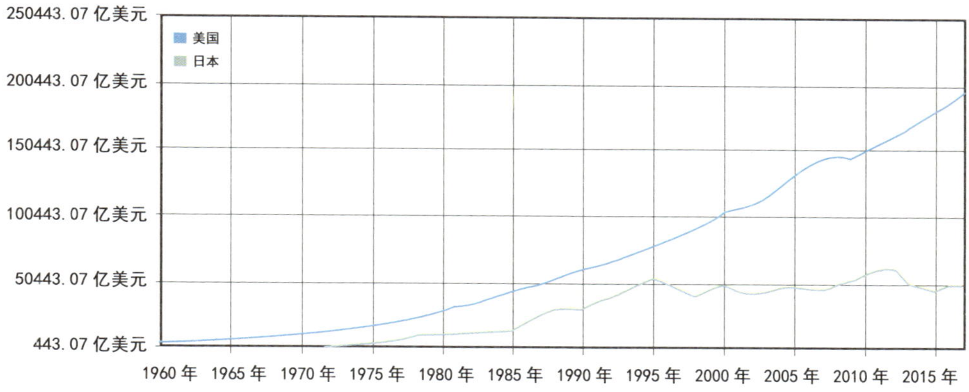

图 2 美日 GDP 走势图

数据来源：快易数据

鉴于中国的 GDP 走势是比较平稳的上升趋势，我先用美国和日本的 GDP 走势来说明经济波动。在图 2 中可以看出，美国在 2008 年的金融危机后，2009 年出现了 GDP 的下降；而从 1995 年至今，日本 GDP 一直在时而上升和时而下降中波动。这些在经济趋势中的偏离，就是经济的波动。

再来看看中国的经济走势，既然是持续上升趋势，我们是不是就没有波动了呢?

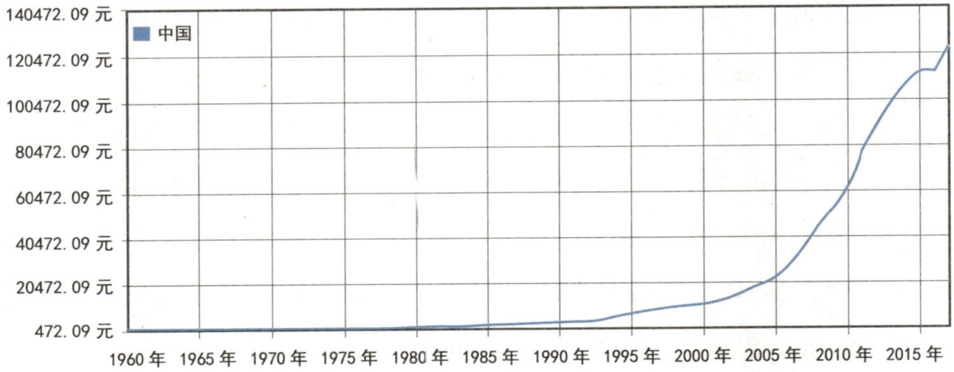

图 3 中国 GDP 走势图

数据来源：快易数据

从图 3 看起来，中国的经济增长趋势是非常明显的。但是仔细看不难发现，经济增长的速度却是不断变化的，图中最明显的就是 2015 年到 2016 年间，经济增长的速度是较前几年的增速放缓了，因此经济的波动还可以从增长速度的角度来看，也就是我们经常说的 GDP 增速。

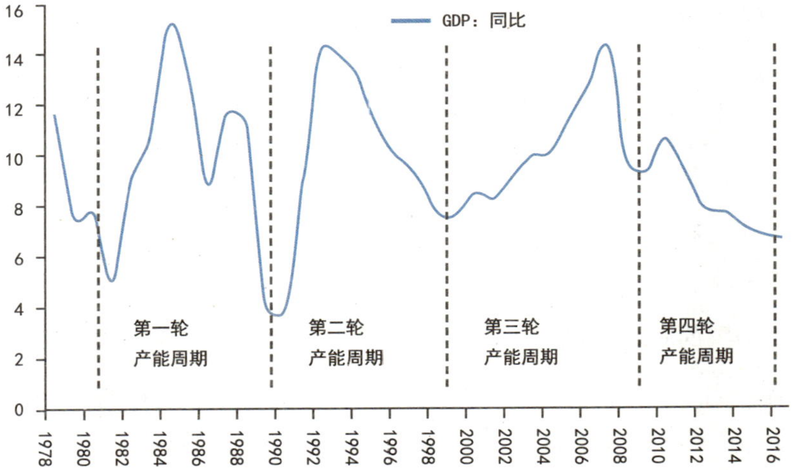

图 4 中国 GDP 增速

数据来源：泽平宏观

上面的图 4 中，我们看到中国经济增速的周期特性是非常明显的，也就是说单只研究经济的趋势（增长或下降）还不够，还要看趋势的偏离（如图 2 的美国、日本），以及经济增速的波动（如图 4 的中国）。

因此，宏观经济的第二个主题就是：经济为什么会波动，以及如何通过政策烫平经济的波动。

3. 宏观经济分析的两个方向

我们前面提到，经济的宏观分析主要是研究两件事情：

（1）经济趋势是增长还是下降，经济为什么会增长，及如何让经济增长；

（2）经济波动的原因是什么，如何熨平经济周期的波动。

因此，宏观经济分析就分为两个重要的方向：经济增长理论和经济周期理论。其中经济增长理论对应的就是经济的趋势研究，经济周期理论就是对经济波动的研究。

经济的趋势 → 经济增长理论

经济的波动 → 经济周期理论

4. 宏观经济的四个目标

诚然，宏观经济学的目标当然不只是让经济增长和让经济以稳定的速度增长，宏观经济学的目标有四个：

（1）经济增长：这是最重要的一个目标，也就是我们上面讨论的核心框架。涉及的最重要的指标包括 GDP、GDP 增速等；

（2）物价稳定：物价稳定有助于保持社会的稳定，如果今年 10 块钱能买到的东西，明年需要用 10 万元来买了，那就很容易引起社会动荡了。所以，CPI（居民消费价格指数）、PPI（生产价格指数）等衡量通货膨胀的指标也非常重要。

（3）充分就业：保障居民的充分就业当然也非常重要，想象一个失业率 50% 和一个失业率 4% 的国家的区别就知道了，这不仅关乎个体的生活水平，也影响社会的稳定，因此，就业率、失业率也很重要。

（4）国际收支平衡：一个国家的持续资本流入和流出，都会对本国的经济造成很大的影响，现在的中美贸易战的问题，就是由中美两国之间长期贸易不平衡引发的。长期的贸易顺差和逆差都不是好事，后面我们讲到国际贸易部分再专门讨论。正因为国际收支平衡对一国经济影响很大，所以进出口额、汇率这类指标也很重要。

这些指标现在看不懂没关系，因为之后我们都会介绍到。

5. 总结

至此为止，宏观经济的分析框架就介绍完了，我们现在来回顾一下：

宏观经济研究的核心有两项：经济的趋势和经济的波动，分别对应的两个方向就是：经济增长理论和经济周期理论。

而宏观经济的目标当然不仅仅是经济的增长，它有四个目标：经济增长、物价稳定、充分就业、国际收支平衡。

在下一节中我们会介绍经济增长的分析框架；关于经济周期的分析，主要是由长周期（康德拉耶夫周期）、中周期（朱格拉周期）、短周期（基钦周期）构成的研究框架，对于这一部分本书不详细探讨，感兴趣的读者可以自行深入钻研。通过这两节，我们就能够梳理清楚了整个宏观经济研究的体系。

从开始我就提到，通过梳理出宏观经济学的整体分析框架，希望能帮你在宏观经济学习中少走一些弯路，能够尽快搭出一个骨头架子，这样，在后面我们慢慢填血和肉进去的时候，我们看宏观经济就像是在看一个完整的人一样，非常清楚每个部位起到什么作用，每个动作会带来怎样的结果。

希望你也能够发现宏观经济学的有趣，看懂各种国家经济形势的新闻，理解宏观政策背后的原因，进而能够判断未来经济的趋势，让自己跟着国家和国际经济形势，做好资产配置，实现人生的“逆袭”。

经济增速放缓和女人有什么关系?

我们都知道，目前中国的经济增速放缓，从高速增长向中高速增长切换，也就是经常说的“增速换挡”。从之前 8% 左右的经济增速，下降到近四年 6% ～ 7% 之间的增速水平，其中 2017 年 GDP（国内生产总值）增速为 6.9%，2018 年 GDP 增速为 6.6%。

其实现在经济增速放缓是和女性有直接关系的，确切来说是和女性生育及就业情况有关，为什么这么说呢？下面我们来分析一下。

1998—2016 年国内生产总值及其增长率

数据来源：国家统计局

1. 宏观经济增长的分析框架

首先，我来简单介绍一下经济增长的分析框架。在经典的宏观经济学理论中，一个经济体的经济增长情况，可以拆解为三个要素，即劳动力、资本、技术三者的增长情况分析。

怎么理解这三要素呢？

（1）劳动力。经济要发展首先得有人，人可以劳动。有的人可以种地，这样大家就有吃的，这是第一产业；种地的人有了富余，富余出来的劳动力就可以去工厂工作，以手工或者操作机器的方式制作一些生活用品或者制造出生产用的机器，这是第二产业；有的人还可以给别人提供服务，帮别人理发、做饭等等，这是第三产业。

所以一个经济体如果劳动人口多，是非常有优势的，从事生产的人多，自然创造出的价值就多。中国前四十年的经济高速增长离不开劳动力要素的支撑。

（2）资本。经济发展需要有资本的投入，也就是要有钱。有钱可以买设备、建厂房，再花钱雇用劳动力来干活，这样生产活动就可以进行了，也就创造出了价值。

（3）技术。技术进步能够让生产效率提高。之前人是用手工缝衣服，一个服装厂需要几万人，技术进步让衣服可以通过服装厂生产线生产了，现在一个服装厂几十个人就能达到同样的产量。节约出来的劳动力可以去从事其他工作，进一步推动经济增长。

2. 人口红利结束，老龄化趋势明显

了解了宏观经济增长的分析框架之后，我们现在知道了劳动力是影响经济增长的一个重要因素。我们就从劳动力角度看一下中国经济增长面临的问题。

正如任泽平提出的：我们中国自改革开放以来的40年高速增长和1962—1976年的“婴儿潮”有密不可分的关系。1988年后，中国人口增长率持续下降，未来甚至可能会出现人口负增长的趋势，这是非常可怕的。

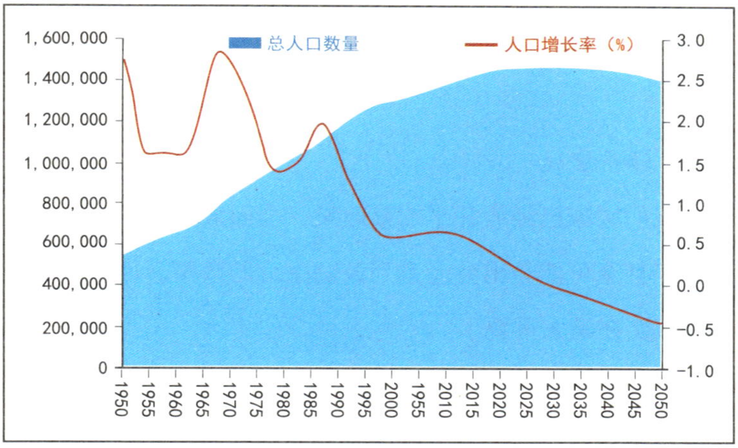

1950—2050年（预计）国内总人口数量及其增长率

数据来源：泽平宏观

1962—1976年是“婴儿潮”，那么20世纪90年代，刚好是这批婴儿变成主流劳动力人口的时候，他们刚好是在20～30岁。但人是在不断变老的，经过了将近30年，这些人已经退出了主流劳动力市场，他们从青年变成了老年，成了社会中需要被赡养的群体，因为出生率降低，整个社会的主流劳动力人群

变少。另外，当前的主流劳动力人群是1975—1995年出生的人，这一代人还要承担更多的抚养责任。

所以现在一对夫妇养四个老人和两个孩子的情况非常普遍，其根本是中国人口结构带来的社会问题。未来十年二十年这个情况很有可能会更严重。

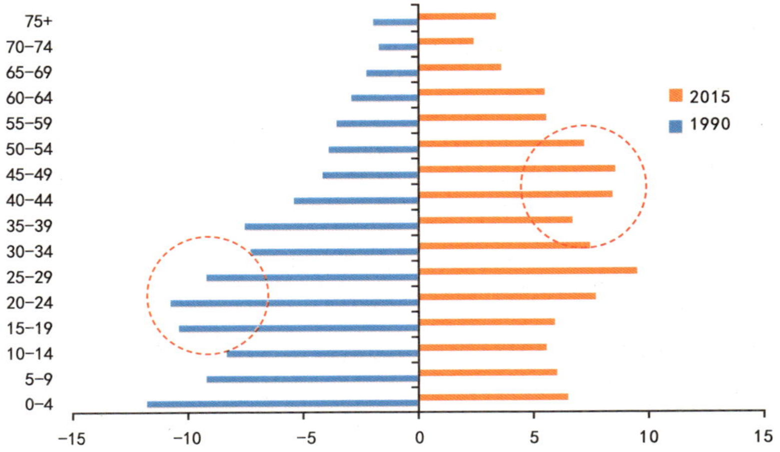

1990—2015年中国人口结构图

数据来源：泽平宏观

所以现在我们国家已经放开了二孩政策，全面放开生育政策是迫在眉睫的事情，未来十年甚至可能会出台一系列鼓励生育的政策。因为劳动力的供给对一个国家的发展实在是太重要了。

中国的人口红利结束，人口老龄化严重，是导致经济增速放缓的一个重要因素。但是鼓励生育并不能解决现阶段发展遇到的问题，就算通过开放生育政策迎来了新的"婴儿潮"，等这一批婴儿长大成为劳动力，也是二十年后的事情了，实在是远水解不了近渴。

3. 性别红利减弱，更多女性退出劳动市场

说到人口红利，中国一直享受的"性别红利"也是不得不提的因素，中国

女性的劳动参与率一直是世界最高。

但问题是，经济学者们发现，越来越多的女性选择了退出劳动力市场。我们知道在上世纪八九十年代，女性基本上都是上班的，这在全球范围内都是非常罕见的情况。这也是在之前的 40 年中，中国经济高速增长的一个重要因素，也是中国人口红利中被严重忽视的一部分，可以称之为“性别红利”。

《2000 年世界劳动报告》显示，我国 1995 年的女性劳动参与率为 80.4%，但在近几年，这个情况却发生了巨大的变化，中国女性劳动参与率持续下降。2016 年《中国劳动力市场报告》显示，男性劳动参与率超过 80%，而女性劳动参与率约为 64%，虽然我国的女性劳动参与率仍高出世界平均水平 14 个点，但持续走低的趋势依然非常不乐观，20 年间，女性劳动参与率下降 16%，就意味着中国减少了近 8% 的劳动力人口，这对中国劳动力市场的影响还是非常大的。

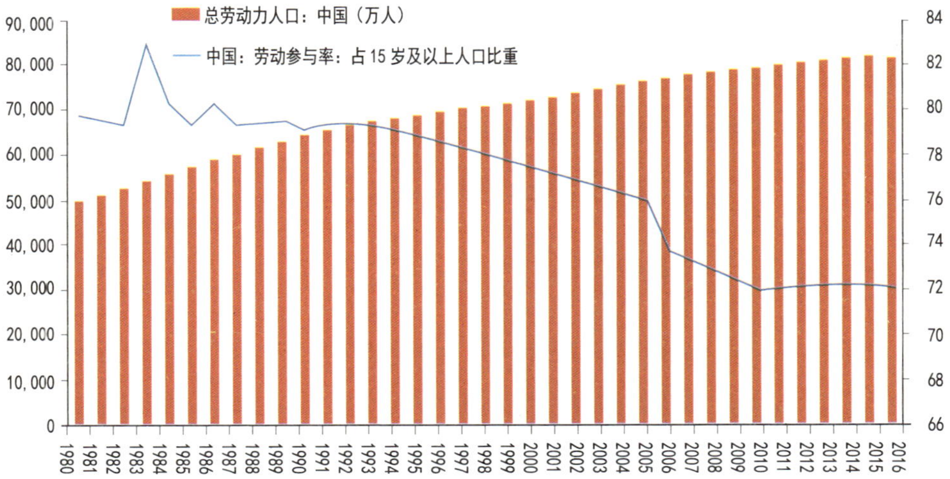

1980—2016 年中国劳动力人口比重

从劳动力要素上看，中国人口红利的结束，叠加“性别红利”的减弱，中国劳动参与率就出现了上图中持续走低的情况。

人口老龄化问题只能通过新的“婴儿潮”来解决，这一方法是需要时间的，短期来看最有效的方式是鼓励女性返回劳动力市场，而二孩政策的放开，又给女性劳动力市场带来了冲击。2016 年《中国劳动力市场报告》显示，二胎家庭中女性有 51% 选择做全职家庭主妇，是同类男性的 3.35 倍。

那么如何解决女性离开劳动力市场这一问题呢？

（1）互联网提供弹性就业岗位。

互联网的普及，以及互联网和传统行业的结合，解决了一部分女性的就业问题。网约车、淘宝商铺、微商等平台都为很多女性提供了弹性的就业和创业机会，这也是产业结构调整的一个重要部分。

（2）行政干预，减少女性家庭责任负担。

全国各地都在推行给孩子教育减负的工作，比如禁止孩子上课外辅导班等，如果能恰当实施，确实能让一些女性的负担减少。

另外，以北京市为首的城市要求幼儿园和小学学校放学时间延迟到下午 5 点 30 分以后，这无疑也是在给孩子的家长减轻负担，鼓励女性回到工作岗位。试想一下之前孩子普遍都是下午 3 点多放学，在没有老人照料的情况下，很多女性都会迫于无奈选择辞职，但如果放学时间和下班时间接近，就在很大程度上解决了父母在工作和家庭责任之间的平衡问题。

4. 总结

我们今天首先介绍了宏观经济增长分析模型的三个要素：劳动力、资本、技术。而后，我们从劳动力要素方向讨论了“人口红利”结束的老龄化问题和“性别红利”减弱的女性离开劳动力市场问题。

总结下来发现，中国的女性同胞真是非常不容易，这一节我们提到的解决中国劳动力问题的责任都在女性身上，第一要多生娃，第二要多工作。从劳动力角度来看，中国女性的责任重大，为国生娃、为国工作，而且二者非常矛盾。

男人们，想想你的另一半有多不容易，既要承担家庭责任，又要肩负社会发展的重担，你们也多辛苦辛苦干点家务活，多带带孩子，因为女性对中国的未来发展实在是太重要了，保护好她们也就是在保护我们中国的未来发展啊。

思考

身为女人，你有没有疑惑，为什么孩子是女人生，家庭责任也是女人承担，为什么就不能是男人辞职在家带娃呢？

第二节　国内生产总值

当我们谈 GDP 时，我们在谈些什么？

上一节我们介绍了宏观经济分析的整体架构，要研究一个经济体的增长情况和波动情况。那么具体以什么指标来衡量经济的增长和波动呢？我们最常接触到的指标就是 GDP(Gross Domestic Product)，中文全称是：国内生产总值。

GDP 通常用来衡量一个经济体（通常是一个国家）的总收入，它能反映社会经济状况。

有很多人会反驳说：“我们不能只看 GDP，GDP 无法反映出每个人的福利保障，也无法反映出他们的幸福、健康状况等。”

但通常，一个发达经济体的居民，他们有机会享受到更好的医疗服务，能享受到更好的教育，也能享受到更好的社会保障服务；而一些经济比较落后的国家居民，连温饱、健康都难以保障，又何谈幸福感呢?

当然 GDP 有它的局限性，它不能反映产业结构的问题，也不能反映人与人之间的收入差距等问题，但它依然是我们现在衡量一国经济水平、居民所享受福利水平最重要的指标。

1. GDP 的概念

GDP（国内生产总值）有三种核算方式：收入法、支出法、生产法。

这三种核算方式是等价的，因为对一个经济体而言，收入和支出一定是相等的。比如，老王 10 元卖给老李一个冰淇淋，那么老王收入了 10 元，老李支出了 10 元，无论从收入方还是从支出方进行统计，这次交易对 GDP 的贡献都是 10 元。这个道理可以扩展到整个经济体中所有的交易，因此，我们核算 GDP 时，无论通过支出还是通过收入核算，本质上都是一样的。生产法则是从生产端进行核算，我国采用的方式是生产法对 GDP 进行核算。

国内生产总值（GDP）是在某一既定时期，一个国家生产的所有最终物品与服务的市场价值。

这里需要关注的第一个重点是：“最终物品与服务”，比如在我们国内生产了一辆车，在生产这辆车之前有各种零件的供应，这些零件的市场价值就不计入在内，只计算这辆汽车的最终价值就好了，这避免了生产的重复计入。第二个重点是：“生产的”，那么二手车的交易就不计入在内，因为在这辆汽车生产之初，价格已经计入 GDP 中了，之后的各种转手易主交易就不再计入。

2. GDP 的构成

一国 GDP 的增长可能有很多方式，通常我们从“支出法”的角度把它们分为四种情况：

（1）消费：我买了两件衣服，早上吃了两根油条，都属于消费的范畴。

（2）投资：我买了房，企业买了建筑用地、生产设备，都属于投资的范畴，投资的特点是未来可以带来现金流。

（3）政府购买：国家修高铁、修路、政府雇用了公务员为国家工作，都属于政府购买的范畴。

（4）净出口：也就是“出口－进口”，我们上述三种对 GDP 核算的方式都是在本国范围内的，但很多商品和服务都被卖到国外了，这部分没有计入，需要加上去；还有一些在本国内的交易是国外生产的商品，而被计入了 GDP，这一部分需要减去。

说到这里有没有觉得很眼熟？我们经常说的拉动经济增长的“三驾马车”正是：消费、投资、出口，而这三项就是 GDP 的重要构成部分。

有人问为什么不是四驾马车呢，为什么不把政府购买加上呢？政府购买当

然不应该是经济增长的主力军，政府的作用其一是提供私人不愿意提供的、容易被其他人“搭便车”的公用品，比如国防、修路、路灯等等；其二是维护市场秩序、保护产权；其三是在市场悲观时，由政府购买进行短期干预，改变大家对未来的预期，让市场尽快走出低迷。但对于第三点“政府应否刺激和干预市场”，一直为各个经济学派所争论，但即便是凯恩斯主义这样支持政府干预的经济学派，也并不觉得政府干预是长久之计，只是短期的行为，一旦市场恢复正常运转，政府的干预也就应该退出了。

3.GDP 数据怎么看?

然而，我们只看 GDP 的数值是没有用的。

（1）要区分“名义 GDP”和“实际 GDP”。

只考虑 GDP 的一个统计值是不行的，因为通货膨胀的存在，货币是会贬值的。那么今年如果 GDP 增长 5%，通货膨胀是 6%，那真实的经济增长甚至可能是负的，因此要将“名义 GDP”产值矫正成“实际 GDP”，剔除掉价格增长的部分。否则一个国家只要不断地增发货币制造通货膨胀，GDP 就会噌噌增长了。实际 GDP 是剔除通货膨胀因素后，得到的真实的 GDP 产值。

（2）要看 GDP 增长率。

2013—2017 年中国 GDP 数据	
年份	中国 GDP（美元计）
2017 年	12.24 万亿（12,237,700,479,375）
2016 年	11.19 万亿（11,190,992,550,229）
2015 年	11.06 万亿（11,064,666,282,625）
2014 年	10.48 万亿（10,482,372,109,961）
2013 年	9.61 万亿（9,607,224,481,532）

2013—2017 年中国 GDP 数据

数据来源：快易数据

从上图中我们可以看到 2017 年的 GDP 为 12.24 万亿美元，但是单看这一数据没有任何意义，我们需要和过去一年、过去几年的数据相比，得出GDP增速，这样才能反映一国经济发展情况，以及居民生活水平的提高情况。

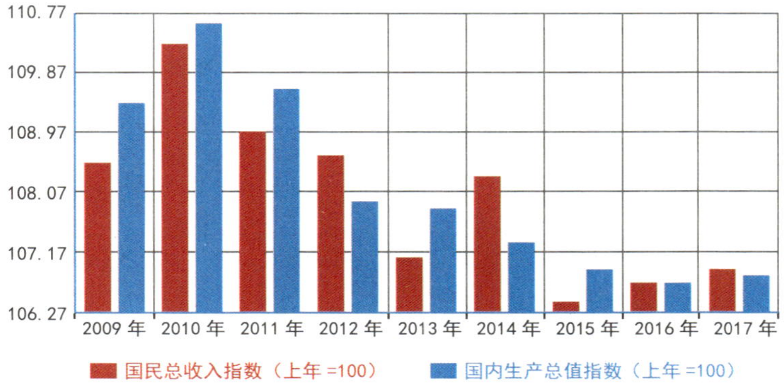

中国 GDP 增长率

数据来源：国家统计局

根据历史数据，我们知道 2015—2017 年的经济增速为 6.9%、6.7%、6.9%，2018 年前三季度的累计经济增速为 6.7%。

再看世界前五大经济体的另外四个，对比2018年前三季度同期经济增长率，美国 GDP 增速 3%（第一大经济体），日本 0.9%（第三），德国 1.6%（第四），英国 1.5%（第五）。我们知道，和过去的经济增长率相比，我国增速有所下降，但相比世界其他体量较大的经济体，我国的经济增长率依然非常高。

（3）要看人均 GDP 产值。

我们只看 GDP 的总量一定是不完全的，一个国家可能总产值很大，但是人均产值很小，那么每个人所创造的价值也很小。

我国作为世界第二大经济体，GDP 总量是日本的 2.5 倍，是韩国的近 8 倍，但我国远未达到发达国家的生活水平。衡量经济体的国民生活水平，就要看人均 GDP。到 2018 年底，美国人均 GDP 为 6.26 万美元，日本 3.93 万美元，韩国 3.13 万美元，而中国仅有 0.96 万美元。从人均 GDP 的角度来看，中国经济的发展还有很长的路要走。

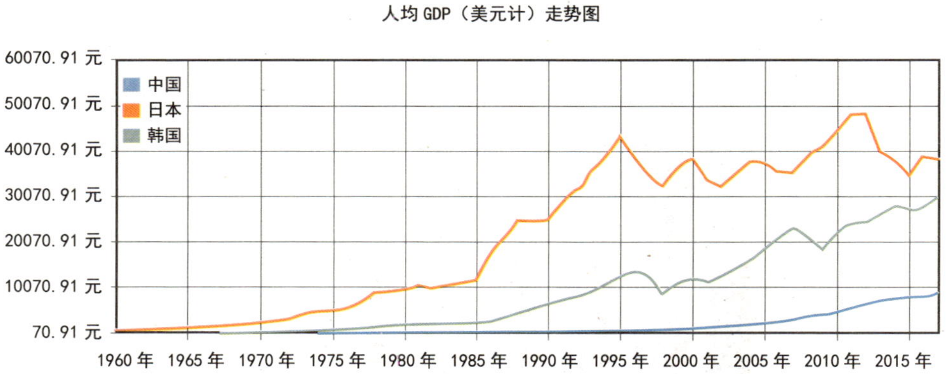

中日韩人均 GDP 情况

数据来源：快易数据

4. 总结与回顾

本文介绍了宏观经济中最核心的衡量指标——国内生产总值（GDP）。这一指标是为了核算国民收入，虽然它被各界人士批评不够完善，但至少现在它依然是衡量经济增长的最好方式，因此到现在为止，它在经济学界的地位依然不可撼动。

其次，我介绍了 GDP 的四个重要构成部分：消费、投资、政府购买、净出口。其中消费、投资、出口正是拉动经济增长的“三驾马车”。

最后讲到，我们单看 GDP 的数值是没有意义的，第一，要区分名义 GDP 和实际 GDP；第二，要计算出 GDP 的增速，才知道一国发展的快慢；第三，要计算人均 GDP，才知道一国居民的普遍生活水平。

掌握了 GDP 的概念也就掌握了宏观经济最最重要的指标，宏观经济学最关键的三个指标是：GDP、通货膨胀率、失业率，有了这三个指标其实也就完成了对一个经济体的轮廓画像。那么，下一节我们就来聊一聊通货膨胀吧。

第三节　通货膨胀与节约悖论

2018年，你的身家又缩水了吗?

上一节，我们在讲 GDP 时讲到，如果你想通过最简单的方式把握宏观经济情况，只需要掌握三个最重要的指标，那就是：GDP、通货膨胀率、失业率。

GDP 是衡量一国经济增长情况的指标；通货膨胀率和失业率则应该是作为个体居民来说最关心的两个指标。通货膨胀率反映的是手中货币缩水的速度，失业率反映的是赚钱能否有保障。

1. 通货膨胀

你是不是又开始觉得：“经济学指标好无聊，特别不接地气儿，离我们的生活太远了，我才不关心什么通货膨胀呢！”

但是通货膨胀离你的生活简直不能再近了，如果你发现自己的工资没涨，资产也几乎没增值，每年储蓄赚着 1% 的利息，可是生活周边的物价变化太快了！门口的牛肉面从 5 元 1 碗涨到了 20 元 1 碗；穿的衣服从 500 元 1 件涨到动辄几千元；房子从一万元每平米都觉得太贵了，涨到七八万一平米都稀松平常……

这种物价上涨的情况，就是通货膨胀。通货膨胀意味着我们的购买力水平下降，之前一个月的工资吃穿用度之后还有些结余，通货膨胀严重时，则基本生活都无法满足了，一个个变成了“吃土少女”“吃土少年”。

2. 通货紧缩

当然通货膨胀还有一个与之相反的情况叫“通货紧缩”，也就是钱越来越值钱了，我能买的东西就越来越多。但是我们很少遇到这种情况对不对？为什么呢？

其实一个国家基本是不会让通货紧缩的情况发生的，原因就是一旦你发现钱会越来越值钱，你就会把钱放在那，不去消费、不去工作，只要等着钱升值就好了。这样的情况下，就没有人愿意付出劳动，因为即便不工作，今天买不起的东西，明天就买得起了；也没有人愿意付出金钱，能节省则节省，因为明天能买的东西会比今天再多一点。

既然没人愿意去工作、没人愿意去花钱，那么就会引发公司裁员，会有大量的人失业，失业的人没钱买东西，卖东西的企业会更加不赚钱，只能继续裁员，造成更多的人失业……进而引发了恶性循环，直至引发经济危机，这是任何一个国家都不想看到的情况。

如果情况相反，明天的钱永远都要贬值一点，那样每个人都会去工作，赚了钱又更愿意去购买其他人的商品和服务，因为今天不购买，明天需要花的钱就更多了一点，花出去的钱被企业赚走，进一步雇用员工，员工赚到钱，在生活中消费，又让其他企业行业更加景气，进一步扩大生产和消费，形成良性循环。这样整个社会就会更加繁荣，人民的生活水平反而会不断提高。

当然，非理性繁荣会导致经济过热，也会引发经济危机，其中涉及的理论更加复杂，这里我们暂且不扩展。因为只要保证经济不过度非理性地扩张，温和的通货膨胀刺激消费带来繁荣就是更好的选择。

凯恩斯提出的“节约悖论”理论非常有趣地说明了这一点，在经济学界，这个故事也叫作“蜜蜂寓言”，这个故事是这样的：

有一个蜂群社会原本盛行奢侈之风，每只蜜蜂都整天大吃大喝。

后来一个哲人教导它们说，不能如此挥霍浪费，应该厉行节约。蜜蜂们听了哲人的话，觉得很有道理，于是迅速贯彻落实，个个争当节约模范。但结果出乎预料，整个蜂群从此迅速衰败下去，一蹶不振了。

“节约悖论”告诉我们：居民越节约，国家越贫穷。注意，这里并不是说一个人越节约越贫穷，一个人越挥霍越富有，而是整个经济体里的人都更倾向于消费，那么经济会更向好；如果一个经济体里的人都不愿意去消费，那么经济就会衰退。因此国家都喜欢通过增发货币，制造温和的通货膨胀，刺激大家去消费、去工作，让经济向前发展。

3. 恶性通胀

温和的通胀可以刺激经济，但是严重的通货膨胀显然是大大的坏事，如果一个国家的年通胀率达到 100% 以上，就属于超级恶性通胀，而且一旦突破 100%，通货膨胀率就会飙升，很难维持在 100% 左右。

委内瑞拉是通货膨胀最严重的国家，2018 年 10 月，委内瑞拉的通货膨胀率已经达到 830000%，而在 9 月，委内瑞拉的通胀率是 488000%。相当于一个月之间，通胀率又翻了一倍，那么人们对未来必定是非常恐慌的，会引发非常严重的社会动荡。

设想一下，月薪几百万，听起来挺美好的，是吧？但是未经通胀矫正的货币购买力没有任何实际意义，可能它只能买 1 斤肉。

4. 通胀的衡量

为了衡量通货膨胀的水平，统计局会制定和生活生产相关的“一篮子商品”，包括食品、教育、居住、交通、医疗等，再配上相应的权重，分别是 34%、14%、13%、10%、10%……

根据跟踪“一篮子商品”的价格增长速度，形成居民消费价格指数（CPI），来反映通货膨胀率。

而为何统计局公布的通胀率和我们真实的感受是不同的呢？奥秘就是在于这个“篮子”中商品的比例。我们可能会觉得北京的房价几年前就翻倍了，怎么通胀率还是 2% ～ 3% 呢？一是因为住房占的比例较低；二是居住类除了购置住房还包括租房；三是其他一些城市的房价甚至是下跌的。因此，整体通胀率较低。

每个国家关注的重点不同，比例就有不同，美国的“商品篮子”中，居住则占了约 43%，交通约占 17%，如果用美国的篮子比例来计算通胀率，我国的通胀水平就会和现在的计量结果完全不同，是更高还是更低，你自己应该有答案了吧？

5. 通胀的原因

经济学家一般喜欢把通胀的原因分成两类：需求拉动和成本推动。

需求拉动是相对多的货币追逐相对少的商品，也就是说商品的供给比较少，供小于求，物价上涨，也就导致了通货膨胀。

成本推动是说供给这一侧成本都提高了，大家为了维持活下去，就卖得贵一点，物价就提高，也会导致通货膨胀。

然而很多经济学家都认为这都不是根本原因，核心原因只有一个，就是货币超发，政府发钱发多了。通货膨胀归根结底就是政府发的钱没有和经济增长匹配。所以政府这只“有形的手”控制增发货币的尺度还是很难的，一不小心就让“温和通胀”变成了“严重通胀”，不但没刺激经济增长，还可能引发经济危机。

经济学家弗里德曼说过：“通货膨胀不论何时何地都是一种货币现象。”（Inflation is always and everywhere a monetary phenomenon.）

因此经济学界对于政府货币超发的问题一直争论不休，对超发货币到底给经济带来的是刺激还是灾难，我们能找到多少正面的案例就能找到多少反面的证据。我们能找到多少次政府通过货币刺激经济走出衰退的成功案例，就能找到多少次政府因为货币超发而酿成的悲剧。宏观经济学还是在不断进步中的一个学科，对通货膨胀的认识也一样，未来还会有不休的争论。

对于个人来说，我们深深认识到“跑赢通胀”的必要性，如果你的收入增长和资产升值速度比不上通货膨胀速度的话，那就一定意味着生活水平的下降。

而且通胀篮子里的商品一般来说都是基本品，而随着消费升级，我们对生活质量的追求也越来越高，仅仅“跑赢通胀”根本没有跟上社会平均发展的速度。要想看自己在社会中的份额有没有缩水，主要还是要看资产增值速度有没有赶上 GDP 的增速。

思考

请你查询一下去年的 GDP 增速和通胀率，看看自己的工资，再看看自己的资产收益，你给国家拖后腿了吗？你自己的身家又缩水了吗？

第四节　宏观政策和国际贸易

宏观政策“三剑客”

从进入宏观经济部分开始，我就一直试图给大家建立一套极简的宏观经济学分析框架。因为很多人觉得宏观经济学学习起来过于复杂，所以我从一开始就尽量为你们建立起一座宏观经济学大厦的全貌的模型，让你们理解宏观经济学的整体结构，这样再看宏观经济就变得很简单。

前面我们介绍了宏观政策的分析框架：经济增长、经济波动；

宏观经济最重要的三个指标：GDP、通货膨胀率、失业率（就业率）。我们可以从增长和波动两个角度来看这三个重要的指标。

现在我们来看一个经济体最不能忽视的一部分——政策，这一节我要介绍一个极简的政策模型。

1. 什么是宏观政策“三剑客”？

货币政策、财政政策、国际贸易政策，我称它们为宏观政策“三剑客”。

其中，货币政策和财政政策共同决定在国家范围内的经济政策情况，而国际贸易政策决定的是在国际范围内的局势，它决定我们在国内的政策下能走多远。

之前我们提到宏观政策就会说到货币政策和财政政策，而这次的中美贸易战，让更多的人清醒起来，并且意识到国际经济局势和国际贸易政策对宏观经济的影响之大。

而近年来我们国家一直强调的“拉动内需”，其实也是由于我国之前的发展模式过度依赖于出口对经济的拉动。国际贸易环境一旦出现变动，就会对我国的经济增长造成较大的压力。而这次贸易战爆发后，自 2018 年三季度以来宏观经济指标全线走低，更是证明了我们对国际贸易依赖的严重程度（也证明了内需其实一直没拉动起来），以及未来“拉动内需”之路的严峻和艰难。

但是这里要强调的是，“拉动内需”并不意味着要闭关锁国，放弃国外市场，而是在深耕国际市场之时，开发国内市场，降低出口在宏观经济增长中的占比，并不是要降低绝对值。中国拥有世界 19% 的人口，在拓展国外市场时，不能忘记最大的贸易市场、未来最好的发展机会都在中国。

2. 货币政策

货币政策很简单，就是控制市场上流通的货币多少。

控制货币政策的组织是：中央银行，简称央行。央行负责发钱，在我国央行是中国人民银行，与此相对应美国的央行就是“美联储”。我国的央行可以理解为政府机构的一部分，而“美联储”却是一个独立于政府的机构。

央行怎么控制货币流通的多少呢?

一是印钱，直接从源头解决总体的货币供应量。

二是调整市场流通货币的数量。

货币总量分为两个部分，一部分是流通中的货币，一部分是非流通的，央行可以通过政策调整流通货币的比例。流通多了就收点回来，流通少了需要货币刺激时就让流通中的货币多一点。调整流通货币数量可以使用三个武器：

调整存款准备金率（就是我们常说的提准降准）、调整再贴现率（其实就是加息降息）、公开市场操作（买卖债券），具体的运作方式我们在后面讲货币政策时会具体说明。

3. 财政政策

财政政策主要是通过一系列政策对社会总需求进行影响，通过影响供需关系，进而影响经济的走势。

控制财政政策的组织自然就是财政部。

2018 年 7 月，因为经济下行压力大，央行和财政部互相指责对方政策不力，导致经济不景气。

这也就证明了货币政策、财政政策的控制人是相互独立的。

财政部通过一系列的财政政策，对市场进行干预和影响。这些政策可能有两个方向，一个是扩张性的财政政策，刺激社会总需求，刺激经济增长；反之则是收缩性的财政政策，抑制总需求，防止经济过热带来的危机。

有人可能有些疑惑，经济增长较慢需要刺激经济走出低迷，那为什么经济过热也会造成危机呢？因为一旦经济增长过快，大家就会产生“回报率将会很高”的预期，就都会加大投资扩大生产，但是其实市场是消化不了那么多产量和产能的，也就造成了产能过剩。而市场反应是滞后的，等大家反应过来市场并不需要这么多的产能时，就需要做“去产能”的工作了。去产能意味着工业停产、工人失业，这个过程其实就是经济衰退的过程。我国近几年的“去产能”“产能出清”工作，其实就是在消化 2008—2010 年的经济过热。2008 年金融危机后一轮略显积极的 4 万亿财政政策带来了比较严重的经济过热，而从 2011 年—2018 年的最近 8 年持续走低的经济增速，就是依然在消化 2008—2010 年这 3 年的经济过热造成的产能过剩。

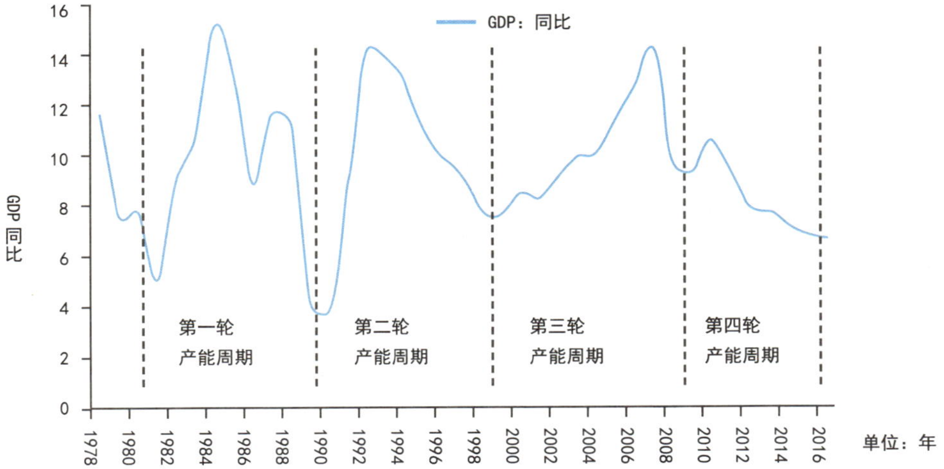

而我国最新的关键宏观政策“供给侧结构性改革”，则是一个新的方向，从传统的对消费端的“需求侧”影响，改为对“供给侧”的影响，消化过剩的产能。

历史给我们的教训就是经济不能过冷，但是更要谨防经济过热。历史上的金融危机、经济危机之前的境况，很多都是由过热导致的，包括离我们最近的一次 2008 年由美国次贷危机引起的全球金融风暴。

财政政策有三个工具：税收调节（加税或降税）、国债（发行、流通、偿还）、财政支出（包括购买性支出和转移性支出），这三个工具具体的操作方式在后面的财政政策章节我们会专门介绍。

4. 外贸政策

第三个重要的宏观政策就是国际贸易政策。

在微观经济学部分，我们讲过“比较优势原理”，提到了一个经济体开放的重要性。“比较优势原理”告诉我们的是，一个国家哪怕在各个方面都有绝对优势，开放对他来说也是受益的，可以改善人民福利。

中国过去的历史告诉我们，哪怕自己再强大，闭关锁国也是一个错误的决策。我们打开大门发现门外世界发展的速度超乎想象。而当我们再次打开国门，加入 WTO 后，国家发展之迅速，改革开放取得的成就之快，对国民生活的改善之大，再次超出了所有人的预期。

得益于优渥的资源和人口红利，中国一跃成为世界第二大经济体，并且依然保持着有优势的增长率，在世界经济史上也就有了“中国奇迹”的一抹亮色。在这样的情况下，近些年一些在全球化中的既得利益者却发起了“反全球化”风潮，其实这无疑是打着保护主义旗帜之名对崛起中的经济体（尤其是中国）行遏制发展之实。我国则扛起了全球化的大旗，多次宣布持续深化改革开放的立场，展现了理性思考和发展的大国风范。

当然有很多自由主义经济学者对我们政府过度干预经济有很大的异议，我们不可否认，在中国经济发展的历程中，一些政策没有明晰，需要摸索前进，但是未来的路会越来越清晰。近期国家的一些意见和政策也都表明，中国未来重视民营企业、加快市场化进程、持续开放的态度是明确的。不过这次的贸易战一定不只是一个短期的贸易摩擦波动，我们要做好长期应对的准备。

5. 总结

在这一节我们提出了宏观政策的分析框架：一看货币政策是松是紧；二看财政政策是严是宽；三看贸易政策是开放是封闭，当然还有国际局势是严峻是回暖。

到这节为止，我们已经把整个宏观分析的体系架构好了，后面我们从对应的三个方向——金融体系、政府干预、国际贸易进行展开，具体拆解宏观经济体系的构成和宏观经济的运行方式。

思考

你认为哪个方向的宏观政策对你的生活影响最大呢？
在这个方向上，现在中国的政策大方向是什么呢？

经济增长

- 宏观分析框架
  - 宏观经济学核心
    - 经济的趋势
      - 经济增长理论
    - 经济的波动
      - 经济周期理论
  - 宏观经济四大目标
    - 1 经济增长 — GDP增速
    - 2 物价稳定 — 通货膨胀率
    - 3 充分就业 — 失业率
    - 4 国际收支平衡
  - 经济增长因素
    - 劳动力
      - 第一产业 — 农业
      - 第二产业 — 制造业
      - 第三产业 — 服务业
    - 资　本
    - 技　术
- 国内生产总值
  - GDP
    - 核算方式
      - 收入法
      - ★支出法
      - 生产法
    - 概念
      - 在某一既定时期，一个国家生产的所有最终物品与服务的市场价值
        - “生产的”
        - “最终物品与服务”
    - 构成（支出法）
      - 消费（C）
      - 投资（I）
      - 政府购买（G）
      - 净出口（X-M）
    - 怎么看？
      - 1 区分“名义”和“实际”
      - 2 看GDP增长率
      - 3 看人均GDP
- 通货膨胀
  - 温和通胀能刺激经济增长
  - 凯恩斯“节约悖论”
    - 蜜蜂的寓言故事
    - 居民越节约，国家越贫穷
  - 通胀率的衡量
    - 确定一篮子商品 → 追踪价格增长率 → 形成消费价格指数CPI
  - 通胀的原因
    - 需求拉动
    - 成本推动
    - 货币超发
- 宏观政策和国际贸易
  - 宏观政策“三剑客”
    - 1 货币政策
      - 中央银行
        - 中国 — 中国人民银行
        - 美国 — 美国联邦储备局
      - 控制货币流通的多少
        - 基础货币数量
        - 流通货币数量
      - 三个武器
        - 1 调整存款准备金率
        - 2 调整再贴现率
        - 3 公开市场操作
    - 2 财政政策
      - 财政部
        - 扩张性财政政策
        - 收缩性财政政策
      - 三个工具
        - 1 税收调节
        - 2 国债
        - 3 财政支出
    - 3 国际贸易政策
      - 依据：比较优势原理
      - 对外开放程度

第二章

金融体系与货币

第一节　金融体系

中国银行与中国人民银行的区别

前面一章我们建立了整个宏观经济学的分析框架，搭起了宏观经济大厦的钢筋结构，从这一章我们要开始一砖一瓦地来建这座大楼了。

要了解宏观经济的运作机制，最先需要清楚的就是金融体系的构成。平时看新闻、听别人讨论，证监会、央行、中国人民银行、中国银行，简直是脑袋里一锅粥，词都很熟悉，谁是干啥的却分不清楚。下面我们就来详细地拆解一下金融体系的结构。

从金融机构的角度，金融系统是由三个部分构成的：央行、商业机构、监管机构。

央行体系负责货币政策和外汇储备管理；

商业机构负责个人和企业的商业活动，包括银行机构、证券机构（证券、期货、基金、信托）、保险机构；

监管机构是对商业机构的监管，包括银保监会、证监会。

这一节我们专门来介绍中央银行体系。

央行和平时我们去办储蓄、贷款的银行不一样，它不对个人受理业务，不从事商业活动，也就是不以盈利为目的，那它是干吗的呢？

要理解央行的职能，我们得先说一下我们生活中接触的商业银行。

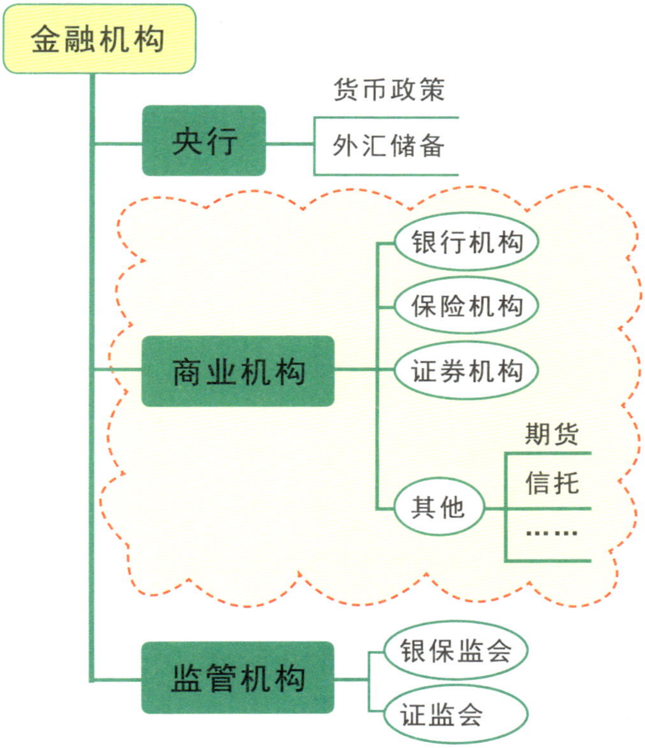

1. 商业银行

商业银行就是我们平时接触最多的银行，这些银行也是有阶层的。

第一梯队是：中、农、工、建、交，分别是中国银行、中国农业银行、中国工商银行、中国建设银行、交通银行（之前的“四大行”加交通银行），这五家银行是国有商业银行。

其中最需要注意的是中国银行，听起来名字比中国人民银行还牛，但是我国的央行是中国人民银行。而在国际管理上，一个国家的央行一般都以国家名字命名，比如加拿大银行、日本银行，但是我们对经济和金融感兴趣的读者可千万要弄清楚，不能混淆。

第二梯队是股份制银行：招商、民生、浦发等等。因为股权结构上不完全国有，面临更激烈的市场竞争，创新上做得就相对好一些。

第三梯队是城商行，一般是地方政府控股，比如北京银行、上海银行等等。

商业银行主要做的业务是：吸储放贷，另外还会做一些中间业务，比如代结算、汇款等等。商业银行自然是以营利为目的，以低利率吸收储户的存款，再以高利率放出贷款，通过存贷差来营利。

2. 央行对商业银行的业务

那么中央银行和商业银行的区别是什么呢？

我们可以理解为央行就是商业银行的老板。

作为商业银行的老板，央行对商业银行有三项业务：

（1）收取商业银行的存款准备金。

什么是存款准备金呢？

我们都知道商业银行会做吸收存款、发放贷款的业务，比如工行有人存了100块钱，工行就把100块钱以贷款的形式贷出去给一个企业用，企业用100元买了设备，又把这100元存回了银行，银行又可以把这100元放贷给下一个公司……如此循环往复，同样是100元，但是市场上可以通过乘数无限放大，这就是货币在市场上流通的货币乘数效应。

为了控制市场上的货币量，央行就需要收取商业银行的存款准备金。比如存款准备金率是15%，还是刚才的例子，工行收到了100元的存款，就需要把15元作为存款准备金交给央行，剩下的85元可以继续贷款出去，再收回来的85元，再留12.75元（85×15%=12.75）给央行，剩下的72.15元就可以继续放贷出去，每次放贷出去的钱是收缩的，这个货币扩张的总量就变得有限了。

市场上货币扩张倍数的公式为：

$$货币乘数=\frac{1}{存款准备金率}$$

如果存款准备金率是15%，货币乘数=6.67。

也就是说15%的存款准备金率，让市场上的货币扩张了6.67倍。同样的道理，20%的存款准备金率就能让市场上的货币扩张5倍。

因此，央行可以通过调整存款准备金率来控制市场上的货币流通数量。我们经常听说的“降准”“提准”就是央行控制的货币政策。

（2）做商业银行最后贷款人。

还是上面提到商业银行的吸储放贷模式导致的问题，如果工行总共收到100块钱，把85元贷款出去，这时候存款的人忽然要把钱取走，而银行现在手里只有15元，就会面临破产的危机。如果储蓄量足够大，工行是可以拿别人储蓄的钱让这个人把钱取走的。

但是银行主要的盈利来自吸储放贷，而且是“借短放长”的模式（大家存进来的钱是短期的，银行贷款出去的钱却是长期的），让银行最怕的就是挤兑。如果一个人忽然说工行要没钱了，市场上就会有恐慌情绪，大家就会都去取钱，前面我们讲了，银行大部分的钱都通过贷款放出去了，于是银行就面临破产的风险。

为了避免这种银行挤兑的情况发生，央行会给商业银行做最后贷款人，如果商业银行没钱给储户了，央行是可以把钱贷款给商业银行帮它们渡过难关的，以免恐慌蔓延，引发系统性的金融危机。

（3）窗口指导。

这个很简单，就跟办公室里领导找员工谈话指导一样。比如央行觉得最近放款有点多或者有点少了，结构上有点偏差了，也可以不发布政策，直接给商业银行领导说一说，就行了。

3. 央行的职能

中央银行和商业银行的区别就很清楚了，中央银行不进行商业活动，不以盈利为目的。

央行的职能概括起来就是三点：发行的银行、政府的银行、银行的银行。

“发行的银行”体现了央行发行货币的职能，其他的商业银行都是不能发行货币的。

“政府的银行”体现了央行是政府的一部分，会通过制定货币政策对宏观经济进行调整，后面在货币政策部分，我们会专门讲到货币政策的三大工具。

另外，央行下设国家外汇管理局，负责管理外汇储备，这也是“政府的银行”职能的一部分。

“银行的银行”就是我们刚才讲到的作为商业银行的领导，是中央银行的第三项职能。

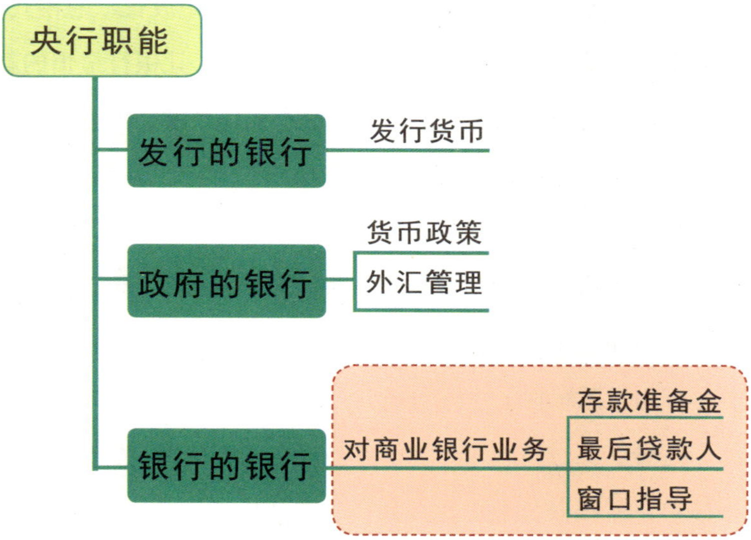

4. 总结

我们介绍了央行（中国人民银行）的三项职能：

（1）作为“发行的银行”，可以发行货币；

（2）作为“政府的银行”，负责制定货币政策、管理外汇储备；

（3）作为“银行的银行”，是商业银行的领导，可以收取存款准备金、充当最后贷款人、对商业银行进行窗口指导。

思考

现在你对央行和商业银行区分清楚了吗？

请你去查一下世界其他国家央行的命名，比如英国、法国，是不是和中国的命名方式不同呢？

你还觉得卖保险的是骗子吗？

上一节我们提出了金融体系的框架主要由央行、商业机构、监管机构构成。我们还介绍了央行，介绍了商业机构中的商业银行，解释了央行和商业银行的运作机制和区别，这一节我们介绍剩下的部分。

1. 商业机构——保险机构

我们的长辈们普遍可能还有这样一个感觉——“卖保险的都是骗子”。实际上我也是近些年才开始理解保险的逻辑。

（1）保险的逻辑。

保险其实是对冲未来不确定性的工具。

你现在一个月能赚1万，花4000元，每个月还能存6000元，感觉挺好，是吧？感觉生活就会这样持续下去了，是吧？

但是关键是未来的风险是不确定的，万一行业倒了找不到工作，万一家里有人重病需要巨额的医药费，那么生活质量就会有断崖式下跌。

而保险恰恰购买的是未来的确定性。我举个例子来说明，比如现在我每年花年收入的10%配置了保险，这个10%虽然也不少，但是负担得起；但万一生病或者发生意外，会发生两种情况：①收入停止了；②还要支付额外的费用，可能一年就需要几十万，这个费用我是负担不起的。但是如果我用每年10%的年薪配置保险（补充医疗险、重疾险、意外险等等），这样如果收入流断了，可以用重疾险、意外险来弥补收入的损失，而补充医疗保险用来对冲需要支付的医疗费。

发现了没有？这样保险就帮助我们提高了生活质量的持续性和确定性。所以我对保险业务的理解是"用现在可以承受的价格，去避免未来不能承受的风险"。当然你买了未来的确定性就需要付出一些代价，天下哪有免费的午餐呢？

话说回来，保险机构是在金融系统里非常重要的组成部分，是非常正规的公司。

（2）保险的业务类型。

保险可以分为三种：第一，面向公众的保险业务可以对冲个人生活的不确定性；第二，面向企业的保险业务，能够帮企业避免风险，比如企业可以买火灾保险、运输保险等等；第三，面向保险公司的保险业务，对于保险公司而言，也有再保险公司为它们提供保险，被称为"保险的保险"，如果有保险公司需要理赔的情况，保险公司可以把部分损失进一步转嫁。这三种情况的本质都是以能够负担的确定金额，对冲不可负担的风险。

（3）保险的运作机制。

保险公司的盈利模式是在于分摊风险，下面我以意外险为例来说明保险的运行机制。比如一个类别的投保人发生意外的概率是 0.1%，总共 1 万人参保，那么总共有 10 个人会发生意外，只要保证这 1 万个人交的保费能覆盖这 10 个人发生意外的费用加销售费、管理费，保险公司就是赚钱的。所以保险公司会对每个投保人进行调查，搜集年龄、健康等信息，把风险接近的人分为一类，再计算保费，让保费更加合理。如果把一个 20 岁健康的人和一个 80 岁身体状况不好的人放在一起，交同样的保费显然是不合理的。

2. 商业机构——证券机构

除了银行、保险机构，第三种商业机构就是证券机构。

首先是证券交易所，是交易和买卖证券的地方，包括债券、股票、基金等。内地的交易所有两个：上交所（上海证券交易所）和深交所（深圳证券交易所）。

其次是证券公司，也就是金融业经常谈论的高大上的“券商”和“投行”，其实就是证券交易所的代理商。通过法律的批准可以经营证券业务，买卖有价证券。

证券公司的业务主要包括：发行自营业务，以及帮助企业进行证券的发行承销、兼并收购业务。

证券行业是一个以风险换取收益的模式，和银行业比较稳定但收益较低的模式互为补充。证券机构所进行业务的风险更高，当然可能获取的收益也更高，和银行提供了不同风险等级的产品。

企业可以从证券市场融资，个人可以在证券市场投资。如果公司经营情况好，个人也可以从企业的高增长中获得红利，但如果公司经营得不好，个人也需要承担投资的损失。

3. 商业机构——其他机构

另外，金融市场中还有一些从事信托、期货等业务的商业机构，在此不详述了。

4. 监管机构

在金融世界里，有很多的信息不对称，各方的信息不对称可能会导致“内幕交易”等情况的发生，这使得金融体系内存在各种套利机会。为了减少信息的不透明，使金融机构更健康地运行，对金融业的监管是非常重要的。

监管有两种方式：混业监管和分业监管。

混业监管就是对商业机构（银行、保险、证券等）进行统一的监管。

在 2003 年以前，我国处于混业监管的时期。在 2003 年后，我国开始实行分业监管，监管机构包括：银监会、证监会、保监会，分别对银行业、证券业、保险业进行监管。这三会加上中国人民银行（央行），形成了“一行三会”，直接由国务院管理。

2018 年 3 月，银监会和保监会合并，形成银保监会，证监会维持不变，“一行三会”成为历史。

所以现在我国的监管机构由银保监会、证监会构成。

5. 总结

到这里为止，我们就把金融系统中的机构讲清楚了，在讲这些机构的时候，我们也介绍了它们的业务和运作机制。理解了金融机构，也就知道金融行业是怎样从国家到企业，再到个人，影响到我们每个人的生活的。

央行负责货币发行和流通量的控制，另外还对外汇进行管理。

商业机构包括银行、保险、证券等机构，给我们每个人提供不同程度风险和收益的业务选择，满足不同的资产保值和增值的需求。

监管机构保障金融体系的健康、稳健运行。因为金融体系渗透在社会的每个角落，影响到每个人的生活，监管机构需要以宏观审慎监管的方式，防止金融的系统性风险引发金融危机。金融危机具有传导性，可能进一步引发经济危机，甚至引发严重的社会动荡。

思考

你从金融系统中的商业机构购买过哪些产品呢？
除了银行存款，你买过股票、债券、保险吗？
它们在你的资产管理中都扮演着什么角色呢？

第二节　货币政策

美联储又加息了，和我们有什么关系？

2017 年美联储加息 3 次，2018 年美联储加息 4 次，2019 年下半年又进行了年内的三次降息，结束了自 2015 年以来长达 4 年的货币紧缩时代。

前面说到的加息和降息，属于货币紧缩和货币宽松政策，也称为“缩表”和“扩表”。

看到这小白读者有点蒙了，“美联储”是干什么的？“加息”意味着什么？“货币紧缩”又是什么？

下面，我就给大家扫盲这几个概念。

在这一节的最后，我会针对货币紧缩对我们生活的影响进行说明，大家就可以根据这些情况，进行一些个人投资决策。同样的道理，在货币宽松时期，带来的生活影响、应该选择的投资决策也就完全相反。

1. 什么是美联储？

美联储的全称是美国联邦储备系统，美联储是美国的中央银行。

简单地说美联储的重要职能包括三个：

第一，管理印钞，决定以什么样的速度发行货币。

第二，控制货币的流通量。通过三个手段来调整国家的货币政策，监督和管理各个银行。这三个手段，我们在最后讲到加息手段时，再逐一来说明。

第三，充当商业银行的最后贷款人。简单地说，就是当商业银行周转困难时，可以借钱给商业银行，解决流动性困难。

2. 美联储为何加息和降息？

我们先以加息为例，看看加息动作给经济带来的影响，降息带来的影响与加息则是相反，下一节我们会更详细、更系统地介绍。

加息能给经济带来的影响包括：

（1）控制通胀，稳定物价。

通货膨胀（简称通胀）一般都知道是什么意思，我这里简单说一下，就是钱不值钱了，一般是钱印多了。比如经济增速是 10%，也就是多产出了 10% 的商品，那么今年增发 10% 的货币是能保证现在的物价稳定的，一般政府愿意稍微多发一点点（比如 12%）来刺激一下经济发展，这就是“温和的通胀刺激经济发展”，但是如果不小心发了 18%，就会引发比较严重的通胀，会导致普通人的生活水平降低，贫富差距加大，社会矛盾也就来了。

这时候如果加息，就是说提高银行利息，就会出现两方面的问题。一方面，很多人选择把钱存进银行，市场上流通的钱就少了。另一方面，之前管银行借钱的人多，需要还的利息少；但现在加息要还的利息高了，借钱投资的意愿就低了。钱都存在银行里了，市场上的钱少了，所以就叫货币紧缩，对应的是央行在“缩表”。

市场上的钱少了，手里的钱就值钱了，物价就降低了，人们的生活水平也就稳定下来了。

（2）抑制经济过热。

经济过热是指市场上生产的东西太多了，但是不需要那么多，卖不出去。

供给的增速过快，需求的增速过慢，“过度投资”导致产能过剩、产品积压，这样经济一定会出问题的。

加息能让市场货币减少，大家都不选择投资，而更愿意把钱存进银行，投资放缓，经济过热问题也就解决了。

（3）国际地位博弈。

那美联储近几年来多次加息除了以上对整个社会经济的影响还有什么作用？这就涉及美国国际地位的博弈问题。

第一，强美元，美元升值。我们在第一条“抑制通胀”里提到，美联储加息，意味着美元更值钱了。强美元，美国的国际地位就更巩固了。第二，资本回流。特朗普一直在吐槽美元流到海外，都去建设国外发展了，美国咋办？美联储加息，美国的利息提高，大量的热钱也就流回美国了，不只如此，海外的资本，也会往美国跑。美国有钱了，也就能够有更多的资金来做国内建设了。

为啥钱都往美国跑？哪里能让钱生出更多的钱，钱就会往哪里跑，拦都拦不住。

美元是全球货币，为了拦住资本出走，各国会怎么办？跟进加息，这样才能把大量的资本留在国内，所以一般美联储加息之后，就会伴随各国央行跟进加息的动作，所以会导致长达 4 年的全球货币紧缩时代。

3. 加息对我们的影响

美联储缩表，主要影响的是到美国的消费。加息了，意味着美元升值，到美国花钱的人肯定不划算了。对我们国人来说，主要会带来以下的 6 个变化：

出国旅游：贵了。

出国留学：去不起了。

海外代购：海淘商品要涨价；商家差价少了，生意要赔。

进口物品：进口商品价格要提高；商家进货成本高了，进口商不好做了。

股市大盘：预期将加息时，可能会引起下跌，确认加息后，消息被消化，影响不大。还需要参考宏观基本面，由多方因素共同决定，因此对股市影响不绝对。

房价：下跌（需求越高的地区，受影响越小）。

4. 总结

本节中解决了三个问题：什么是美联储、为何美联储要加息降息、这会对我们有什么影响。掌握了这三个问题，就对美联储的调息动作有了一个概念，下一节我们对货币政策进行一个系统的介绍。

美联储又加息了，货币政策到底怎么回事？

这一节，我们要讲的有三个主题：宏观经济调控手段、货币政策、货币政策手段。

1. 宏观经济调控手段

一般来说，调控宏观经济发展情况的手段有两个：财政政策和货币政策。

财政政策是由政府制定，包括：加税或减税、财政支出、国债、政府购买、转移支付等手段；

货币政策是由央行制定，包括：调整存款准备金率、公开市场操作、调整再贴现率。需要注意的是再贴现率和市场利率不完全一样，但是可以简单理解为会影响市场利率。

本节我们主要讲的是由央行制定的货币政策。

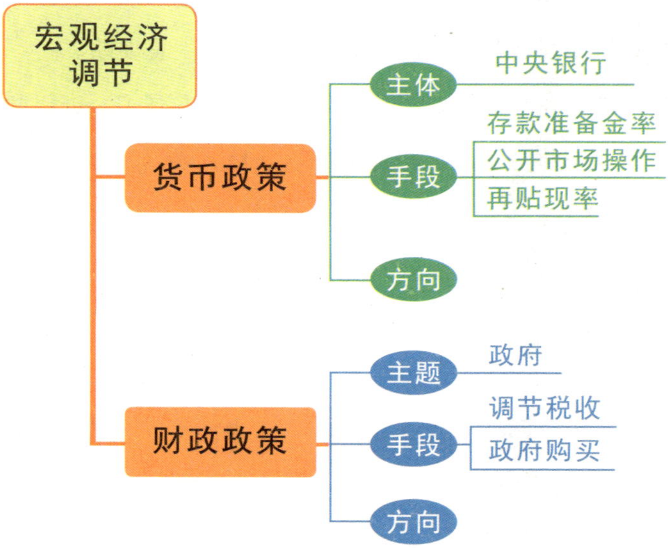

2. 货币政策

货币政策包括两种：宽松的货币政策和紧缩的货币政策。

第一，宽松的货币政策

目的：增多市场上的流通货币，提高市场的总需求量；

应对情况：当国家经济增速过慢、发生通货紧缩时，使用宽松的货币政策来刺激经济增长；

刺激经济过程：经济增长比较缓慢时，因为经济不增长，投资回报率很低，大家都不爱投资，会把钱存起来，留着之后投资回报比较高时候再用。这会让市场上的货币量减少，流通的钱越来越少，东西就得降价，原来的钱能买更多的东西，这就是发生了通货紧缩（这个过程和通货膨胀刚好相反）。于是大家就更加不爱投资，没有投资，经济就很难恢复，于是形成了恶性循环。这时，央行就会使用宽松的货币政策，增加市场上的流通货币，从而缓解经济的过冷。

第二，紧缩的货币政策

目的：减少市场上的流通货币，抑制市场的总需求量。

应对情况：发生通货膨胀、经济过热时，使用紧缩的货币政策来保证经济的平稳增长。

稳定经济过程：紧缩的货币政策让市场流通货币减少，如果市场流通货币减少，钱存着就能升值，未来就能买更多的东西，大家就都不选择投资，而更愿意把钱存进银行。这样投资放缓，经济过热、供给过多的问题也就解决了。

3. 货币政策的手段

前面我们说过，货币政策是由央行制定的，包括：调整存款准备金率、公开市场操作、调整再贴现率（我们通常称之为调息）。下面逐一介绍这三个工具：

（1）调整存款准备金率

首先，这个要调整的存款准备金率是针对商业银行的，我们平时去存款、取款、贷款的银行都是商业银行。

商业银行的运作模式，简单来说就是“吸储放贷”。比如你去银行存款，存 1 万元，利息是 3%，另一个人或企业去银行贷款，需要还给银行的利息是 8%，中间这 5% 的利息，就是银行赚的钱。但银行不能把你存的 1 万元全都贷款出去，万一发生什么情况，很多人要去取钱，银行没留现金应对，信用就要破产了，就会有更多人去取钱，发生银行挤兑事件，甚至可能导致银行破产。

吸收了存款，但不能贷款出去的部分，就叫“存款准备金”，如果存款准备金率是 10%，那么你存 1 万元，银行就最多能贷款出去 9000 元，有 1000 元需要作为存款准备金。提升存款准备金率就是通常说的“提准”；降低存款准备金率就是通常说的“降准”。

提准能让银行可以放出的贷款减少，能让市场上的货币量减少，属于紧缩的货币政策；

降准能让银行可以放出的贷款增多，能让市场上的货币量增多，属于宽松的货币政策。

（2）公开市场操作

政府可以在公开市场发行债券，主要是发行国债。政府可以大量地买入或卖出国债债券，来调整市场上的货币流通量。

政府可以通过发行债券，让大量的债券投放到市场，这样就能把市场上的流动货币给收回来，市场上的钱就少了，这属于紧缩的货币政策。

政府可以通过买入债券把债券收回，这样就能把大量的货币投放到市场，这样市场上的钱就多了，这属于宽松的货币政策。

（3）调息（调整基准利率）

央行可以通过调整基准利率来实现对市场上货币量的调控。

另外需要说明西方经济学把这种操作称为调整再贴现率，在我国是说调整“基准利率”，这是央行决定的利率。对应的商业银行间利率叫“零售利率”。

如果央行宣布加息，银行利息就会提高。一方面，很多人选择把钱存进银行，市场上流通的钱就少了；另一方面，之前管银行借钱的人会多，需要还的利息少；但现在因为加息，要还的利息高了，借钱投资的意愿就低了。钱都存在银行里了，市场上的钱就少了，所以加息属于紧缩的货币政策。

如果央行宣布降息，银行利率降低，一方面，把钱存银行的人少了，市场上流动的钱增多；另一方面，贷款投资的人多了，市场上流动的钱也多了。钱都从银行流向了市场，市场上的钱就多了，所以降息属于宽松的货币政策。

介绍完央行传统的三个货币政策工具，我们来做一下归类：

宽松的货币政策包括：降准（降低存款准备金率）、公开市场买入债券、降息。

紧缩的货币政策包括：提准（提高存款准备金率）、公开市场发行债券、加息。

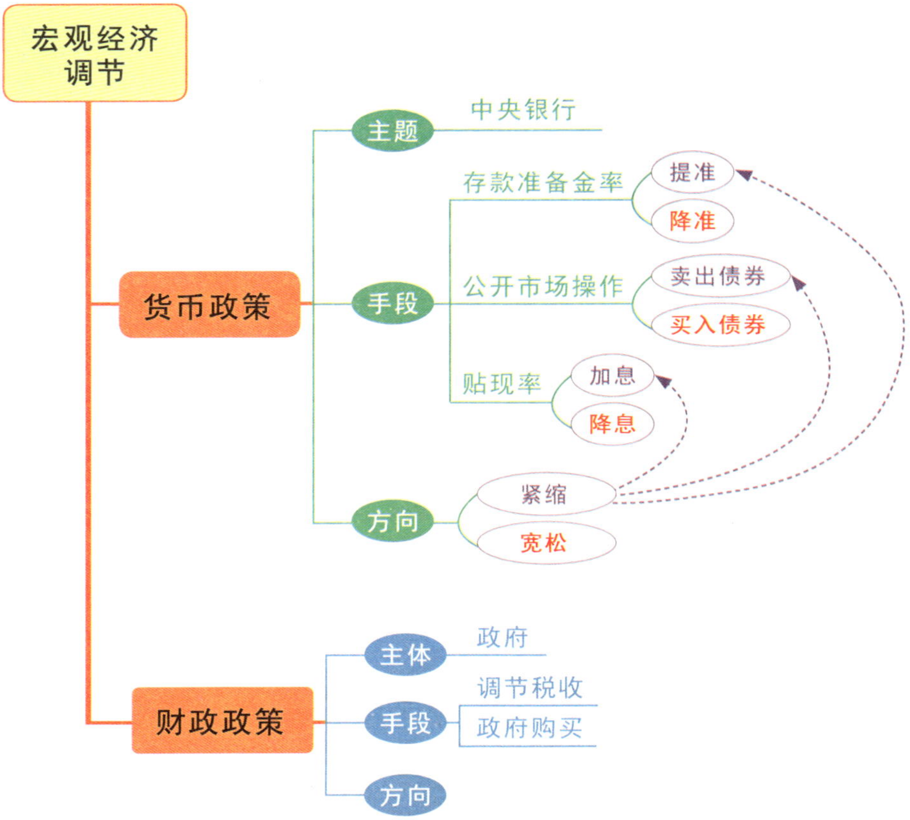

4. 货币政策的争议

需要特别说明的是，货币政策是否有效，以及政府是否应该干预经济，都是备受争议的问题，凯恩斯主义是提倡政府干预的，认为能够帮助调整经济。但就连凯恩斯本人也说“货币政策对经济来说就像推绳子一样软弱无力”，他本人是更加支持财政政策的。

关于财政政策，一个比较有趣的说法是，政府在经济差时雇人“挖坑”再“填坑”，就可以帮助经济走出低迷，具体的道理我们在财政政策一节再解释。当然财政政策也在经济学界饱受争议，凯恩斯学派也成为很多学派围攻的对象。

5. 总结

以上就是本节的内容，有一点多，我们回顾一下：

（1）介绍了两个宏观经济调控手段，包括财政政策和货币政策。

（2）详细讲了货币政策的两个不同方向：货币紧缩政策和货币宽松政策，分别介绍了政策的目标、应对情况、调节经济的过程。

（3）讲解了货币政策的三个传统工具：存款准备金率、公开市场操作、调息；又说明了具体的操作方式，并对宽松和紧缩的货币政策进行了归类。

（4）介绍了一些经济学的基础知识：商业银行的运作模式——吸储、放贷，以及提准、降准的概念。

需要注意的是，并不是所有的宽松政策都叫“量化宽松”。因为货币政策一般有两种，一是从价宽松，另一种是从量宽松。降息相当于是对货币的“价格”直接进行了干预，所以属于从价宽松；而调整存款准备金率、公开市场操作，是对货币的量进行了干预，所以属于从量宽松。而“量化宽松”是特指在利率已经是0或者是负的情况下，央行再通过购买债券、证券等手段进行宽松政策，才称为量化宽松。

另外，还有一点值得提醒的是，我国现在还在运用的调节准备金率的方式，在美国等西方国家已经几乎不用了。而宏观调控的手段也是在一直进步和变化的，需要我们持续的跟进了解。

思考

2019 年来，我国也进入了宽松周期，这可能给你带来的影响是什么呢？

第三节　利率的决定

2019 年宣布降息，利率是央行决定的吗？

2019 年 1 月 4 日，央行已经宣布全面降准 1%。我们之前在讲货币政策时讲到，央行会通过三种手段进行货币政策调控，包括调整存款准备金率、调整基准利率、公开市场操作。其一调整存款准备金率已经出手，在年内实行降息也是大概率事件，2019 年已经确定了货币政策的结构性宽松基调。调整基准利率也就是我们常说的降息和加息，现在我们来做一个辩证的思考，看看央行是如何决定公布的基准利率的。

1. 市场利率的决定

我们在微观篇的《借钱为什么需要付利息？》一节中讲了利息是对延迟满足和延迟消费的补偿；而市场的均衡利率是由市场内借款的供需决定的。

如果宏观的市场情况好，市场上投资机会很多，随便把钱放到市场上就能赚很多，那这时候的利息就会比较高。

反之，如果宏观市场情况不好，市场上投资全是坑，很少能赚钱，那这时的利息就会比较低。与之对应的是，银行也会降低利息，因为人们都偏向于谨慎投资，而愿意把钱存入银行，银行不用付出多少代价，人们就愿意把钱存进来。

比方说 2018 年下半年起，我国经济下行压力比较大，市场比较悲观，对应的就是市场利率比较低。我们可以看到各种理财产品，也包括余额宝的回报率持续走低的现象。

补充一句，余额宝属于货币基金，投资的标的主要是银行间市场拆借和短期票据，反映的就是银行间拆借市场的利率变化。

余额宝收益走势图

2. 央行能够精确调整贴现利率吗?

我们前面说央行调整再贴现率（基准利率）是货币政策手段，这是主流经济学界的说法，基本上经济学基础的教科书也是这么教的。

与再贴现率相对应的是商业银行间利率，叫“零售利率”。

所以，每次调息调的是再贴现率（既不是存款利率，也不是贷款利率），我们之前讲过，央行会充当商业银行的最后贷款人，再贴现率是央行借给商业银行的贷款利率。

基准利率上调，贷款利率、存款利率都会随之上浮。

我们可以做个辩证的思考，央行能精确调整再贴现率吗?

我们先来看看加息的情况：

如果市场的无风险回报率是3%，央行忽然宣布加息到5%，有钱的就都想往外借，而一些企业想发展去借钱，本来收益率是4%，如果是3%的利息，他就能赚钱，提高到了5%，就变成了亏损，这个企业就不会去借钱发展了。

这时候央行的加息确实能起到给经济降温的作用，但是这样就使得本来还可以走得不错的经济停滞了，有什么好处吗?经济形势不好了，市场自然就会降低利率，这和加息动作刚好是相反的方向。这说明什么?加息可以短期影响市场的预期，但是长期来看，利率必然会回到市场自然的均衡点。

相反的也是一样的道理，如果降息就能让更多企业愿意借钱，刺激经济发展，但是这样的刺激市场真的需要吗?市场的需求本来没有那么大，消化不了企业的产出，就导致了产能过剩。企业无法赚回款项，借款就会产生一系列坏账，相当于市场风险变大，为了抵抗风险，就需要付出更高的利息，才有人愿意借钱。

当然上面只是为了说明调息的原理，我们国家每次加息、降息，单位都是

0.27 个百分点，不会调整太大，而美联储每次调息都是以 0.25 为单位。

那么问题就来了，央行能精确地测算应该加息或降息多少吗？

市场过热，市场消化不了那么多产能，会导致企业生产出的产品卖不出去，这时候如果降息，能给市场降温，避免大家不理性地生产，催生出虚假繁荣。关键在于，你怎么判断繁荣是不是虚假繁荣，怎么判断经济形势是否真的比较好，市场究竟能不能消耗这么大产能呢？

这个由一个中心化的组织去判断，是很难的。即便能够判断出确实过热，那又怎么判断究竟应该加息多少呢？会不会很容易就矫枉过正，让经济硬着陆，直接变成经济过冷呢？这样的情况在历史上并不少见。

因此，央行想通过调整基准利率去调整市场经济形势，是很难精准操作的。

3. 操控者还是汇报者？

但是我们之前说过，市场是一只无形的手，是有自我调节能力的。如果市场出现了一定的产能过剩，企业产品卖不出去，无法盈利，就还不上借款。借款难以回收，借出方自然就会不愿意把钱借出去。借出方觉得风险过高，借款供给减少，利息自然就要提高，市场就会降温。

这就是市场的自我调节机制。

因此，有一些经济学家认为，央行只是市场利率的汇报者。

这些经济学家认为，央行会在市场上做大量的研究，紧跟市场利率的走势，定期把它汇报出来。

如果经济过热，市场出现了一些存货，市场利率就会提高，央行就会把市场利率汇报出来。而其他的一些商业银行和金融机构就不需要再做过多的研究，直接跟进利率调整就好了。

只不过这个先后顺序，大家看到的是央行宣布调息在先，银行跟进在后。如此看来，大家可能会觉得央行是一个操控者，可实际情况并非如此。

这不得不让人想起2018年，美国经济走强，GDP增速创多年来新高，之后美联储四次宣布加息，股指创10年来最大跌幅，特朗普天天骂美联储“疯了”。如果美联储真的是个操控者，美联储主席鲍威尔为何要顶着总统和全国人民巨大的压力，在经济一片欣欣向荣之时接连加息呢?

真正的情况很可能是美国市场上已经出现了经济过热的情况，市场利率已经走高，美联储只不过是把这个情况公布出来。而公布本身也会影响市场预期，所以加息都不是一步到位，而是试探性地逐步加息。

那特朗普会不知道这个逻辑吗?他是一定知道的。只不过他是一个老练的商人，他需要有个人为股市的暴跌和大家预期的影响“背锅”，而鲍威尔就是他找到的“背锅侠”。

在四季度一度传言第四次降息将停止，市场还为之振奋，可实际情况刚好相反。如果第四次加息停止，说明市场指标恶化得比预期的更严重，那就说明利率调整没有按照市场的情况进行，而是加息加多了。最后我们都知道，美联储依然进行了第四次加息，这反而说明美国的经济增长依然强劲，因为这基本就是市场真实利率的反映。这一结论，刚好是与直觉完全相反的。

所以，央行究竟是一个市场利率的汇报者，还是一个利率的操控者，在不同的国家要视情况而定。

思考

我国央行每次加息都是以0.27个百分点为单位，而美国则是以0.25个百分点为单位。这是为什么?

第四节　货币

比特币热度退潮，我们再来聊聊货币本质

很多人总是认为经济学是研究赚钱的学科，我在之前便一再强调，经济学完全不是研究赚钱的学科，而是研究资源优化配置、研究人的行为的社会科学。

但是这一节我们要讲货币，又不得不说货币在经济学中有非常重要的意义。为什么又这么说呢?

1. 物物交换时期的小红和小绿

我们还是拿小红和小绿交易的故事为例。

上一次我们讲过，小红种菜，小绿养牛，他们俩互相交换，最后两个人的生活都比之前自给自足时有所改善。

但是现实并没有那么美好，假如小红有信仰，并不吃肉，小红想要大米，不要牛肉。那么小绿就要找一个卖大米的小白，但是如果小白也不想要牛肉，而是想要水果，小绿就需要去找个卖水果的人……这个故事可能永远都讲不完了，小绿为了换到蔬菜其实需要花很多的时间和精力。

在物物交换的年代，让两个人刚好交换互相想要的东西，匹配的效率是极低的。

2. 货币时期的小红和小绿

通常，经济学家们认为货币的出现是为了解决物物交换的匹配问题。

刚才物物交换的故事过于复杂，原因在于双方都是有一方想要另一方的商品，但是另一方未必想要对方的东西，这个问题应该怎么解决呢？那就需要寻找一个双方都想要的东西。

我们现在用货币交易觉得很自然，但是对我们的老祖宗们来说，那真的是太重要的发明了。他们制造了一个人人都想要的东西，而这个东西能让所有人都认可，这得需要多大的努力才能实现呢？

如果当年小绿忽然拿着一块石头，对小红说“我要买你的蔬菜，你拿这块石头去换你想要的大米就行”，小红是怎么接受的呢？

货币承载的是信用，小红需要相信小绿说的这块石头能换来自己想要的大米，小绿可以把牛给小白，让小白给自己一块石头作物证，这块石头就相当于现在可以抵 100 斤大米的欠条，然后小绿再把这块石头给小红，小红可以拿着石头凭证去换大米，这就是早期的货币。

三个人的故事讲起来都这么复杂，如何让越来越多人使用同一信用载体，真是一个神奇的过程！

总之，后来实现了让更大范围的人接受这种信用承载。小绿想买小红的蔬菜，直接拿着钱去买；小红直接拿着钱，去买她想要的大米就好；小白、小黑、小黄都直接拿钱去买自己喜欢的东西，再也不需要兜兜转转，把货物换来换去了。

3. 曾经的货币

货币发展会经历三个时期：实物货币、虚拟货币、共识货币。这个分法是由五道口金融学院、北大国发院的客座讲师张其亮老师提出的，我认为这个说法比很多教科书中货币的分类要合理很多。

比如很多学者把纸币作为货币的一种，那塑料币和布料币是不是也要分为一种呢？再比如有些学者，喜欢分纸币和数字货币，那现在我们银行里的数字化的货币、我们现在移动支付的货币属于哪种呢？这个数字货币和比特币的区分又如何区分呢？

现在我们以这三种分类逐一来说明，你自然也就明白了这种货币分类方式的逻辑优越性。

（1）实物货币。

实物货币是自身稀缺、本身有价值的货币。

货币需要承载信用，但是一个无价值的东西承载信用很难，因此起初货币本身是要有使用价值的，而且得是稀缺的，如果遍地都是，那就没法承载信用了。人们愿意认可它的使用价值也很重要，可以用来装饰、可以用来制造成什么能使用的东西。

在历史上，不同的文化环境和地理环境下，有过许多货币的种类，有石头、贝壳，甚至羽毛。

我们要稍微说一下“贝壳”这一曾经的货币。中国的文字多数都是象形文字，可能因为我们中原地带的很多重要地区都是使用过贝壳作为货币的，所以引致了一个非常有意思的影响：许多与钱相关的字都是以“贝”为构成元素的，比如赚、赔、货、贵、贱、贡、赢、赌、财、购等。

后来，实物货币通过发展和统一，正如我们都知道的：金、银等贵金属，就成了几乎全球通用的货币。

对此，马克思也有一句非常著名的话：“金银天然不是货币，但货币天然是金银。”这句话非常有趣，值得大家反复琢磨。

（2）虚拟货币。

虚拟货币是指货币本身并没有价值，但是它承载着信用，一般需要有国家等有信用的权威组织作信用背书。其中的一个代表就是我们现在的纸币，当然，后来纸币也数字化，很多交易都直接通过电子化、数字化完成了转移。

这里说明一下为什么并没有像很多货币分类那样分成纸币和数字货币两种，是因为现在我们电子交易的货币和纸币并没有本质区别，都是本身无价值、有中心化的权威组织信用支撑。

二战后，1944 年，怀特提出的“怀特计划”货币体系被采纳，也就是我们熟知的金本位时期，形成了“布雷顿森林体系”。美元盯黄金、各国货币盯美元，那么全球的货币是要依托于美国的信用的。

不到 30 年，1971 年，布雷顿森林体系崩溃，美国宣布不再盯住黄金，从此美元与黄金脱钩，便形成了现在的货币体系。货币完全由各国政府自身的信用承载，货币发多发少，能否控制得住自己发钱的欲望，完全靠政府的人品和自觉。

这种货币体系自然有个致命的问题，那就是各国政府可能控制不住，也控制不好增发的货币量，很多人在货币的贬值中利益严重受损。

为了解决这一问题，越来越多的人不再信任中心化的货币发行组织，所以有了这些年以区块链技术为依托的比特币等加密数字货币。

（3）共识货币。

比特币想要实现的就是共识货币，但是它还没成功，只是这样的一个意愿，未来谁能实现这一目标、多久能够实现都还是未知数。

共识货币与第二类虚拟货币完全不同，它不需要中心机构的背书，而是由大家的共识达成的。

为什么说比特币是共识货币的雏形呢?

①数量有限，不受人为控制。比特币总共有 2100 万枚，有算法控制它能被怎样“挖”出来，就像金子一样，“挖矿”会越来越困难。

②交易不可被篡改。通过区块链技术，让每个节点参与记账，这个结果记录在每个节点上，而不是一个核心节点来记录。除非有人能篡改超过 50% 的节

点数据，但是这是几乎不可能实现的，这比一个或几个核心节点记录的模式安全得多。

当然，有很多学者说了各种理由攻击比特币不是货币，比如价值波动大等，这里我就不一一说明了。总之一句话，这些问题都是因为比特币还没有成为“共识货币”，而且这些问题都是任何货币在成为货币这条路上必将经历的，和当年黄金成为货币之前经历的没有什么不同。

再次强调，以上也并不意味着比特币会成为共识货币，只能说我们通过比特币，看到了未来共识货币的可能性。

4. 货币的三项职能

我一直强调看事情不要太复杂，要看本质。看货币也一样，我们要回归本源，看看货币的三项职能：

（1）交易媒介：就是刚才故事里提到的，作为物物交换的中间媒介。

（2）价值度量：比如买小麦 2 元 1 斤，牛肉 15 元 1 斤，能作为一个度量标准换算，因此货币的可分割性很重要。因此，后来金银会替代石头、贝壳作为货币，和它方便切割、度量有关，后来的纸币就需要有各种单位，而数字化的货币则更是零分割成本作为价值度量了。

（3）价值储藏：青菜可能随时会坏掉，牛肉也不可能一直保鲜，小红和小绿如果能够及时地把物品换成货币储存起来，之后需要什么东西再随时使用，也就实现了价值储藏的职能。

之后我们在探讨一种东西能不能做货币时，看这三条就可以了。因此现在各种学者洋洋洒洒万言讨论比特币到底是不是货币，讲了无数道理，都不如回归到货币本源这三条来探讨。

我们可以说经济学一个重要的关注点是如何用自己拥有的东西，换成自己想要的东西。而货币则是在这个过程中一个非常重要的媒介，理解货币的重要性，只要关注三个方面：货币为何产生、货币的分类、货币的职能。这一节我就是围绕着这三个方面，对货币做了整体的介绍，希望能对你有所启发。

思考

根据货币的职能和分类，你认为理发店的储值属于货币吗？
如果是，属于哪种类型的货币呢？
如果不是，为什么呢？

第五节　金融危机

金融危机是怎么回事？

“金融危机”这个话题，懂不懂经济学的人都能聊上两句，最近我跟一好友小C吃饭时，她忽然说：“大墨，2018年过去了，竟然没金融危机？”我当时吓得筷子都要掉了，她明明是个整天嘻嘻哈哈、毫不在意时事的人，我一聊经济学她就刷手机，她都能问出来这种问题，足见大家对金融危机的关注了。

我问她：“你从哪儿听说2018年要金融危机的？”

她说：“电影里啊，从2008年的金融危机开始，十年一个周期嘛，2018

年都说很危险！”

我确实被震惊到了，她不只知道金融危机，还听说了十年一个周期。

我就接着问了问：“你觉得什么叫金融危机啊？”

小C回答：“哎，还真没仔细想过……嗯……股市大跌吧？”

我继续问道：“噗……你又不炒股，那金融危机和你有啥关系呢？”

小C答不出来，也懒得理我，开始跟我推荐她最近看的电视剧……

1. 什么是金融危机?

反思一下，问我的好友小C什么是金融危机确实太为难她了，毕竟有位著名的经济学家雷蒙德·戈德史密斯都曾经说过：“如同西方文化中的美女一样，金融危机也是难以定义的，但一旦相遇却极易识别。”

这是个比较幽默的说法，一般来说，金融危机还是有定义的：如果全部或者大部分的金融指标在短期内急剧恶化，就意味着发生了金融危机。这些金融指标包括：利率、汇率、资产价格、企业偿债能力、金融机构倒闭数等。

金融危机还分很多类别。

（1）货币危机。

一般来说因为投机者的冲击，会使一国货币短期内大幅贬值，为保证汇率，政府很大概率会动用国际储备。1997年的亚洲金融危机，波及我国香港地区，我国政府利用大量外储击退索罗斯，使得香港在这一波金融危机中不至于损失过重。这段历史便是典型的货币危机，当时的情况在良心金融剧《东方华尔街》中有描述，感兴趣的可以去看看。

（2）银行危机。

讲到金融体系中银行的部分时，我有提到，银行要靠吸储放贷盈利，这种“借短放长”的方式，导致银行天生最怕挤兑。简单来说，就是银行把大家存进来的钱都贷出去了，给储户很少的利息，以更高的利息来发放贷款赚差价。

这时候银行最怕的是什么？就是储户都来取钱，这种情况叫挤兑。

如果有人放出消息“A 家银行的钱取不出来了”，大家都开始抢着去取钱，本来没问题也会出问题。银行为了不破产就会低价变卖资产。A 银行大量变卖资产会让更多人怀疑 A 银行要破产，这使得更多人去挤兑；银行需要继续变卖资产，这使资产价格进一步降低……A 银行的经营情况会急速恶化，甚至可能直接破产。

要命的是一个银行出问题，大家就会怕其他的银行也出问题，抢着去其他银行取钱，这种情况就会导致银行接连倒闭，引发银行危机。

这个情况有没有一点熟悉？2018 年下半年，ofo 被传资金链断裂，押金无法退出，大家便都开始排队退押金。ofo 的问题在于急速的扩张，用本来的押金做了资金池做投资资金，一旦发生挤兑就非常危险。我相信，你在申请退 ofo 押金时，会想着把摩拜单车的押金一并退了，免得遇到同样的问题。好在摩拜身后站着美团，否则在这次共享单车挤兑风潮中也非常危险。

之前听一位实战派金融学者说“商而优则融”，最近更是深有感触。商业做久了，最终目的都想有资金池，然后去做金融，但是金融体系本身都有极大的脆弱性，不懂金融的风险，把所有的商业都变成玩金融的方式是非常危险的。

（3）股市危机。

这种情况最好分辨，股市崩盘的情况当然就是股市危机。金融危机一般都会引起股市的动荡，也难怪很多人都觉得“金融危机 = 股市大跌”，但这绝对是不全面的。

（4）债务危机。

这种情况一般指一个国家不能支付其外债的情况。离我们最近的一次就是 2009 年的欧洲债务危机，再远一点的就是第一次世界大战后，各战胜国为了瓜分战败国，给德国制定了一个根本不可能偿还得起的债务额，这甚至直接导致了第二次世界大战。

债务危机会使得债务国不得不大量发行货币，导致货币大幅贬值，产生恶性通货膨胀，导致整个社会动荡，甚至很可能引发战争，因此债务危机的影响力，是万万不能忽视的。

（5）系统性金融危机。

指以上的几种危机相继发生，使整个金融系统都出现了问题。金融系统具有传导性强的特点，一般来说金融危机很少是独立的，会有几种危机同时发生。

2. 为什么会有金融危机?

（1）金融业本身具有脆弱性。

金融行业有一个普遍的特点，就是高负债经营，前面说的银行业的经营情况就是一个典型代表。这一高负债经营的特点直接导致了金融体系的脆弱性。

（2）标志性事件导致市场信心崩溃。

脆弱性不代表会发生危机，但是风险的累积都是因为金融的脆弱性累积到了一定的程度。这时如果有一个标志性的事件发生，就会引发市场信心的崩塌。比如 2008 年金融危机就以雷曼兄弟的破产为开始的标志。

大企业的危机可能引发整个经济体的市场信心崩溃，让金融体系进一步恶化，因此有了“大而不能倒”的说法。

巨型金融企业到底能不能够破产，这是一个极具争议的问题，如果不在关键时间救助一个会引发系统性金融危机的大企业，就会影响更多的人。但如果对这些大公司实行救助，大企业觉得自己做到足够大就不会倒闭，就会只考虑利益而不顾风险，这会给金融系统带来更大的危机。

这是一个恒久的矛盾问题，也会永远被这样争论下去。但对此，我还很喜欢美联储前主席格林斯潘的一句铿锵有力的话："If they are too big to fail, they are too big." 这句话不管怎么翻译都保存不了原本的气势，但是我暂且翻译一下，希望有助于大家理解，“一个企业如果大到禁不起倒闭，那它就真的太大了。”

3. 金融危机与经济危机

鉴于很多人会混淆金融危机和经济危机，我认为要简单地说明一下。

经济危机一般是因为产能过剩，经济过热。

有时候我们看到 GDP 增速很快，就觉得是好事，其实并不是。为什么都说经济周期，就是因为经济如果一段时间增长过快，市场就会提振信心，大家都疯狂生产，GDP 增速就自然高了。但是市场并不需要那么多产品，市场消化不了，就是产能过剩，产品价格大幅下跌，甚至出现被广为诟病的资本主义社会“奶农倒掉牛奶”的情况。

这种情况会阶段性地出现，看看我国的经济增速图就能发现，一次的经济过热可能需要七八年的时间来消化，因此现在“防经济过热”是很重要的调控。

但金融危机则完全不同，是整个社会资产负债表的恶化。这其中包括：政府、金融机构、企业、个人的资产负债表急剧恶化。

简单来说，经济危机就是产品生产得太多了，而金融危机则是因为债借得太多，玩脱了。

4. 总结

本节我们首先介绍了金融危机到底是什么，有哪些分类；其次我们讲了引发金融危机的原因；最后，我们简单讲了经济危机和金融危机的区别。

思考

你了解 2008 年金融危机的原因和过程吗？

金融体系与货币

- **金融体系**
  - 1 央行
    - 货币政策
    - 外汇储备管理
    - 职能
      - 发行的银行
        - 发行货币
      - 政府的银行
        - 制定货币政策
        - 管理外汇储备
      - 银行的银行
        - 收取存款准备金
        - 充当最后贷款人
        - 对商业银行窗口指导
  - 2 商业机构
    - 银行机构
    - 保险机构
    - 证券机构
    - 其他
      - 期货
      - 信托
      - ……
    - 职能
      - 提供不同风险、收益的选择
  - 3 监管机构
    - 银保监会
    - 证 监 会
    - 职能
      - 保障金融体系稳健运行
- **货币政策**
  - 主体
    - 中央银行
  - 手段
    - 1 存款准备金率
    - 2 调整再贴现率
    - 3 公开市场操作
  - 方向
    - 宽松的货币政策
      - 刺激经济增长
    - 紧缩的货币政策
      - 防止经济过热
  - 争议
    - “货币政策对经济来说，就像推绳子一样软弱无力”
- **利率决定**
  - 争议
    - 央行是市场利率操控者
    - 央行是市场利率汇报者
- **货币**
  - 物物交换
    - 匹配效率极低
  - 货 币
    - 提升匹配效率
  - 类型
    - 1 实物货币
      - 石头
      - 贝壳
      - 金银
    - 2 虚拟货币
      - 由中心组织（国家）信用背书
      - 法币
    - 3 共识货币
      - 不需要中心机构背书
      - 大家共识达成
      - 雏形——比特币
  - 三职能
    - 1 交易媒介
    - 2 价值度量
    - 3 价值储藏
- **金融危机**
  - 定义
    - 全部或大部分的金融指标在短期内急剧恶化
  - 类型
    - 1 货币危机
    - 2 银行危机
    - 3 股市危机
    - 4 债务危机
    - 5 系统性金融危机
  - 原因
    - 金融业的脆弱性
    - 标志性事件导致市场信心崩溃
  - 区分
    - 经济危机
      - 产能过剩，经济过热
    - 金融危机
      - 借债过多，还不上

第三章

政府与财政

第一节　财政政策

五分钟搞懂财政政策

之前我们讲过货币政策，是央行通过调整存款准备金率、公开市场操作、调整再贴现率三种方式，对宏观经济进行调节。这一节我们来讲讲财政政策。

1. 财政政策

财政政策的主体是政府，是指政府通过调节税收水平和政府购买水平，对宏观经济进行调控。

财政政策调节和货币政策一样，都是要进行逆周期调控。

如果经济走势比较好，发现经济有过热的趋势，政府可以采取紧缩性财政政策。

紧缩性财政政策包括：增加税收、减少政府购买。税收高了，大家拿到手的钱少了，买东西的人就少了；政府购买少了，也相当于社会的总购买减少，经济增长就会放缓。之前我们讲过，经济过热容易造成产能过剩，导致经济危机，紧缩的财政政策和货币政策都是在这种情况下使用。

若经济增速放缓，甚至有经济衰退的迹象，政府可以采取扩张性财政政策。

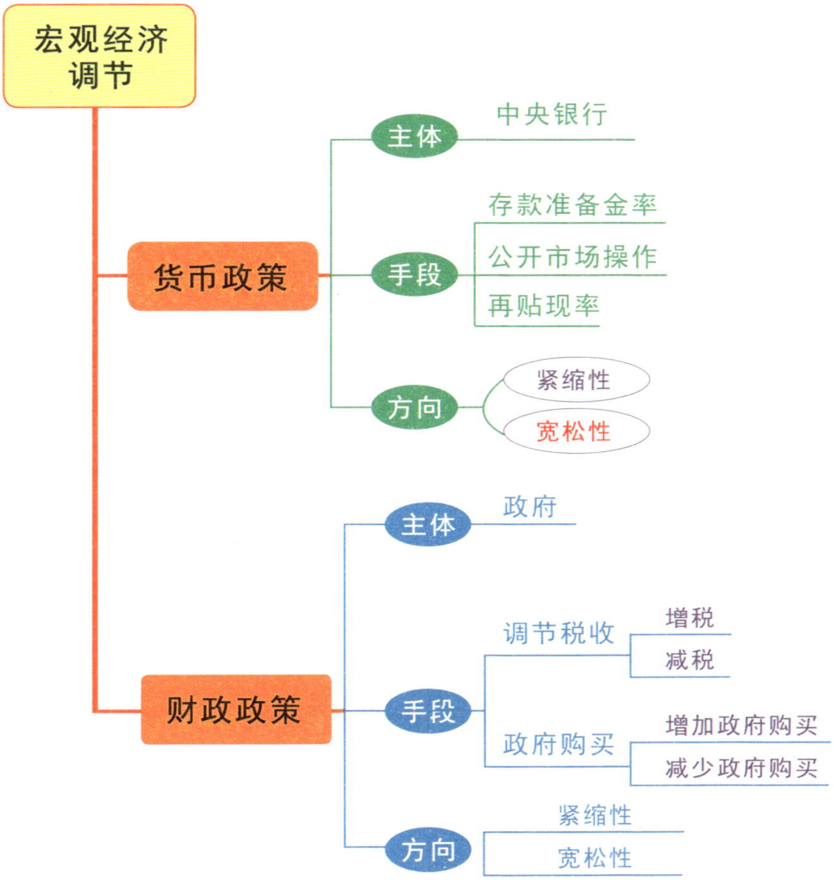

扩张的财政政策包括：降低税收、增加政府购买。税收减少，相当于政府让利，大家到手的钱多了，就有钱消费，自然经济就会回暖；政府增加投资，创造了就业，也直接投入了资金，让一部分人赚到了钱，这部分人就会去消费，进而推动经济发展。

2. 乘数效应

从政府购买的情况来说，如果政府要修路，需要购买材料、购买设备、雇用工人，比如花了 1 亿，这让供货企业、设备商需要向他们的上游公司采购，又推动了其他企业的购买动作。这些企业赚到了利润，一部分会投入再生产，一部分会去消费，消费又推动另一部分人赚到了钱，他们可以进一步消费……这样形成了一个良性循环，经济就开始变好。原本只花了 1 亿元的投资，结果 GDP 增长了 2 亿，这时候乘数效应就是 2 倍。

凯恩斯有个形象的说法：在经济不景气时，政府如果雇一些工人每天去挖坑，然后再去把坑填好，经济形势就变好了，就是基于乘数效应的基础。这也是经济形势不太好的时候，政府经常去扩大基建工程的原因。

乘数效应能将政府增加购买的刺激经济效应加强，同样的道理，也能将政府减税对经济的刺激效应加强，乘数效应让财政政策更加有效。

3. 挤出效应

一般扩张性的财政政策会伴随着财政赤字，有时，政府会通过发行国债的方式来筹集资金。

政府从公众手里借来的钱，就挤占了他们的投资和消费的钱，这种情况叫作挤出效应。比如，政府投资了 1 亿，私人就会少投资和消费一些。有人说是“政府投资 1 块钱，私人就少投资 1 块钱”，我认为这是有些偏颇的，原因有二：其一，很多基建项目和容易被“搭便车”的公用品，本来私人也是不太会去投资的；其二，购买国债的未必只有本国人民，尤其像美国这种国家，就有很多国外的人购买其国债。

所以挤出效应只是会让政府购买和减税的效果不如预期的明显，比如本来乘数效应让 1 亿投资带来了 2 亿的 GDP 增长，又因为挤出效应的存在，让 GDP 增长缩小到了 1.6 亿。

挤出效应的第二个原因是：政府购买和减税，引起了总需求提高，总需求的提高又进一步影响市场的利率提高，利率提高又会降低总需求。这一来一往，就把财政政策带来的效应又抵消了一部分。

4. 财政赤字

一般如果施行扩张性的财政政策会同时用两个方式：一方面，要降低税率，这会降低政府的收入；另一方面，还要增加政府支出，这两个是非常矛盾的。

政府要同时施行这两项政策需要怎么办呢？政府就只有举债才行。政府的税收收入加上一定的负债，才能填补政府的支出，这就是财政赤字。

因此，奉行凯恩斯主义的政府，普遍有债台高筑的情况，美国的财政赤字很大部分原因来自财政政策，当然也有美元的国际霸权货币的因素。

之所以有很多人反对财政政策，主要是两个方面原因：一方面，因为前面说的挤出效应，可能带来的效果不明显；另一方面，因为政府需要负担高额的财政赤字。

5. 实际影响

那么财政政策实际带来的效果有多少呢？是2倍、3倍？还是1倍、1.5倍？

宏观经济的样本很少，而且没有办法做控制其他条件一致的比对实验。但通常，在经济发展较好的情况下，政府购买和降税对经济的刺激基本没有什么效果，也就是乘数效应带来的正向效果，叠加挤出效应带来的负向效果，带来的最终乘数是1；而在经济衰退时期，叠加后的乘数效应是1.6左右。也就是说，主流的现代经济学认为财政政策对衰退的治理是有好处的。

但古典经济学派，还有新古典、新自由主义经济学派都认为政府不应该过度干预经济，政府做好“守夜人”的角色就够了。他们觉得：第一，政府无法精准定位问题，进行决策；第二，政府效率低下，制定出的政策有时滞，甚至会给经济带来不好的影响；第三，市场机制有自动调节供需的均衡机制，也就是说市场有自愈功能，完全不需要政府。

但支持财政政策的人则认为，第一，在市场低迷时，政府积极地做些什么总比什么都不做要好。

第二，市场中的人不是完全理性的，用凯恩斯的话讲，市场中的人是存在“动物精神”的。市场也会受信心影响，比如2008年金融危机下的8000亿美元刺激，还是让整个市场迅速提振了信心，让美国在金融危机中更迅速地复苏了起来。相比之下，欧洲政府的无所作为，让欧洲的经济恢复缓慢，失业率也维持在更高的水平。

当然，美国和欧洲各国选择不同方式对待金融危机，也并不完全能证明效果有多大比例是来源于财政政策。在宏观经济学里永远都没有两个相同的参照作为比较，这个问题已经被争论了几十年，而且近几年也有愈演愈烈的趋势，我们只能在这条路上一边摸索一边争论着走下去。

6. 总结

本节我们讲了财政政策包括政府购买和调节税收水平。财政政策包括紧缩性财政政策和扩张性财政政策，紧缩性财政政策是要减少政府购买和增加税收，扩张性财政政策则是增加政府购买和减少税收。

无论是政府购买还是减税，都有乘数效应能给经济带来更积极的影响，而同时存在的挤出效应，会削弱这种影响。

通常在经济衰退时期，乘数效应更明显，挤出效应较弱；而在经济形势较好时，挤出效应就会把乘数效应抵消掉。

对于政府是否应该采取财政政策，各学派长期争论不断，且将持续下去。

思考

2008年我国政府拿出4万亿来刺激经济，你认为当年它在提振经济上起到了什么作用，又带来了哪些问题呢？？

第二节　失业与就业

政府可以调节失业率吗？

之前我们讲过，一个国家的国民最关注的三个宏观经济数据是：GDP、通货膨胀率、失业率。

GDP 反映的是经济的增长情况，通货膨胀率反映的是国民财富缩水的情况，就业情况则是保证社会稳定的重要因素。

1. 失业率的衡量

通常，国际上都是通过抽样调查的方式来获取国内的失业率，而之前我国公布的失业率则是登记失业率，这就让我国失业率的参考价值比较低，因此我国的经济学家提到“失业率”的时候非常少。

国家统计局计算失业率的方式如下：

失业率 =（失业人口数 ÷ 劳动力人口数）× 100%

注意这个失业人口数是指有劳动能力，并且想要找工作，但是没找到的人。而劳动力人口数是指具有劳动能力的那部分人口，自己本身就不想工作的人、没有达到法定劳动年龄的未成年人、老人都是不计入在内的。

自 2018 年一季度起，国家统计局开始公布调查失业率，截至 2018 年 12 月，我国的调查失业率是 4.9%。

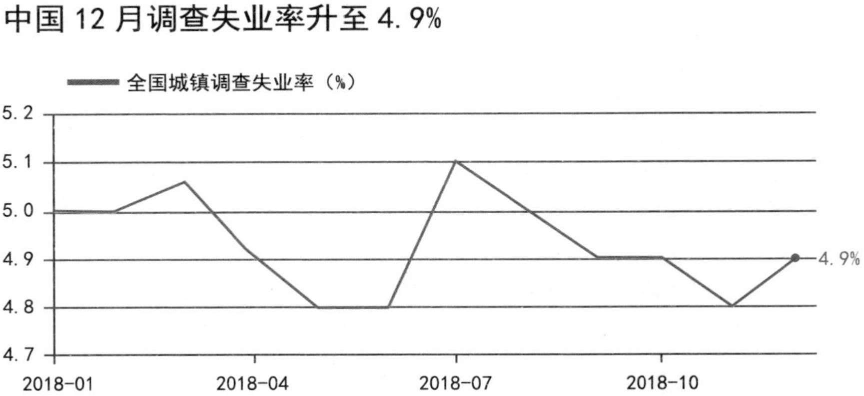

2018 年中国城镇失业率

数据来源：财新数据

原始数据来源：国家统计局

我们都知道高失业率是一件坏事，因为高失业率意味着更多的暴力和社会动荡，因此，把失业率维持在一个较低的水平是很重要的。

那么一定会有人觉得，失业率的目标是越接近 0% 越好，这是不对的。因为失业率会一直存在，哪怕是在经济向好甚至经济过热时都会存在。要理解这个原因，需要了解两个概念：自然失业率和周期性失业。

自然失业率指经济活动中正常情况下就会存在的失业率，后面我们会专门说明自然失业率存在的原因。

周期性失业是说实际的失业率是围绕着自然失业率上下波动的，它会根据经济周期波动。如果经济上行，就业就会更充分，实际失业率就会非常接近自然失业率，甚至低于自然失业率；如果经济形势不太好，实际失业率就会高于自然失业率。

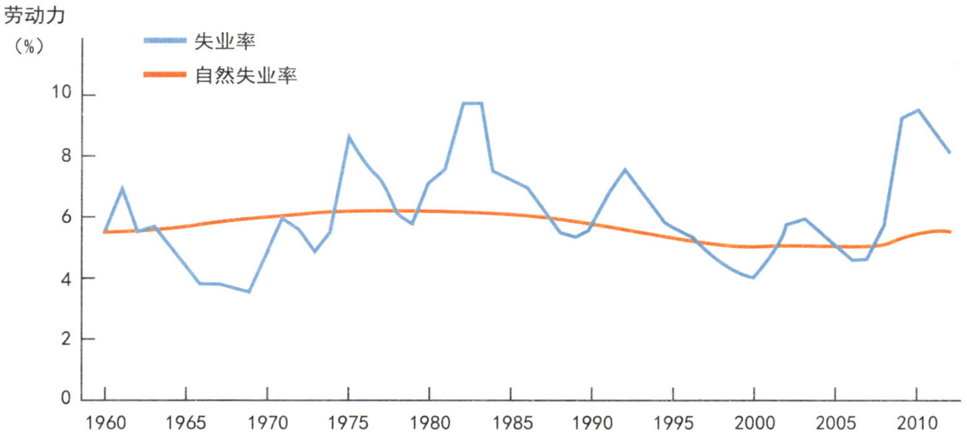

自 1960 年以来美国的失业率

2. 失业的原因

那么让人们失业的原因是什么呢？经济学家认为有三种原因：

（1）摩擦性失业：也就是我们从一个工作换到下一个合适的工作，通常是需要时间的，并不一定是无缝切换，这种情况称为摩擦性失业。摩擦性失业通常可以解释一些短期失业。

（2）结构性失业：有时社会结构是在转型的，之前的手工纺织工人在被机器纺织取代时，纺织工人要想成为其他行业的工人是需要一定的培训时间的。这种行业结构调整带来的失业情况，称为结构性失业。结构性失业可以解释一些偏长期的失业。

摩擦性失业和结构性失业会一直存在，所以失业率不可能是 0，而是会存在一个自然失业率。

自然失业率是不能消除的，我们要尽可能消除的是周期性失业。

（3）其他市场力量影响：前两种失业都是在经济体内哪怕是供需平衡的情况下，也会存在的失业。但还有一些情况，因为行政干预或是某种市场组织，会让工资高于均衡水平。根据在微观经济学篇中提到的均衡理论，工资高于均衡水平会让社会对劳动力的需求减少，而劳动供给增加，这就会让失业率提高。

这种情况可能有三种原因：第一，可能是政府出台的失业福利制度、最低工资制度；第二，可能是工会力量；第三，也可能是企业主为了吸引人才付出的超额工资（效率工资）。

其中最低工资制度和工会力量带来的失业率提高问题，我们会在本章的后面两节中专门讨论，这里我们解释一下失业福利制度和效率工资。

3. 失业福利的事与愿违

失业福利本身是希望能保护失业的人口，让他们在找到工作之前有最基本的生活收入来源。但是失业福利本身又会形成“养懒汉”的不良后果，因为人会对政策激励做出反应。

很大一部分失业人口本身就是低技能人群，他们能够找到的工作，收入水平不高。如果不工作就能有一定的保障性福利，那么他们可能就不再愿意辛苦地去做一份不满意的工作。

这些不工作的人，也很难通过自己工作中的经验，在未来获得更好的工作岗位，这样就形成了恶性循环。人有时追求短期利益最大化的决策，其实是放弃了未来长期的可能性。

原本良好意愿的失业福利制度反而会带来更高的失业率。为了应对这种情况，经济学家们想了很多办法，比如精准扶贫和失业期的技能培训，都是很好的解决方式。通过教会贫困和失业人口某项社会需要的技能，并引导他们找到合适对口的工作，让整个社会的经济效率得到提高。

4. 效率工资

效率工资是指，如果一个企业给出的工资高于市场的均衡工资水平，这个员工的工作会更有效率。因为他们没有更好的选择了，他们需要避免被开除，所以会努力把现在的工作做好，工作效率会更高。企业内员工的离职率低，那么对新员工培训和交接的成本也会降低，这反而能让企业得到更高的利润。

在 20 世纪，福特汽车公司就曾给员工开出了高出市场价格 2 倍的工资；近年来，Netflix 公司也给员工超出市场的薪资待遇。或许这些公司决策者们看到了高薪资反而能降低成本、提高效率的一面。

因为工资的提高，每个员工的效率提升，这必定让公司需要的总员工数减少，也就带来了更高的失业率。

5. 菲利普斯曲线

如何降低周期性失业呢？经济学家们开始寻找一些调节失业率的方法。

著名的经济学家菲利普斯提出，失业率与通货膨胀率呈负相关。他发现低失业率的年份伴随着高通胀率，而高失业率的年份，通胀率则非常低。

菲利普斯曲线背后的原因是什么呢？

如果通货膨胀率高，市场上的钱多了，大家都会积极地去消费，而企业感知到了需求增多，就会积极地投入生产，雇用工人。被雇用的工人赚到了钱，进一步消费，这个正向循环刺激了经济的增长。

菲利普斯曲线似乎给了政府一个很好的方案：通过印钱的方式来解决失业率，这对政府来说不是一举两得吗？

遗憾的是，很多经济学家都对菲利普斯曲线提出了质疑。之后美国经济学家弗里德曼提出，从长期的角度看，菲尔普斯曲线是一条垂直的线，通货膨胀率并不能影响失业率。

菲利普斯曲线

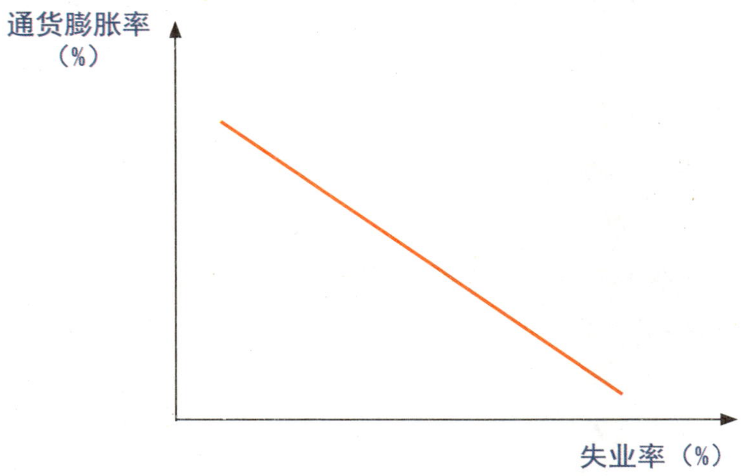

本来人们以为高通胀和高失业率不会同时存在，但很不幸的是，20 世纪 60—70 年代，美国的石油危机使得通货膨胀提高，失业率急速攀升，出现了高通胀和高失业率同时存在的情形，这种情况在经济学中称为“滞胀”，菲利普斯曲线失效了。

菲利普斯曲线

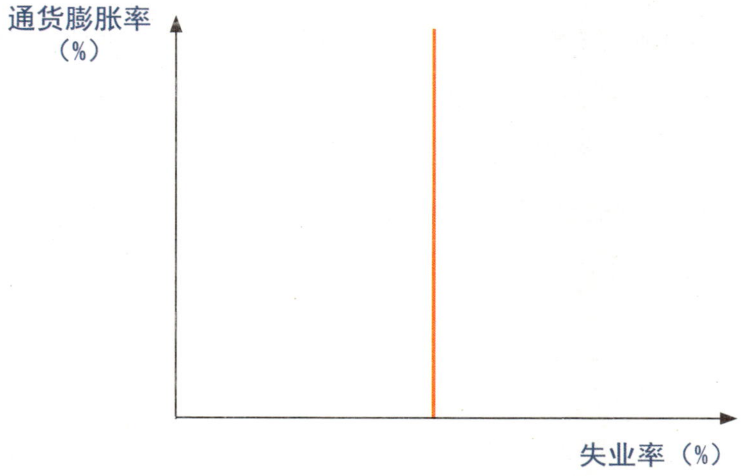

现在关于通货膨胀和失业率之间的权衡取舍问题，主流的宏观经济学家基本已经有了共识，那就是在短期内，通货膨胀率的提高确实能降低失业率，这个时期大约是 2 ～ 5 年。但从长期来看，失业率不会受通货膨胀率影响。

6. 总结

在这一节我们介绍了失业率的衡量方式，现在国家统计局公布的失业率已经从登记失业率过渡到调查失业率的口径了。

摩擦性失业和结构性失业，使得自然失业率存在，这让失业率一定不会为0。我们需要消除的是周期性失业。

另外，其他市场力量也会导致失业，可能有三种原因：①政府出台的失业福利制度、最低工资制度；②工会力量；③效率工资。

为了降低周期性失业，经济学家菲利普斯发现可以通过提高通货膨胀率的方式来降低失业率，但这只能在短期内有作用，长期来看，高通胀率并不能降低失业率，甚至可能会有滞胀的情况出现。

思考

未来10年，你觉得可能出现哪些科技的变化？又都会给哪些行业带来影响？

哪些职业会受结构性失业影响，出现较高的失业率呢？

第三节　最低工资制度

北京最低工资标准上调，是帮助了穷人吗？

2018年6月29日，我正在校对着文稿，忽然微博弹出了一条新闻提醒“北京市最低工资标准上调至2120元”。我看到微博上很多人还在感慨最低工资标准还是太低了，我心里不禁一沉，因为在学习经济学之前，我也觉得最低工资是一个对穷人有利的政策，而最低工资当然越高越好。而现在我担心的却是，不知道多少低技能的劳工，因为最低工资标准的提高，不得不离开他们追逐梦想的城市。

【北京最低工资标准将上调至2120元】29日，北京市人力社保局宣布，将在9月份上调最低工资标准，由目前的每月2000元调整为每月2120元，增加120元。同时，非全日制从业人员小时最低工资标准由每小时22元提高到每小时24元；非全日制从业人员法定节假日小时最低工资标准由每小时52.6元提高到每小时56元。（北京青年报）

我知道很多人并不同意这个说法，写这个话题也必定遭到很多口诛笔伐，但是还是有必要说一说。因为，这才是经济学的精髓，看到政策理想和现实的错配，帮你看到别人看不到的一面。

我不想多啰嗦，咱们直奔主题，我为什么说最低工资标准提高，对低技能穷人来说未必是好事呢？最重要的原因只有一个：最低工资标准的提高会增加失业率。

1. 最低工资标准提高导致失业率提升

早前在美国有数据表明，最低工资提高 10%，会导致低技能工人失业率增加 1% 到 3%。而中国的学者马双、张喆等在《最低工资对中国就业和工资水平的影响》的报告中，也证实了这一数据在中国依然成立。

最低工资每增加 10%，企业雇用人数将显著减少 0.6% 左右。对于工资水平位于最低工资附近的企业来说尤为明显，最低工资上涨 10%，企业雇用人数约减少 1.2%。这无疑是对低收入劳动者更大的伤害。

你如果觉得增加 1% ～ 3% 的失业率不算多大的影响，那你再看看，2016 年北京常住人口数已经达到 2173 万，假设其中有一半的老人小孩不需要工作，假设工作人口只有 1080 万，哪怕只是总体 0.6% 的失业率，也意味着，因为本次调整，北京市很可能有近 7 万的人口会因此失业，而他们都是低技能的底层劳工，你还会觉得这次的提高最低工资标准是保护了穷人吗？

当然，其中没有失业的一些人，他们的收入刚好在最低工资标准以下，提高到了最低标准的水平。但是我确实难以区分这带来的好处，能否抵消这新增的失业人口带来的损失。

我不是说最低工资标准的提高一定是个坏的政策，但它真的不是我们想象中的绝对的好事。

2. 最低工资的提高提升失业率的原因

我们知道了最低工资标准的提高，会带来失业率的提高，我们现在从经济学的角度，解释一下其中的原因。

（1）最低工资的提高，相当于提高了企业的用人成本

用人成本提高，企业就会降低工作的供给数量，来降低成本。

短期的方法是：解雇一部分员工，对未解雇人员复用。比如以前4个人做的工作，现在让3个人复用来做。企业经营者会觉得，我给这3个人提高了工资，他们增加点劳动量也是应该的。

我们再换个角度，这个社会上一定有很多企业只有微薄的利润勉强维持，如果这些企业不去解雇员工，而员工的工资提高，用人成本提高，这个企业就会从维持转为亏损，可能会导致企业倒闭，那么这些员工也就都会失业。

（2）从长期来看，工业流水线会替代行业内更多劳动力

企业为避免未来人工成本进一步提高，会进一步想出长远的对策。随着时间的拉长，企业应对的解决方案就越多，成本提高给企业带来的影响就越小。

企业可以一次性投入一些资本，引入流水线，减少对人工的依赖，这样失业的人就会越来越多。之前说的1%～3%的失业率提高只是短期的效应，在长期来看，该行业内的失业率会进一步提高。因为企业主会考虑推动工业的智能化，以免未来人工成本进一步提高，给企业造成冲击。而事实上，最低工资标准更高的国家，失业率也更高，制造业的工业化也更加先进。

这一点，其实就是微观篇在讲“弹性”概念时讲到的内容：随着时间推移，人有更多的应对方案，需求对价格的弹性增加。

很多人都会希望最低工资标准不断提高，且越高越好，这样自己的薪水就会跟着变高。但其实这样忽略了为自己出资方——企业的成本。如果工资高到企业无法覆盖自己的生产经营成本，那么企业只能破产，这样会导致更多人失业。或者企业为了活下来，只能选择裁员，让流水线和工业化替代人工成本，这也会导致失业率上升。

3. 其中的经济学原理

上面是纯逻辑推理对最低工资带来后果的解释，另外，经济学在原理推导时，也能从需求和供给曲线的角度进一步说明，相信能加深你对这一问题的理解。

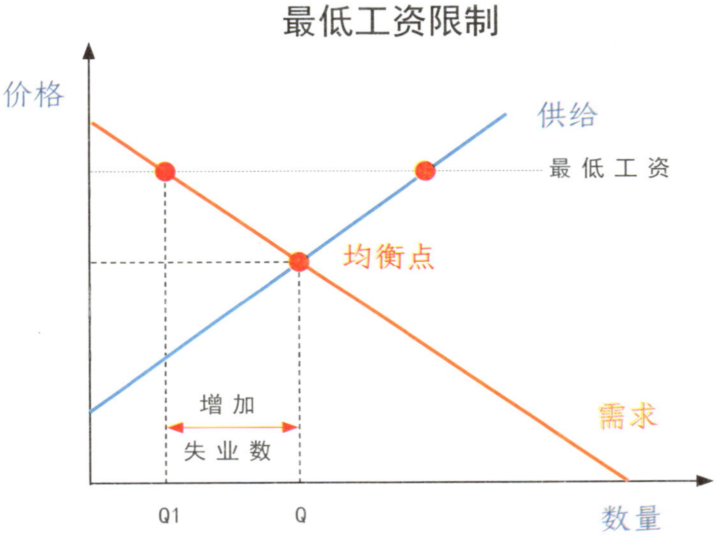

上图是市场对劳动力的供需关系图。我之前讲过需求曲线（橙色）和供给曲线（蓝色），它们之间的交点就是市场上的工资价格和工作人数的均衡点。

如果最低工资设置得比均衡点低，那么这项政策没有任何意义，我们不谈。

如果最低工资设置得比均衡点高，也就是上面的灰线是限定的价格，这会让需求劳动力的数量变少，从Q减少到Q1，这时候供给的数量变高了，但是最后能找到工作的人就是Q1，从Q到Q1减少的部分，就是失业人数。

4. 低工资的好处

我们考虑一下，你的工厂有一个工作岗位需要招聘，我们假设这个岗位对技术要求不高，只是流水线上的一名员工。

有两个人来应聘，A 有工作经验，技能比较娴熟；B 没有任何经验，甚至是零技能劳工。有什么可能会让你选择 B？

只有一种可能就是 B 的工资低，B 现在的工资比较低一点不要紧，但他得到了工作。以后有了经验，工资就有提高的可能。

但是如果这时候提高了最低工资标准，B 和 A 的工资是一样的，B 可能就永远都找不到工作了，很可能失去了未来改善自己生活的机会。较低的工资，让没有工作技能的人，可以去和有工作技能的人竞争工作岗位。

最低工资标准的提高，提高了很多行业的加入门槛，对制造业尤为明显。

经过上面的分析，我们知道，最低工资标准上调，会让一些低技能劳工的收入提高一些，但也一定会带来很多问题：第一，会让一些低技能劳工失业；第二，可能会让一些本来没有工作的人更难找到工作。

政策的制定很容易，它满足了大众美好的愿望。但希望我们都能够通过经济学视角，看到一些事情背后的逻辑。一些事情可能不像表面上那么美好，所以才有了那么多的理想与现实的偏差。任何的政策，都是在受益者和受损者之间寻求一种均衡。

思考

给粮食设置最低价格，是在保护农民吗？
结果会是怎样的呢？

第四节　工会经济学

工会对经济发展有好处吗？

跟一老友聊天，他提到前段时间去欧洲旅行，发现那边人的生活真是美好啊，每天工作不能超过 6 小时，超过了公司会被处罚，时薪还很高；失业了政府还养着你，跟工作赚的钱差不太多。关键这些欧洲国家还都是发达国家，他就感慨道如果咱们国家也这样多好。

其实，他说的这个情况，涉及的是工会力量和高失业保险两个部分的内容。

之前我们讲到过，失业福利的初衷是好的，但是会出现“养懒汉”的现象，导致高失业率。大家对劳动的参与积极性不高，国家的经济会受影响。

那么工会会对经济有好的影响吗？

1. 工会

我们首先明确一下工会的概念。工会是指基于共同利益而自发组织的社会团体。工会组织成立的主要意图是：与雇主谈判工资、津贴和工作条件等。

西方国家的工会和我们国家的工会可不太一样。在我们国家，私企一般没有工会，国企、央企才会有工会，这个工会是带大家吃吃玩玩、发发福利，合理合法避税的，偶尔还客串一下红娘给剩男剩女牵个线。

而在西方市场，工会天然就是企业的死对头。

在20世纪中叶，美国工会力量有一个非常强大的时期，但是现在美国工会的力量逐渐减弱。但在欧洲，工会组织依然有很强大的谈判能力，对一国劳动市场有着很重要的影响。

工会的主要工作有两项：一是谈判；二是谈不成就罢工。

工会通过集体谈判的方式去和企业谈条件，一般谈三件事：一，给我们工会的人涨工资；二，不许我们加班；三，再给点津贴福利、好的工作环境等。

如果谈判失败，那就罢工。所以工会第二个重要的工作就是组织罢工，罢工意味着工会内的人都集体不请假就不上班了，而且老板还不能辞退，工资照发。所以说咱们中国的工会，既不去谈判也不去组织罢工，和普遍意义上的工会完全不一样。

2. 工会对经济的影响

那么工会的这两项重要工作带来的效果如何呢？

（1）会引起失业。

其实工会的本质是一种卡特尔组织，也就是涉嫌勾结垄断的组织。

一般来说，卡特尔组织是会降低市场效率的，因为供给方会集结在一起，定一个比市场价高的价格，形成自己的垄断利润。工会就是作为劳动力的供给方组织在一起形成了垄断势力。

为什么会降低效率呢？因为把劳动力的价格提高了，企业的成本就会提高，企业为了生存下去，企业老板就会少雇用一些人，这样失业率就提高了。

而且从长期来看，老板会怎么办？会更有积极性地去做资本性投资，取代人工，比如用机器、用流水线，毕竟机器不会要求涨工资和罢工。这样就进一步提高了失业率。

很有趣的是美国是有反垄断法的，但是却不反对工会，甚至曾经一度立法要求必须重视工会力量，不允许和员工签署“不可罢工条款”，这也是在人权上的一定考虑。

（2）会减少非工会人员的收益。

企业为了生存下去，能够投入人力资本的资源就那么多。除了让一部分人失业，另一部分无法加入工会的人，待遇就变得更差了。

既然工会能提高加入者的福利，那么总不能谁都加入，因此一般是有门槛的。这些门槛通常是一些不合理的方式：或者靠人种肤色，或者靠人际关系。总之，一定不是因为个人的能力和对企业的经济贡献。

为了工会内部成员的利益，损害了别人的利益，因此，工会是有失公平的。

以上两点都是负面的影响，另一些人觉得工会是有好处的，原因如下：

（1）如果是地域型垄断企业，他们就会形成企业市场势力，就会形成血汗工厂，去压榨工人。

薛兆丰老师有一句话非常好，“当我们批评血汗工厂时，我们没有看到更血汗的农村。”

企业不是逼迫着员工去工作，而且现在随着社会多元化，人的选择越来越多。如果有些人选择去做一些辛苦的工作，也说明这已经是他们当下最好的选择了。

但联想起富士康当年的“十一连跳事件”，我又对这些想法保有了一定的包容，但是或许我们更应该关注的是这些特殊人群的心理疏导，给这些人指引更多的选择。也许相比于工会，专业的心理疏导可能更有助于提高经济效率。

（2）支持工会的人，觉得工会能给员工带来更少的工作时长、更多津贴、更多的安全保障，哪怕不能提升所有人的状态，优化一部分人的工作情况也是好的。

工会究竟是好事还是坏事，似乎争论也一直没有停止。

值得一提的是，20 世纪 40—50 年代，美国工会势力非常大，失业率因此升高，但是生产效率不但没有下降，反而有了大幅的提升。这其中的原因，我刚才提到过，因为企业家开始把对人力资本的投资转到资本的投资，购买机器生产，让设备厂商等也加大研发和技术创新的投入，反而在这段时间取得了飞速的技术进步。

工会势力导致了社会的劳动时间变少、失业率提高，却让生产效率提高了。因此经济学让我们看到的世界也不是非黑即白的，而是让我们从更多的角度去看世界。

3. 总结

本节我们讲了工会的两项重要工作是集体谈判和罢工，而工会的本质是卡特尔组织。

一方面，工会势力会导致失业，也就是导致了经济上的无效率；另一方面，工会势力会损害别人的利益，带来不公平。

但是工会势力在美国最鼎盛时期却推动了技术的飞速进步，带来了社会生产效率的提升，又让我们从另一个角度看到了工会带来的意外结果。

思考

你觉得长期来看，工会势力依然很强盛的欧洲国家，经济发展会是怎样呢？

政府与财政

- **财政政策**
  - 主体
    - 政府
  - 手段
    - 1 调节税收
    - 2 政府购买
    - 3 转移性支付
  - 方向
    - 紧缩的财政政策
      - 加税
      - 减少政府购买
    - 扩张的财政政策
      - 减税
      - 增加政府购买
  - 乘数效应 → 挤出效应
- **失业与就业**
  - 失业率的衡量 = （失业人口数÷劳动力人口数）×100%
  - 失业率不是越低越好
    - 自然失业率
    - 周期性失业
  - 失业原因
    - 1 摩擦性失业
    - 2 结构性失业
    - 3 其他市场力量
      - 政府出台福利制度、最低工资制度
      - 工会力量
      - 企业吸引人才付出的超额工资
  - 菲利普斯曲线
    - 短期
      - 失业率与通胀率负相关
      - 政府通过印钱能解决通胀
    - 长期
      - 失业率与通胀率无关
      - 政府多印钱只能让物价上涨
- **最低工资制度**
  - 提高最低工资标准会增加失业率
  - 原因
    - 提高企业成本
      - 企业应对方法
        - 短期减少员工
        - 长期机器替代
- **工会经济学**
  - 工会职能（西方国家）
    - 谈判
      - 1 涨工资
      - 2 不加班
      - 3 津贴、福利、环境
    - 谈判不成则罢工
  - 对经济影响
    - 1 引起失业
      - 经济上无效率
    - 2 减少非工会人员收益

第四章

国际贸易

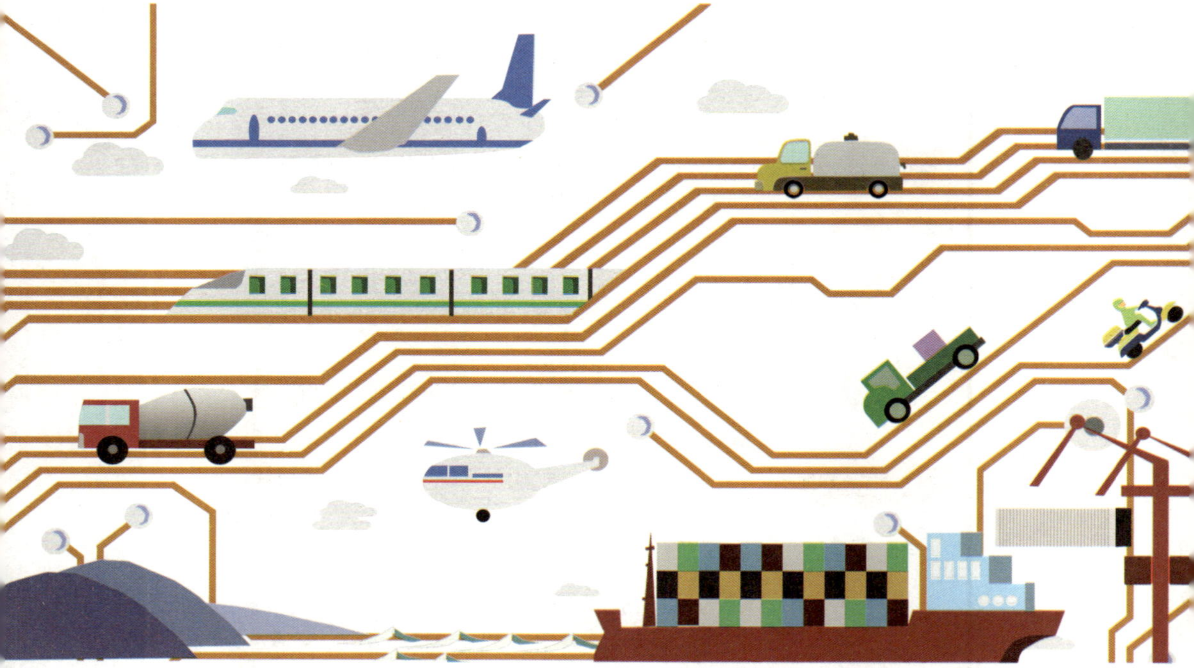

第一节　国际贸易

中国人真的抢走了美国人的饭碗吗？

近几年间，反全球化的声音逐渐走上了主流的舞台，这让之前几十年间的贸易全球化方向形成了一个回退的趋势。特朗普更是在竞选时就高举“把中国抢走的工作留在美国”的大旗，并且得到了很多美国人的认同。

“中国人抢了美国人的饭碗”这个思想，似乎在大批人群中产生了共识。那么真的是这样吗？

要从国际贸易说起。

我们在微观篇部分讲了大卫·李嘉图的“比较优势原理”，并且以此原理为基础，形成了在经济发展上各国分工、合作的基本共识。

我在美国住过一段时间，期间发现，无论是去超市买生活用品、衣服，还是去买些纪念品，真的几乎都是被“MADE IN CHINA”包围着。从这个角度来看，中国的制造业确实抢走了美国制造业的就业机会。如果不是中国，美国自己生产生活用品、衣服，这会给美国人创造多少就业岗位啊！

美国白宫贸易顾问纳瓦罗说过，自 2001 年中国加入 WTO 以来，“在 2000 年到 2010 年期间，有 560 万个制造业工作机会在美国消失”，那么真相是这样吗？

1. 贸易赤字与贸易盈余

首先，国际贸易不能只从进口角度看，还要加上出口，从这两个角度来看。

我们都知道的是：中国是世界第一出口大国，但其实美国是世界第二出口大国。美国在国际贸易中获得的利益也非常大，不过美国主要出口的是高科技产品，比如药品、飞机、发动机等，因为不是生活中的常用品，所以给人的感知没有那么强烈。

在“How Much”统计的 2017 年度出口额中，我们可以得知，中国的出口额是 22630 亿美元，排在世界第一位；美国的出口额是 15470 亿美元，排在世界第二位。

另外，再看 2017 年度各国的进口总额，美国进口总额为 24090 亿美元，排名第一；而中国进口总额是 18420 亿美元，排在第二位。

中国的进口总额低于出口总额，这叫贸易顺差。

美国的进口总额高于出口总额，这叫贸易逆差。

美国的净出口额 = 出口额 - 进口额 =15470-24090=-8620 亿美元，这个金额是负的，就叫作贸易赤字。

中国的净出口是正的，就叫贸易盈余。

2. 贸易赤字是魔鬼吗

很多人听到贸易赤字就觉得很可怕，认为钱都被别人赚走了，觉得贸易赤字会让美国越来越穷，而贸易盈余让中国越来越富有。有些人就提出：美国人怎么都从中国买东西，如果东西都是本国生产，那不是很好吗？这样会解决更多人的就业问题！

这个想法完全是错的。

首先，美国自己制造生活用品完全没问题，但是成本要高很多。

在制造衣服上，同样品质的衣服，美国人制造出来需要 30 美元，中国人制造出来只需要10美元。那么，如果强制美国人不进口中国衣服，美国人的生活成本就会提高，这时候同样是5000美元的薪资，带来的生活水平就下降了。

其次，有人说：如果不从中国进口生活用品，能解决很多人的就业啊，这总是好事吧？其实则不然。

我举个例子来说明这件事，比如通过从中国进口商品，每个美国人每月平均可以节省100美元，因为美国人的储蓄率很低，那就意味着每个美国人都会有额外的100美元去消费，比如可以去看电影、吃饭等。这些额外的消费又激发了一系列产品、服务等方面的需求，创造了很多非制造业的岗位。虽然表面上看起来制造业的岗位减少了，但是更多人从事了其他行业的岗位，像科研岗位、高端技术岗位、服务业岗位等。

而他们在新的需求岗位上赚的钱，很可能远高于做制造业工人赚的钱，给自己和社会带来了更高的价值。

美国失业率走势图（单位%）

数据来源：彭博社

国际贸易是让一国获得更低价格的消费品，同时让市场能够自发进行就业结构调整的途径。

所以，我们不能只看某个行业的就业人口是否减少了，而应该看美国整体的就业率。实际情况是，美国近年失业率持续走低，在 2018 年 9 月到 12 月甚至创下 50 年以来的历史新低，失业率低于 4%。

因此，“中国人抢走了美国人的饭碗”只是一个伪命题。这个概念，是被政客创造出来换取民众认同、换取选票的方式。

3. 美国贸易赤字的原因

需要补充的是，中国加入世贸组织（WTO）的时间是 2001 年，也就是 18 年前的事而已，而美国的贸易逆差已经持续了半个世纪之久。在中国之前，美国就因为和日本的贸易逆差打过贸易战，只不过近年来很多行业都转到了中国，现在随着中国成本红利的消失，还有很多转移到了东南亚国家。把美国的贸易逆差怪在中国头上实在是太偏颇了。

那么，为什么美国会有持续的、长期的贸易赤字呢?

关于这个问题，从不同角度上有很多解释，但是其实最最核心的原因只有一个：美国的霸权货币性质。

虽然“布雷顿森林体系”已经瓦解，世界不再是美元盯黄金、其他货币盯美元的情形，但是美元依然是最强势的通用货币，大家都想换取美元进行交易，或者为了避险把本国货币兑换成美元。这就意味着全世界都想把东西卖给美国，然后赚取美元，这就注定形成美国贸易赤字的局面。

如果把美元看成一种特殊的商品，真正的逻辑是：

美国向全世界出口美元这种商品，世界各国向美国出口真正的商品。

因此，只要美元还是世界的硬通货，美国的贸易逆差情况根本不会改变。

这时候我们再看看美元作为霸权货币的好处：美国开动印钞机印美元，大把大把的真实商品就被交换到美国市场上，让美国人使用。

这时你还觉得贸易赤字是个坏事，而我国的长期贸易顺差是好事吗?

4. 贸易战的根本原因

那么美国政府不知道长期贸易赤字的真正原因吗?肯定是知道的。那为什么到现在，美国总是在挑起贸易争端呢?

对此，我非常认同任泽平的判断:

中美贸易战的本质是打着贸易保护主义旗号的遏制。

另外，自然就是为了给自己争取更有利的贸易条件，有助于自己获得更大的利益。

5. 总结

首先，本节介绍了贸易赤字、贸易盈余、净出口的概念。

其次，贸易赤字并不是魔鬼，贸易全球化是有实际的好处的：降低生活成本、提高生活质量、调整产业结构，让社会总收益最大化。

再次，美国长期贸易逆差的根本原因是美国的货币霸权属性。

最后，贸易战的本质是打着贸易保护主义旗号的遏制，同时也是为自己争取更有利的贸易条件。

从二战看当今贸易战

如果我说，二战的爆发，早在第一次世界大战结束后的巴黎和会时期，就已经有人预料到了，你会不会觉得意外?

但事实确实如此。预料到二战的人，是一位经济学家，他就是大名鼎鼎的凯恩斯。

1919 年 6 月，凯恩斯供职于英国财政部，作为英国的财相代表参加巴黎和会。巴黎和会是在第一次世界大战后，战胜国为协定对战败国的制裁方案而举行的会议。

然而，在《凡尔赛和约》签订之前，凯恩斯已经辞职离开了英国财政部。

原因是凯恩斯对和会内容非常失望，他与会议的主导观点不同，凯恩斯认为不应该对战败国德国进行严苛的制裁，否则会引起欧洲更大的动乱。

凯恩斯当时人微言轻，观点并没有被采纳，因此选择辞职离开了英国财政部。

其后，凯恩斯把自己的观点写进《<凡尔赛和约>的经济后果》一书中。

当然，后来我们知道，凯恩斯是非常有远见的，一战结束仅仅 21 年后，又爆发了二战。

那么，凯恩斯作为一个经济学家，是怎样在巴黎和会之时就知道一战战后，战胜国法国对战败国德国提出的严苛制裁，会引发后续更严峻的问题，进而把整个欧洲推向深渊呢?

这里就显出了掌握经济学的重要性，这篇我们就来看一下，为什么经济学家能做出《凡尔赛和约》不可行的推断?

在这里，首先需要简单交代第一次世界大战前的欧洲背景。应该说那时欧洲经济发展非常好，国际贸易处于一个非常好的状态，各国之间政治冲突很少，关税也非常低。

因此，一战爆发的原因至今都没有办法完全解开，应该说是一连串偶然事件导致的。当然，一部分原因是，全球飞速发展反而促使民粹主义抬头，越来越多的人因为无法赶上时代步伐，想要“下车”，这里我们不重点讨论了。

1. 对战败国的制裁方式

长达四年的一战确实让各国都蒙受了巨大的损失，这是不可否认的。战胜国在当时的背景下，自然是极力对德国进行经济上剥削，以给自己足够的战后经济补偿。

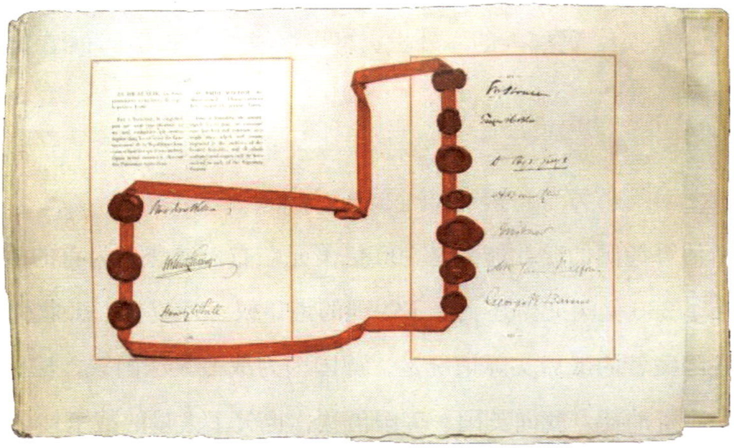

《凡尔赛和约》签字页

在这个利益驱使下，以法国为代表的战胜国，对德国签订了条款异常苛刻的《凡尔赛和约》。

从“事后诸葛”的角度，再看这个和约，发现其中埋下了很多我们现在无法理解的“大坑”。但从整体上，我们只要把握两个最大的原则性问题就足够了。

和约的第一个大问题是：超负荷的战败赔款。

按原本约定的赔偿原则是“只支付陆海空侵略行为造成的直接损失”。但是，当时各国都在刻意夸大损失，要价可以说是狮子大开口。

这让德国战后需要赔偿的金额和物资，既超过实际应赔偿的情况，又远远超过德国的支付能力。

这里需要补充说明一下，战败国对战胜国的赔偿以两种方式偿付：

一是黄金。既然是要赔款，战胜国自然想到了如果是用德国货币支付，会让德国政府多印货币还钱，制造通货膨胀，货币贬值，那拿到手里的钱根本不值钱。因此，要求德国支付的赔款必须是黄金这类硬通货。

二是物资支付，物资自然是靠港口权、贸易权和德国未来的产能进行支付。

和约规定的第二个很大的问题是：涉及了对私人产权的剥夺。

《和约》中规定，德国人的海外投资可以被战胜国拿走，冲抵国家债务。

2. 制裁不可行的原因

第一点，德国超负荷的债务额问题。

凯恩斯估算德国的赔款能力是 100 亿美元左右，而法国为首的战胜国却把赔款额定在了 330 亿美元，还剥夺了德国的港口权、外贸权、工业产能。

这里还隐藏着的战后实际情况是，德国因为战败欠法国钱，法国因为战争需要大量的物资消耗，就向英国、美国借款，也欠了大量的战争债务。

法国需要赔偿有价值，才能还自己的战争借款，所以要求德国必须还黄金硬通货。

那德国如何还上这么多钱？它必须有长期的贸易顺差，也就是大规模的贸易出口，而且要减少进口。

如果德国要大规模的贸易出口，也挤占了法国、英国这些欧洲国家的市场。

如果德国还得上赔款，对战胜国的冲击势必是更大的，所以战胜国只能寄希望于德国不要还上赔款。

然而，倘若德国还不上巨额的赔款，在国家内部又会生出巨大的民族主义情感，觉得其他国家都在迫害德国人。

在这样的时代背景下，出现了希特勒这样的领袖，显得并不奇怪。应该说如果不是希特勒，也会有其他人出现，希特勒是那个时代下膨胀的民族主义情感的产物。

早在一战前，全球一体化程度就已经很高，欧洲早已围绕法国、德国形成了完备的、相互依存度很高的贸易链条。其他欧洲国家甚至北美国家都不可能脱离整个国际贸易体系而独善其身。

所以凯恩斯知道，这样的和约要求，势必要把德国“逼反”，甚至有可能让欧洲陷入下一次大规模的战争。

第二点，强征私有产权，为国家还债这一内容，从根本上就动摇了资本主义“私有产权不可侵犯”的基石。

从这一点也可以看出，当时法国人对德国的仇恨已经上升到极不理智、打破基本原则的程度，完全没有考虑其后果的严重性。

3. 凯恩斯的建议

对此，凯恩斯给出了一些补救的建议，主要包括四个方面：

（1）修正《凡尔赛和约》，将德国的赔款额降低，并且修改赔付方式。

战败国赔款，英国以实事求是为原则，并考虑德国的偿债能力。

（2）协约国内债务处理，缩短债务链条，取消战胜国之间的债务。

当时法国为了打胜战争，从英、美借了不少经济债务，凯恩斯建议消除的就是这部分债务。

个人的负债自然要偿还，但为政治目的而借的战争债，可能涉及到整个世界未来的格局和兴衰。

为了世界未来的稳定，凯恩斯建议战胜国之间的债务也应该取消，当然这在当时也是英美这些“战争债主”所不能接受的。

（3）提供国际贷款，并进行国际的货币制度改革；应该建立全球的贸易体系、货币体系，国际化的金融信用基础。

其实，从我们现在看来，凯恩斯的建议恰恰是成立“世界银行”、IMF、WTO。

只是在二战之前，凯恩斯的这些建议并不符合当时的意识形态，显得过于超前。

（4）中欧与俄国的关系应该缓和，放弃对俄国的封锁。

4. 二战后的教训

凯恩斯的建议在一战刚刚结束的情况下，没有受到足够的重视。但在二战结束之后，各国才开始反思问题所在，因此在二战后对战败国的态度，就和一战后形成了鲜明的对比。

首先，战胜国没有对战败国要求巨额的赔款，反而给予了德国和日本经济上的帮助。

其次，美国推出“马歇尔计划”，又称“欧洲复兴计划”，给欧洲提供了131亿美元的贷款，其中90%是赠与，10%是贷款，这形成了对战争债务的免除。

这个结果是双赢的，欧洲凭借资金输入迅速复苏，美国赢得了市场，形成了近70年来的全球经济一体化、国际自由贸易蓬勃发展的世界格局。

回顾一战后的《凡尔赛和约》和二战后“马歇尔计划”应对方式的巨大差别，我们会深刻地认识到唯有惨痛的教训，才能让人理性地反思。

然而，经历了历史上最久的全球和平年代后，贸易保护主义卷土重来，对本国利益的重视似乎又有势头会超过全球经济体荣损与共的认知。

如今，世界正在经历着新兴国家增长放缓、发达国家找不到新的增长点的严峻历史时期。美国在9·11事件、2008年金融危机之后的量化宽松政策虽然避免了经济衰退，却带来了中产阶级空心化的问题。

美国皮尤研究中心日前发布的题为《美国中产阶层衰退》的报告显示，2015年，美国成年人中，中等收入人数为1.208亿，低收入和高收入群体的总数为1.213亿，中产阶层人口比例首次低于一半。中产阶级年收入占社会总收入的比例由1970年的62%下降至2014年的43%，与此相对应的是高收入人口的收入比重从29%提升到49%。之前作为主力军的中产阶级，财富提升缓慢、财富占比下降，财富由中低收入者转移到了高收入人群的手中。

美国此前相对健康的“橄榄形社会”的模式难以为继，同样欧洲和其他发达国家都面临着经济增长放缓、国民财富分配等问题，因此近年在英国也掀起了“脱欧”浪潮。在这样的背景下来看，全球的民粹主义、贸易保护主义兴起并非偶然，这是全球经济增长放缓的情况下，国际市场趋于零和博弈，自然导致财富分配矛盾的结果。

但是从二战之后，全球已经经历了长达70多年的贸易全球化时期，贸易全球化的深度较二战之前更甚，高度精细化分工、关系盘根错节、利益链条互利互补，可以说是牵一发而动全身。以美国、英国为代表的任何一个国家如果不吸取二战前的教训，只关注自身利益，想通过贸易保护、反全球化而换得新一轮的崛起，都是不现实的。政客们之所以做出这些错误的行为，很明显是为了换来一批想要在全球化进程中“下车”的选民选票。

在这时，再回顾一战后的失败、二战后的成功，如何看待今日的世界格局和处理国际关系，对我们尤其有借鉴意义。

短期的错误，也是推动人们修正道路的动力。

中国在这一次的贸易战中态度始终很明确：不想打，但不怕打。我们希望通过贸易争端的谈判，推动新一轮的贸易全球化进程。希望其他国家能够从这一波“反全球化”势头中理性起来，着眼于在全球范围内高效配置资本、技术、劳动力，通过新一轮的全球化进程，谋求人类社会的共同进步。

思考

中国长期的贸易顺差，换回了大量的美元外汇储备，这些外汇储备又去了哪里？

这对美国来说是吃亏，还是划算呢？

第二节　汇率

“汇率破 7”“汇率操纵”都是咋回事？

2019 年 8 月 5 日，在岸、离岸人民币双双跌破 7 元关口，至今还在 7 的关口附近来回震荡。这一十年未有的情况，让广大人民很是恐慌。

人民币贬值一直以来不是坏事吗？为什么特朗普这时候却给中国贴上了“汇率操纵国”的标签？难道自己会坑自己吗？

想到这里，你一定会很疑惑到底怎么回事？

我们这一篇，就面对普遍的刚需，来讲一讲汇率。

1. 啥是汇率?

我们先来讲讲汇率是什么。

汇率是指可以用一国货币交换成另一国货币的比率。

一般来说，我们讨论的汇率，都是名义汇率。

比如，以2019年8月20日的兑换标准来看，1美元=7.04人民币。我们就说，人民币对美元汇率是7.04。

2018年1月至2019年8月在岸人民币汇率走势图

数据来源：新浪财经

让大家一直恐慌的破7就是说，如果兑换1美元，从2018年6月的需要6.3人民币，变成现在需要7人民币，那么就意味着人民币贬值，也就是说人民币不值钱了。相对来讲，就是美元升值。

如果随着中国经济基本面转好，中美贸易战达成和解，汇率回到2018年6月的6.3的水平，那就意味着兑换1美元，需要更少的人民币了，这就叫人民币升值。

2. 固定汇率与浮动汇率

汇率的决定方式有两种：固定汇率和浮动汇率。

第一种是固定汇率，以固定的比率盯住某种货币，一般来说是盯住美元。在 2005 年之前，中国一直是固定汇率制度，在 2005 年汇率就是 8.28。

第二种是浮动汇率，2005 年的汇改就是从固定汇率制度改成了浮动汇率制度。浮动汇率意味着汇率走上了市场化的道路，汇率是由市场供求关系来决定的。

人民币升值

什么情况会升值？如果大家都想从中国买东西，需要用人民币交易，那么对人民币的需求就会增大，供小于求，就会导致人民币升值。

什么情况会贬值？比如贸易战开打，美国要向中国加征关税，中国的商品就相当于变贵了，在美国市场上就没有了竞争力，想买中国商品的需求少了，人民币的需求减少，人民币就形成了贬值预期。

中国香港到现在都采用的是盯住美元的固定汇率制度，其实相当于不是一个独立货币，而是一种美元的小额变种。但这会导致一个问题，固定汇率经济体和美国的经济发展增速并不一样，但是汇率却是保持不变的，这有很大的隐患，如果支撑不住汇率就需要脱钩。货币危机几乎都是由于固定汇率制度导致的，97 年的香港金融危机，就和固定汇率制度有直接关系。

3. 汇率的决定机制

在国际经济学上，有一些经典的汇率决定论，包括：铸币平价说、国际借贷说、购买力平价说、汇兑心理说，等等。

在这里，我们专门介绍一下“购买力平价说”。

为了说明，还需要再次提到“一篮子商品”，一般会选日常生活经常需要用的商品作为衡量标准。

打个比方，在美国，这“一篮子商品”需要 10 美元；在中国需要 60 元人民币，而在日本需要 800 日元。

那么人民币对美元汇率就是 6，日元对美元汇率就是 80。

一般来说，这个“购买力平价”决定了长期的汇率水平，汇率会在市场上根据供求关系，沿着购买力平价形成的汇率上下浮动。

2005 年后，在岸人民币汇率走势图

数据来源：新浪财经

如上图所示，自 2005 年末以来，人民币汇率从 8.09 一路升值到 2014 年 1 月 6.04 的历史高位，在这个时期，中国的经济增速都非常强劲，平均增速在 10% 以上。

汇率体现的是一个经济体的经济发展情况，中国的经济基本面好，汇率就会升值。

简单解释一下原理就是：假定同样数额的人民币，中国的经济增速越高，经济体中的商品增加就越多，单位人民币能买的“一篮子”商品就越多，人民币就越来越值钱了，也就是人民币升值；而美国经济增速低，对应购买的商品增加慢，美元相对人民币就不值钱了，也就是美元贬值。

在 2015 年之后，中国经济下行压力大，按理说人民币应该就是一个贬值的趋势。但是这个期间，8 · 11 汇改，让外汇市场出现过比较大的波动，之后就在 6.7 左右的水平。

但是自 2018 年到 2019 年上半年以来，我国的经济下行压力比较大，而与此对应的是美国的经济增长非常强劲。（这里专门说明一下：看经济增速的绝对值中国比美国高很多，这是发展中国家和发达国家的区别，中国经济下行和美国经济增长强劲，都是相对于国家自身的历史数据而言。）因此美元走强，人民币走弱，是比较正常的状态。

所以有人经常问大墨：“你说汇率贬值是好事，还是坏事？”

要我说，汇率本来应该是经济发展情况的结果，而没有单纯的好坏之分。

经济发展好，汇率自然升值；经济发展差，汇率就会贬值。

应该说，汇率升值是经济发展好，又没有大规模超发货币的一个表现。

4. 为什么都觉得人民币不能破 7？

如果多关注一些汇率方面的新闻，就会发现，我们国内对汇率能不能破 7 这个问题，有着相当的执念。

自2005年中国实施浮动汇率以来，从8以上的汇率，人民币一路升值，到2008年突破7的关口后，几次逼近7的关口，再也没有突破过7元大关。

有些人就想问一下，破7就那么惊悚吗？汇率6.99和7.01为什么就有天差地别？

中国人民大学副校长吴晓求说过：“我们的汇率从8元左右一路涨到了6.12，现在又从6.12跌至6.7-6.8，这一趋势如果继续发展下去，在某种情况下达到7元也很正常的。对于人民币而言，7元应该是最基本的底线，我想，汇率在达到这一位置的时候，应该让它稳定下来，不应该让它出现大幅度贬值。”

我们改革开放，最重要的一个目标，当然是推行人民币的国际化，让它成为全球通用货币之一。

成为全球通货之一的好处，上一篇介绍美元霸权货币时，就专门作了解释，这里不再赘述。

“显而易见，维护人民币的长期信用基础，就成为国家重要的战略目标。”

但是想要人民币国际化，维持长期的信用基础，起码它就不能总是不稳定的贬值，而是要有一个限度，这个风险的临界线，似乎不论是国人、还是国际市场的共识临界点就是7。

我们都知道，市场不完全是理性的，而是充满了非理性的。一旦人民币对美元汇率超过了这个数字7，甚至只要离7越来越近，就会引起大家的非理性行为，可能会引起恐慌性抛售和兑换外汇，资金大规模外逃，并导致金融市场上的混乱。恐慌一旦形成，很可能会导致破8、破9的预期来袭，再重建信心、挽回局面就会很难。

因此，就会出现我们常说的“逢七必保”的情况。

但是现在我国是有管理的浮动汇率制度，也就是说有一系列的手段可以稳定汇率市场：包括窗口指导、外汇市场直接干预、适当收紧流动性。

我国是有能力稳定汇率，不会让外汇破7连8，甚至走向失控的。

5. 为何破 7 又会被指“汇率操纵”？

既然 7 是守着市场预期的端口，那为何特朗普会指责我们操纵汇率破 7 呢？

难道汇率破 7 对中国有什么好处吗？

大家都知道近两年中美贸易摩擦很焦灼，中国作为出口型国家，因为“加关税”问题，导致商品竞争力变差，出口额上是有一定的压力的。

这时，人民币贬值，能让出口的商品在国际上更有价格优势，会缓解出口量缩减的压力的。

对美国而言，这会让美国进口中国更多的产品。而特朗普一直想要降低美国的对华贸易赤字，人民币贬值对特朗普这一规划不利。

所以，才会有指责我们是“汇率操纵国”的说法。

但实际上，前面的分析中也提到了，最近由于中国经济下行压力大，人民币本来就有贬值预期。

而且，国际货币基金组织（IMF）在最新报告中也表示，没有看到任何支持中国是“汇率操纵国”的证据。

6. 总结

这一篇，我们解释了以下 5 个问题：

汇率的概念；

固定汇率与浮动汇率制度；

汇率决定的购买力平价说；

人民币不能破 7 的原因；

“汇率操纵”说法的原因。

讲了这么多，应该足够在跟别人侃汇率问题时，显出高端大气上档次的气质了。

思考

你觉得人民币贬值，会对我国的居民生活造成什么影响？对在中国的出口商、进口商又有怎样的影响？

第三节 外汇储备

外汇储备为什么不是越多越好？

当你在读形形色色的财经新闻时，看到常常出现的“外汇储备”四个大字，是不是觉得很高大上，却又很遥远？

我们这一节就来看一看外汇储备是怎么来的，又是怎么没的。

1. 外汇储备是什么？

先来看一下外汇储备官方的定义：指为了应付国际支付的需要，各国的中央银行及其他政府机构所集中掌握的外汇资产。

拿我们中国来说明一下，之前我在讲金融体系时讲过央行下设国家外汇管理局，负责管理外汇储备。

这些外汇储备，其实就是外汇管理局储备了一些外币，比如美元、欧元、日元。

储备这些外币是干啥用的呢？如果有人需要用美元了，会用人民币来兑换。咱们国家印不了美元，当然得储备着点。

如果有人想换美元，外汇储备不够了，换不出来会怎么样？

那问题可就大了。说明你赚的人民币只能在国内花，没法去国外消费、投资等等。那大家就对人民币没有信心了，就会发生货币在国际市场上的信任危机，大量的抛售、恐慌性的兑换外币、大规模贬值就都跟着来了。

所以有充足的外汇储备是必要的。那么，外汇储备越多越好吗？我们在这里打个问号，一会儿我们就会进行分析。

2. 外汇储备是怎么来的？

外汇储备的来源有两种：贸易顺差和资本流入。

第一种情况，贸易顺差是指中国人从外国人那里赚来的外币，这些人把赚来的外币兑换成人民币，这些外币就成了外汇储备。

第二种情况，资本流入是指外国人来中国投资，带来的外币也需要换成人民币才能在中国投资，这些被带来的外币也变成了外汇储备。

3. 外汇储备能干什么?

（1）能够调节国际收支逆差。

中国现在是持续的贸易顺差国，如果经常贸易顺差自然会累积比较多的外汇储备，到 2019 年 2 月，我国的外汇储备已经达到了 30902 亿美元。但如果哪一年贸易逆差了，花出去了 3000 亿美元，只赚回来 1000 亿美元，那就得用 2000 亿美元的外汇储备去支付了。

（2）能够保持货币稳定。

如果在国际市场上，本国货币需求下降，大家都在抛售，那么本币有贬值风险，可以动用外汇储备，买入本币。

对本币的需求提高了，价格也就提高了，因此外汇储备也叫“货币危机的防火墙”。

4. 外汇储备越多越好?

刚才讲了外汇储备的好处，你可能会觉得外汇储备越多越好，其实不是。

（1）外汇储备过多容易导致通货膨胀。

如果有人拿了外币回来，要换人民币，这些人民币从哪来? 央行需要把等额的人民币印出来，给要兑换的人。

国内市场上流通的人民币过多，就会导致通货膨胀。

（2）外汇储备贬值风险。

比如我国外汇储备主要是美元，美元如果对人民币贬值，这些储备的外币就相当于缩水了。

如果把外汇储备放着不做投资，就会造成浪费，想让外汇储备不被浪费，实现一定的增值，我国就需要把它们投资到国外市场上。国债风险比较小，因此很大一部分外储都用来购买美国国债。

所以外汇储备的旅程是这样的：

从国外赚来了美元→兑换成人民币→形成外汇储备→投资回到美国市场

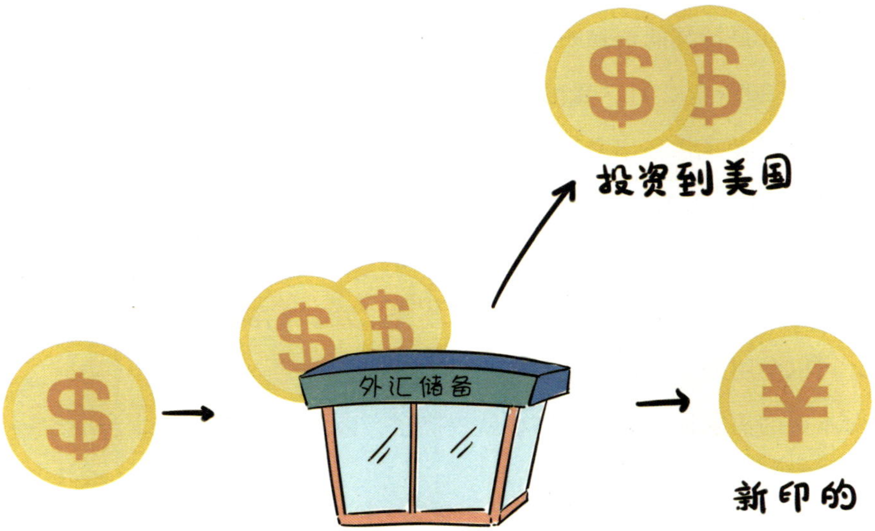

从这个过程看，我们辛辛苦苦从美国赚来的美元，没有从国外买回他们的服务和产品提升生活水平，而是作为外汇储备又回到了美国，给美国提供了资本。

那么中国大量的贸易顺差带来巨额外汇储备，受益人究竟是中国还是美国呢？

因此，贸易逆差一定不是好事，但是巨额的贸易顺差也不是好事，国际收支平衡才是比较好的状态。

如果国际收支平衡，有适当的贸易顺差，说明中国也相应进口了一些比国内生产更有优势的国外产品，享受到了更低价、更高质量的服务，也不用过多担心外储缩水和随之而来的通胀问题。这才是开放的经济体追求的较理想状态。

5. 总结

本节我们介绍了外汇储备是央行的外汇管理局储备的一些外币，以备有人要以本币兑换外币使用。

外汇储备的来源有两种：贸易顺差和资本流入。

外汇储备有两项好处：能够调节国际收支逆差、保持货币稳定。

外汇储备太多又容易带来两种问题：通货膨胀和外币贬值带来的外汇储备缩水。

因此，外汇储备并不是越多越好，贸易顺差也不是越多越好，国际收支平衡才是比较理想的状态。

思考

如果说巨额外储、大量贸易顺差不是好事，那中国开放贸易之后，为什么中国发展得这么快？中国人民生活水平提高了的现象该如何解释？

国际贸易

- 国际贸易
  - 贸易顺差（贸易盈余）— 进口额低于出口额
  - 贸易逆差（贸易赤字）— 进口额高于出口额
  - 全球化的好处 → 社会总收益最大化
    - 降低生活成本
    - 提高生活质量
    - 调整产业结构
  - 美国贸易赤字原因 — 美元的霸权货币性质
    - 美国向世界输出美元这种“商品”
    - 各国向美国出口商品
  - 贸易战本质
    - 打着贸易保护主义旗号的遏制
    - 美国争取更有利的贸易条件
- 汇率
  - 定义 — 可以用一国货币交换成另一国货币的比率。
  - 决定
    - 固定汇率 — 盯住某种货币
    - 浮动汇率 — 市场供需决定
  - 汇率决定论
    - 铸币平价说
    - 国际借贷说
    - ★购买力平价说 — 一篮子货币
    - 汇兑心理说
- 外汇储备 → 并非越多越好
  - 定义
    - 为了应付国际支付需要，各国央行及其他政府机构掌握的外汇资产
    - 外管局储备的外币
      - 美元
      - 欧元
      - 日元
      - ……
  - 来源
    1. 贸易顺差
    2. 资本流入
  - 用途
    1. 调节国际收支逆差
    2. 保持货币稳定
  - 并非越多越好
    - 辛苦赚来美元
    - 兑换形成外汇储备
    - 外储投资美国国债回到美国

下篇

行为经济学篇

研究花钱的行为经济学，涨知识还能帮你赚钱

本章涉及的重点内容包括：

八个行为经济学妙招

心理账户

框架效应

禀赋效应

比例偏见

交易效用

确定性效用

可得性偏差

峰终定律

避踩两个坑

提升成功率

行为经济学是一个很有趣的经济学分支，将传统的经济学融合了心理学和其他社会学科，简单地说就是研究人是怎么花钱的学科。有些人甚至认为行为经济学是对传统经济学的颠覆，因为传统经济学的前提是“人是理性的”，人

们总是会做出让个人利益最大化的选择。但行为经济学恰恰是关注于人的非理性决策，所以行为经济学在商业中的应用非常广泛。

传统经济学 vs 行为经济学

2017 年诺贝尔经济学奖得主理查德 · 塞勒，就利用行为经济学的研究成果在资本市场上赚得了 60 亿美金，他著有的行为经济学书籍包括《助推》《“错误”的行为》。同是诺贝尔经济学奖得主的丹尼尔 · 卡尼曼所著的《思考，快与慢》，也是行为经济学的代表性著作。

这一章内容，可以轻松地帮你了解 2 位诺贝尔经济学奖得主 3 本书中的行为经济学精髓。另外还列举了 25 个商业中的应用场景，让高大上的理论更容易让你理解。这些方法，曾经帮助我一个朋友的日式餐厅把利润在 3 个月内提升了 4 倍。不论你是实体店主、网店卖家还是从事营销的人员，按照应用场景的 25 个招式，形成自己的商业方法，一定会让你盈利翻倍。另外，如果你是消费者，也可以了解商家的套路，避免消费时“踩坑”。

本文（网文费用）= 一瓶可乐的价格 =2 位诺奖得主 3 本书精髓 +25 个商业招式

现在就让我们看看，这些行为经济学概念是什么，并且怎么应用能让我们在商业中赚钱吧。

八个行为经济学妙招

1. 心理账户

在我们每个人的心中，会把钱放在不同的账户中，这会让我们在消费时产生很多不理智的情况。

举例：

你要去看一场电影，这场电影票价 50 元。你把买票用的 50 元钱弄丢了，你还会去看这场电影吗？

很有可能的是，你不会去看这场电影了。

八个行为经济学妙招

但是，如果你丢的是刚买的 50 元电话卡，你不会觉得这和看电影有什么关系，还会继续去看电影。虽然同样是损失了 50 元，你无形中把它们分配给了看电影和电话卡账户。

如果你自己想买一条 2000 元的围巾，会觉得很有罪恶感，但如果送给伴侣一条 2000 元的围巾做礼物却会觉得很正常。在商业中，把你的产品设置在某一个客户的心理账户上，作为礼品、维系感情用，这样用户就会舍得花更多的价钱去购买。

案例分析：①“爱她，就请她吃哈根达斯”，把冰淇淋归属在表达情感的心理账户；②“今年过节不收礼，收礼只收脑白金”，则把有安眠效果的保健品定义成了礼品的心理账户。心理账户让消费者用更高的价格为产品买单。

应用：

把你的产品定义在一个适当的心理账户，你要为消费者找到购买的正当性，能消除消费者花钱的罪恶感。包括：①礼品心理账户；②表达或维系情感的心理账户；③为老人尽孝的心理账户；④为孩子健康成长的心理账户等。

心理账户的应用

2. 框架效应：锚定效应

我们在做决策时，采用不同的框架描述，我们的心理就会被“锚定”在不同的点上，最后做出不同的决定。

举例：

你卖一个品牌的冰箱，普通款 1000 元，高端款 2000 元，你发现客户总是会买 1000 元的这一款。如果你想多卖 2000 元的这一款，不妨出一款 3000 元的超高端款冰箱。当选择在 1000 元、2000 元、3000 元时，顾客就会倾向于购买 2000 元的这一款。

应用 1：避免极端

在只有两个选择时，人们会偏向选择便宜的。在面临三个或三个以上的选择时，顾客的心理框架就被重新定义了，在选择时会避免极端，会倾向于选择接近中间值的产品。

框架效应的应用

应用 2：单价锚定

你去办 1 个月的网站会员 30 元，1 年 40 元，终身 50 元。这 30 元 / 月的价格，只是卖家抛出的一个锚，却让你觉得 40 元 / 年、50 元终身的价格非常划算，可以推动消费者马上决策，还觉得自己占到了便宜。再者，你去吃日料自助时，发现菜单上每个菜的单价都很高，这就是单价锚定，让你点几个菜就觉得回本了，非常划算。

应用 3：重新核算

我在“得到”App 上订阅了某个老师的专栏课程，199 元 / 年，当时知识付费的环境还没有培养起来，但是“得到”对产品的定义是“每天 5 毛钱，就能听顶级的学者大师给你上一年的课”，就变得很好接受。

3. 禀赋效应：损失厌恶

当一个人拥有某个物品，那么他对该物品的价值评价比没有拥有时会大大提高。上文图中不愿意拿 1 斤石头换 1 斤黄金的哥们儿，就是因为禀赋效应，觉得自己的东西就是好。

行为经济学家已经证实，一旦你损失 1 元所带来的损失感，需要得到 2.5 元才能弥补。如果你让顾客觉得不用你的产品对自己有很大的损失，销售的成功率就会大大提高了。

举例：

一个流浪歌手每天在我下班的路上唱歌，我每天给他 10 块钱表示感谢，后来我给他的钱逐渐递减为 8 元、5 元、1 元。在我给他 1 元的那次，他问我，为什么这次这么少？还说你们这儿的人真小气，以后不会再来了。

我给他的钱从 10 元递减成 1 元，他觉得损失了的 9 元，超过得到的 1 元，这让他产生了损失厌恶的心理。同理，一个高薪的企业，恢复了市场薪资，员工满意度会下降，离职率会升高。

应用 1：以旧换新

卖家具的厂商推出“以旧换新”的方式，用旧家具抵用金额或打折，让顾客消除之前的旧家具浪费了的“损失感”，避免客户的损失厌恶心理。

损失厌恶的应用

应用 2：营造失去感

去婚纱店选择照片时，会发现店员不是让客户从所有照片里选择照片，而是排除不想选择的照片，每删掉一张，客户会因为禀赋效用，对失去感的厌恶，而选择更多照片。

应用 3：免费试用

对自己的产品有信心，可以推出免费试用。比如运营商让顾客免费体验两个月的百兆宽带，这两个月你会适应这样的网速，在恢复 20M 网速时会觉得有巨大的损失和不适应感，会更倾向于继续消费办理。各大视频网站推出的免费体验会员免广告也是这一策略。

应用 4：赠送优惠券

给客户赠送一个有活动期限的优惠券，在到期之前提醒，会让客户感觉不用这个优惠券有损失感，从而促成交易。

4. 比例偏见

在很多情况下，人们对价格的比例的感受，比数值更加敏感，而对同样金额的优惠感知不同、决策不同。

举例：

你在商店看中一个 50 元的杯子，你在网上发现卖 30 元，你有较高概率会去网上购买。但如果是一个价值 5000 元的名牌包，你发现网上官方旗舰店卖 4980 元，你会更倾向于直接在店里购买。同样是 20 元的优惠，因为占商品的比例不同，会让你做出不同的决策。

应用 1：加价换购

如果你是开餐厅的，顾客在你店里吃饭消费了 500 元，你赠送一份 40 元的招牌菜，客户可能觉得还不错，但是如果你采用加 1 元换购一份价值 40 元的招牌菜，顾客会因为 1：40 的比例更大，觉得更加划算。

应用 2：低价品打折促销

如果你的餐厅有制定菜品降价，比如一个菜 20 元，你写打 5 折，会比直降 10 元的感知好很多。但如果是价格高的产品，则直接标出降价价格会更好，比如一个冰箱 3000 元，写直降 1500 元。

比例偏见

5. 交易效用：合算交易偏见

商品的参考价格和商品的实际价格之间的差额效果，会给客户购买商品十分划算的感觉。

举例：

航空公司某条航线平时定价为 900 元，节假日提价为 1200 元，很多顾客表示不满并且投诉；此后，航空公司改为航线定价 1200 元，平日七五折，即 900 元。乘客就会觉得平时的七五折很划算，而节假日恢复原价属于正常情况。

应用 1：定向折扣套票

如果你经营一个滑雪场，可以针对当地人在滑雪季之前出售打六折的 10 次套票，刺激当地人来滑雪的需求；但游客本来就是专门来滑雪的，实时售卖打折票只是损失了利润，入口处出售的是原价票即可。

应用 2：建议零售价法

给你的产品附加一个稍高的“建议零售价”吧，比如生产一款果汁标注“建议零售价 15 元”，然后以 10 元的价格卖出去。

应用 3: 优质场景提升价值感

不论是开网点，还是实体店，不妨把购物环境装饰得有高端感，如果定价较高，会让人觉得值得付出较高的价格；如果定价较低，会让人觉得用较低的价格购物非常划算。

6. 确定性效用

用户购买一个产品或服务，如果有很强的确定感，会增加用户的信赖感和偏好。

应用 1：产品质量确定性

设置产品的质量控制流程，比如餐厅做一份牛肉面，固定好多少牛肉、多少面、煮多久，每小时尝老汤味道是否正常，让顾客每次吃到的味道差别不大。

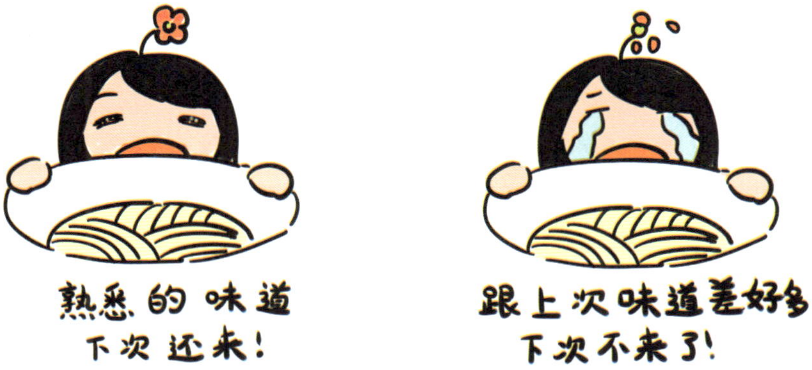

确定性效用应用

应用 2：营业时间确定性

不要无缘无故关店、不营业、换店名、切换售卖平台，提供一个服务的确定性，会让你和不靠谱的商家在客户心中拉开距离。罗振宇在《逻辑思维》中讲道：“我每天早上六点半准时发一条 60 秒的语音，坚持了 1967 天。一个每天准时出摊的生意，即使只是一个早点摊子，只要它提供了某种确定性，对用户来说这就是信用。”

应用 3：规模化的确定性

如果有能力，做好产品渠道推广或店面连锁。如果在大的超市里都能看到你的产品，或者在某一个城市的不同地区多做连锁店，会让客户获得更多的确定性，进而产生对产品的信任感。

7. 可得性偏差

因为人的记忆力有限，而且会更容易记住灾难性的代表性事件，在判断时会倾向利用自己熟悉或者容易想象的信息。人们判断事件发生的概率主要取决于两点：第一，得到信息的容易程度；第二，回想起来案例的多少。

举例：

很多人在坐飞机时会担心有意外发生，但乘车出行就会比较少担忧，其实是因为飞机一旦有意外发生，媒体会大肆报道，并且这类事件在记忆中搜索十分容易。而实际情况是，按每公里死亡率计算，乘坐汽车的死亡率高于飞机22倍。

应用 1：打磨案例模式

规划出一个经典的案例模式，用多个客户的获益故事嵌套同一模式反复做透。比如，不断分享减肥产品、减肥机构的成功案例，客户会觉得自己的变美变瘦指日可待。

可得性偏差案例

应用 2：精准定位场景

想好客户在什么情况下使用你的产品，让客户在这个场景下就能想到你。比如，你开了一家亲子餐厅，不妨把宣传语定为“带孩子，就来小熊猫亲子餐厅”。一个场景式标语反复重复，入侵消费者心智，在他的心里占据可得性的有利位置。同理，“买卖二手车，上优信二手车直卖网”也是直接利用场景，让消费者在固定场景，想起自己。

8. 峰终定律

人们体验完一项事物之后，所能记住的就只是在峰与终时的体验，而在过程中好与不好体验的比重、好与不好体验的时间长短，对记忆影响非常小。这就把“关键时刻”定义在了峰值、终值两个点上。

举例：

有一次在“北京宴”办生日宴，正在吃饭，音乐响起，灯光渐暗，几个服务员推着蛋糕车，唱着生日歌，来送生日祝福卡，上面是按照寿星的名字作的藏头诗，如果是给女生过生日，会以伴侣的角度给写好感谢信，由专业摄影师拍大合影（以上是峰值）。在用餐结束后，会把拍好的照片洗出来，另外把照片加印在杯子上，免费送给顾客。再把没有用完的饭菜、酒水打包好，服务员帮忙送到车上（以上是终值）。后来有重要的宴请，几乎不会考虑其他饭店了。

宜家 1 元冰淇淋的“峰终定律”

另外，宜家购物之后的 1 元冰淇淋，就是对“峰终定律”最好的应用。

应用：

在商业中，资源是有限的，把每个环节做得面面俱到、尽善尽美几乎是不可能的。第一，当用户在使用你的产品或享受服务时，设法在某一时间点，把客户感受推向峰值；第二，在结束时，再给用户一个意外惊喜，他会对这次的体验念念不忘的。如果你开了一家烤串店，在客户饭后离开前，给每人送一份羊奶酪，就会让终值感受飙高了。

终于讲完了行为经济学帮助赚钱的八个干货概念和应用，下面来讲一讲，在商业经营中不要掉进去的坑。

避踩两个坑

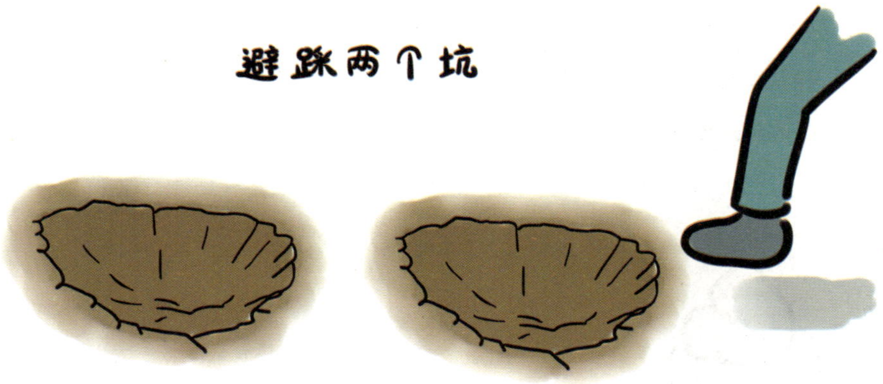

1. 后见之明

人们总是在发生一件事后，找一些看似合理、实则牵强的方式来解释，或者出现“我早就知道……”的心理，但事实是其实你不知道。

在一段时间的亏损之后，你可能会找一些客观原因来解释。比如，我开店时刚好赶上学生放假；比如，最近天气不好，顾客都不爱出门；再比如，现在大家都不爱消费，都喜欢存钱了……那么怎么避免“后见之明”、不让自己重蹈覆辙呢？

应用：

直接访问用户：不要过于相信自己的归因，直接去访问来你这订餐一次就不再来的客户，问他们为什么没有购买第二次。我保证跟你想的原因完全不同。

数据评估：从第三方公司要来数据，或者直接去附近的竞争对手门店查一查，你店里生意不景气是否和大环境或其他特殊因素有关。

2. 规划谬误：乐观偏见

在对自己的行为预测中，我们时常会低估自己完成一项目任务的时间，错误率高达 20%~50%。比如你在规划新店开张或商业转型时，总是把时间、预算规划得过于乐观，使最后完成的时间非常紧迫，预算不够用，也会影响心理的预期。

避免乐观偏见的方法

解决办法：

借鉴经验：询问一些有过同样经验的人士，他们会给你一些建议，让你避免自己的乐观预期。

旁观者视角：可以请一些和你的项目无关的人，做一些公正的评估。如果80% 的人对你的规划和想法不认同，好好反思一下，是不是自己盲目地爱上了自己的想法。

分解细化：把自己的规划尽可能详细地分解，这样能够减少规划谬误的误差范围。

提高成功率

事前验尸法

过度自信是我们人人都难以克服的一个心理偏见。所以才会有那么多被股市泡沫套牢的股民，有一批批前赴后继的创业失败者，所以才有 90% 的人认为自己的智商在平均智力以上。请你一定要意识到，人很容易爱上自己的想法、认为自己的项目成功率几乎是 100%。

最后，我要介绍一个提高商业成功率的方法：事前验尸。这是由诺贝尔奖得主丹尼尔·卡尼曼提出的克服盲目乐观最好的方法。

应用：

在一个商业项目中，会有大大小小的决策，把这些决策全都制定正确几乎是不可能的。在启动一个商业项目之前，先和创始团队坐在一起，想想如果这个项目失败，最大的可能原因是什么？在执行时，谨慎地避开这些原因，会让成功率大大提高。

事前验尸的应用

总结

到此为止，我们介绍了行为经济学的基本理论，并且告诉了你们如何应用这些行为经济学的概念，让我们在商业世界里，提高成功率、增加盈利。它们包括：

8 个行为经济学概念：心理账户、框架效应、禀赋效应、比例偏见、交易效用、确定性效用、可得性偏差、峰终定律；

2 个不要掉进去的坑：规划谬误、后见之明；

1 个提高商业成功率的方法：事前验尸。

如果你是一个消费者，也可以学习这些行为经济学概念，让自己认识商家的套路，帮你做出理性的消费决定。

思考

你踩过商家的哪些坑？你今后打算应用哪些方法呢？写出来会有助于理解和提高哦。

行为经济学

- 对比
  - 传统经济学
    - 人是理性人
    - 决策追求利益最大化
  - 行为经济学
    - 研究人的非理性
    - 决策结果看如何引导
- 八个行为经济学妙招
  1. 心理账户
  2. 框架效应
  3. 禀赋效应
  4. 比例偏见
  5. 交易效用
  6. 确定性效用
  7. 可得性偏差
  8. 峰终定律
- 避踩两个大坑
  - 后见之明
  - 规划谬误
- 提高成功率
  - 事前验尸法

/ 后记 /

一文梳理经济学的逻辑精髓

不知不觉，《小白经济学》这本书已经写了一年，从 2018 年 4 月，一直写到了 2019 年 4 月底。

在这个过程中，我充分感受到了写出一套系统又足够通俗的经济学理论著作的困难，不时需要抓耳挠腮、茶饭不思地到处找灵感；同时，也深深地感受到了“水滴石穿”的力量。

在这一年的时间里，无论工作多忙，也无论休假还是生病，我没有给自己任何找理由、找借口的机会，持续保持着每周一个主题的更新。

在这里，我要感谢家人对我的谅解，在本应该相互陪伴的时间里，却经常坐在电脑前“噼里啪啦”敲上一整天。

同时也要感谢我的几个密友，在聚会时还要容忍我端着手机改稿，“一不小心”就敷衍着聊天。

我保证，以后这种情况还会持续下去……因为下一本书的主题已经敲定，我还会继续写下去。

也感谢一年来，坚持读我文章的所有读者，你们是我持续输出的动力。

一般来说作为后记，盘点一下感悟和表达一下真诚的感激就够了，但这样对我来说，还是不太过瘾。

借着这篇后记，我想再给大家盘点一下经济学的主线。

1. 微观经济学和宏观经济学的界限

微观经济学是研究个体的决策的学问，这个个体包括：个人、企业、政府组织等等。

宏观经济学是以整个社会作为一个研究对象，也就是说，研究怎么让一个国家更好地发展。

宏观经济追求的是四个目标：“经济增长、物价稳定、充分就业、国际收支平衡”。如果你去看看各年度的政府工作报告，说的就是这

数据来源：中国政府网

四件事：① GDP 增长怎么样，以什么结构增长的；②物价上涨了多少（CPI）；③就业率怎么样；④贸易顺差或逆差了多少，在世界经济中的情况如何。当然，作为政府机构，还需要报告一下自己财政收入的变化情况。

《政府工作报告》其实就是每年一次的期末考试，看看宏观方向的这四科都考了多少分，理想不理想。

2. 经济学中寻求的是约束条件下的最优解

经济学中寻求的是约束条件下的最优解。其中，“约束条件”是一个重点，也就是说：没有最佳答案，只有权衡取舍。

比如在微观经济学中，对个体来说，我们想赚最多的钱，就没法把大把的时间都去享受生活。如果我们想把时间都花在享乐上，往往又没法学习、进步、让自己赚更多的钱。享乐和赚更多的钱都是我们想要的，没法同时最大化，那么就只有权衡取舍，看如何分配工作和享乐的时间，让总收益最大化。别忘了，经济学里这个收益可不只是钱，而是综合地给生活带来的“爽”的感觉。

再强调一次，经济学不是研究赚钱的学科！

一个国家经济低迷时，从宏观经济学的角度来说，按照凯恩斯主义的说法，想要刺激经济，需要“放水”，也就是印钱，这样 GDP 增长会比较好，但是“放水”又会导致物价指数过高，高通胀一定又不是好事。这又是在宏观经济中的权衡取舍。

3. 微观经济学的两条主线

我想尽量把微观经济学的重要逻辑简化，想来想去，最重要的就是这两根主轴，如果想把握微观经济学的核心，记住这些就够了，其他的概念都是为这个体系服务的。

（1）市场机制。

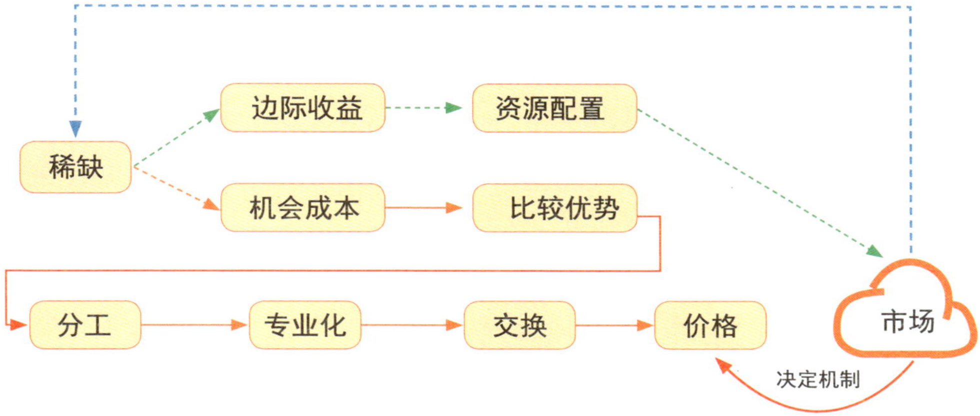

市场的调节机制

首先经济学有个前提：资源是稀缺的，无论是实物的油、钱、水，还是虚拟的机会、时间、信任，所有的资源都是稀缺的（微观经济学篇第一章第六节）。你想要的，别人也想要，怎么办呢?

首先沿着上图的第一条路径，你要关注“边际收益”，以边际收益为原则，指导资源的配置（微观经济学篇第一章第二节）。

然后，沿着第二条路径，所有的选择都有看不见的“机会成本”（微观经济学篇第一章第一节），它包括我们看得见的花钱这类显性成本和看不见的时间、精力等隐性成本。机会成本可以进行比较，无论是对个人、企业还是一个国家，都应该选择机会成本比较低的工作来做，也就是选择有“比较优势”的工作（微观经济学篇第一章第五节），进行专业化的分工，让整个社会更有效率。

有了专业化分工，就会产生交换，具体如何交换呢?

使用价格作为一个信号，进行供需调节，让市场达到动态的均衡，这就是市场这只“无形的手”的运作方式。整个微观经济学第二章的内容都在讲这个过程，这是经济学理论的精髓。

市场自动地调整供需，把稀缺的资源分配到合适的地方，从而很大程度上解决了最初的“稀缺”问题。

（2）市场的构成。

在微观经济学篇第二章第七节中，我们讲到这样一张三部门的市场循环图。

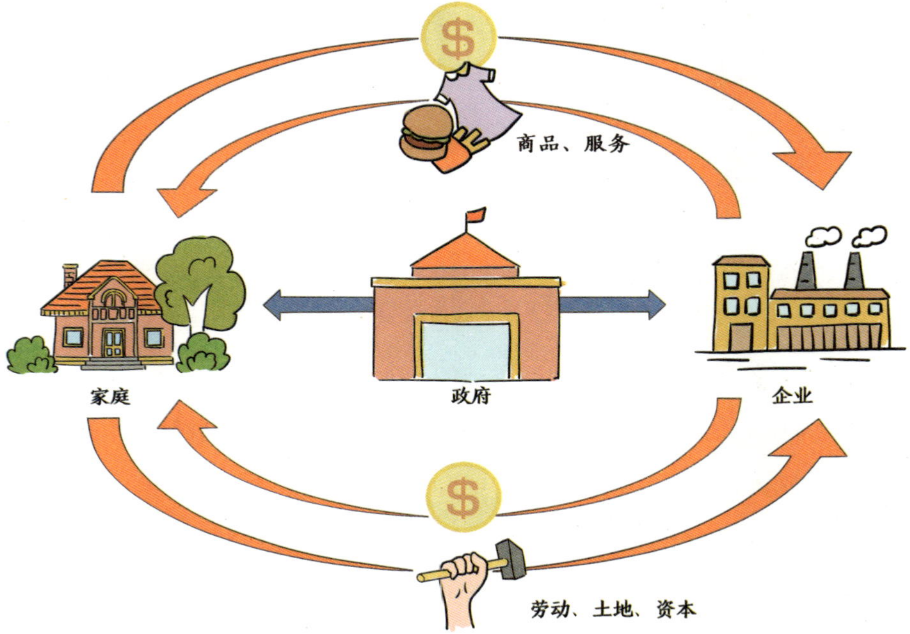

市场的构成：三部门的市场循环

在上面的商品和劳务市场中，家庭从企业购买商品、服务，企业从家庭中赚来了钱。

在下面的生产要素市场中，家庭提供劳动力、土地、资本等要素给企业，并从企业那赚来劳务费、租金、资本的利息。

在市场中，家庭和企业相互协调，完成资源的分配。

中间的这个部分，是政府这只“有形的手”对市场进行一系列的干预，解决外部性、垄断势力、信息不对称等“市场失灵”的问题，试图让市场更加有效。但也经常会出现“好心办坏事”“矫枉过正”等问题，这又可能会导致“政府失灵”。

市场机制不完美，市场会失灵；政府想去校正市场失灵，但是政府本身也会失灵。

你看，还是那句话：没有最佳答案，只有权衡取舍。

4. 宏观经济学的主线

在这里，又要提到前面提到的宏观经济的四大目标：经济增长、物价稳定、充分就业、国际收支平衡。

而在宏观经济学部分，核心就是研究两件事（宏观经济学篇第一章第一节）：

（1）经济的趋势（经济增长）；

（2）经济的波动（经济周期）。

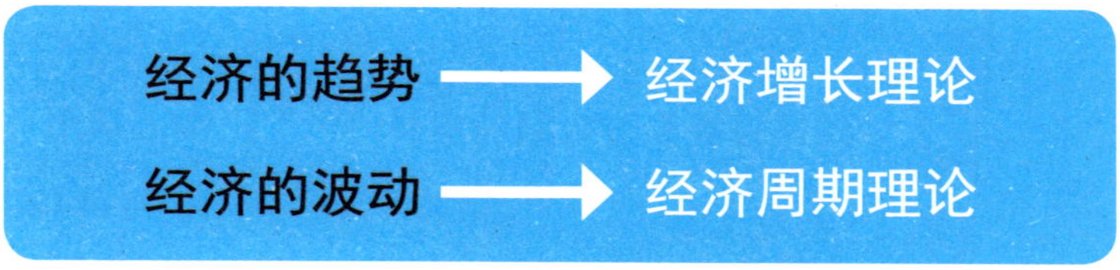

第一个研究对象，就是如何让经济能够稳步地增长。长期来看经济是增长的，但是在增长的趋势上总是大起大落也不行。第二个研究对象，就是经济周期，如何熨平经济的波动。

为了实现宏观经济的四大目标，需要能够调节货币的金融体系（宏观经济学篇第二章），能够使用财政政策、行政手段的政府体系（宏观经济学篇第三章），开放的国际贸易环境（宏观经济学篇第四章），这三者的协同配合。我们在宏观经济学篇中，对这三个部分的运行和调节机制进行了逐一的说明。

以上就是我为你们总结的微观经济学、宏观经济学的极简框架体系，通过回顾，有没有觉得自己掌握的知识更加体系化了呢?

如果有一些遗忘的部分，可以按照章节复习一下，这会让你们更好地把握经济学的精髓。

希望坚持读完这本书的你能够有所收获，并让经济学思维帮你推开认识这个世界的一扇新窗。

现在，我想回归初衷，再问一次我在“序”中问到的那个问题：你重新认识这个世界了吗？

大墨

2019 年 4 月 6 日于北京

参考文献

1.[英]亚当·斯密:《国富论》[M]. 北京:华夏出版社,2005 年。

2. 古典:《超级个体》[OL]. 得到专栏,2017 年。

3.[美]罗伯特·许廷格,[美] 埃蒙·巴特勒:《四千年通胀史》[M]. 北京:东方出版社,2013 年。

4. 薛兆丰:《薛兆丰经济学讲义》[M]. 北京:中信出版社,2018 年。

5.[英]凯恩斯:《就业、利息和货币通论》[M]. 北京:商务印书馆,2002 年。

6. 任泽平:《对中美贸易战的几个基本认识和判断》[OL]. 泽平宏观,2018 年 6 月。

7.[美]丹尼尔·卡尼曼:《思考,快与慢》[M]. 北京:中信出版社,2012 年。

8.[美]理查德·塞勒:《"错误"的行为:行为经济学的形成》[M]. 北京:中信出版社,2016 年。

9.[美]曼昆:《经济学原理》(第 7 版)[M]. 北京:北京大学出版社,2015 年。

10. 刘润:《每个人的商学院》[M]. 北京:中信出版社,2019 年。